2020 年江西广播电视大学校级科研重点项目
高职扩招背景下人才培养模式改革研究——以电子商务专业为例
编号：JKND2001

高职电子商务人才培养理论与实践研究

陈亚薇◎著

天津出版传媒集团
天津科学技术出版社

图书在版编目(CIP)数据

高职电子商务人才培养理论与实践研究 / 陈亚薇著
. -- 天津 : 天津科学技术出版社, 2023.4
ISBN 978-7-5742-1115-5

Ⅰ. ①高… Ⅱ. ①陈… Ⅲ. ①高等职业教育 – 电子商务 – 人才培养 – 培养模式 – 研究 Ⅳ. ①F713.36

中国国家版本馆CIP数据核字(2023)第075581号

高职电子商务人才培养理论与实践研究
GAOZHI DIANZI SHANGWU RENCAI PEIYANG LILUN YU SHIJIAN YANJIU

责任编辑：王　冬
责任印制：兰　毅
出　　版：天津出版传媒集团
　　　　　天津科学技术出版社
地　　址：天津市西康路35号
邮　　编：300051
电　　话：（022）23332377
网　　址：www.tjkjcbs.com.cn
发　　行：新华书店经销
印　　刷：石家庄汇展印刷有限公司

开本 710×1000　1/16　印张 16.5　字数 220 000
2023年4月第1版第1次印刷
定价：98.00元

前 言

《“十四五”电子商务发展规划》在开篇就明确提出：“电子商务是数字经济和实体经济的重要组成部分，是催生数字产业化、拉动产业数字化、推进治理数字化的重要引擎，是提升人民生活品质的重要方式，是推动国民经济和社会发展的重要力量”。这一判断进一步明确了电子商务产业在国民经济中的定位和作用，解答了长期以来关于电子商务到底是不是虚拟经济的问题：电子商务既是实体经济的组成部分，也是数字经济的重要内容。

在实体经济数字化转型过程中，电子商务一直处于实体经济数字化转型的最前沿，通过销售和采购的数字化形成实体经济全链条数字化的强大驱动力，因此，实体经济的数字化离不开电子商务的拉动。同样，在数字经济与实体经济融合发展的过程中，电子商务也是数字经济中发展空间最大、创新最活跃的重要组成部分。

2019 年 2 月，中共中央、国务院印发的《中国教育现代化 2035》提出了推进教育现代化的总体目标，其中要求：“职业教育服务能力显著提升”，这对未来我国职业教育现代化发展做出了宏观指导。与此同时，新技术时代的到来促使现代技术在包括教育在内的多个领域得以广泛应用，也在重构教育的学习方式、学习空间、专业课程体系以及组织管理机制。由此，职业教育在现代化建设过程中不能继续沿用工业化时代的思维，必须形成与技术发展相适应的全新发展模式与管理方式。这就要求职业教育既要通过技能积累、教育普及和技术创新服务国家现代化，又要通过职业体验、技能传承和价值传递助推“人”的现代化。

根据我国推动现代职业教育高质量发展的规划，到2035年，我国职业教育整体水平进入世界前列，技能型社会基本建成。由此可知，现在是我国职业教育发展大有可为的战略机遇期。因此，现代职业教育要按照不断加速升级的产业结构要求，按照新职业与新机制的要求，做好人才培养的对接，联合行业、企业等社会力量，整合好校园与社会中的各项资源，推进和实现新时代职业教育的现代化。新百年、新征程，发展职业教育的重要性和紧迫性，在党的二十大报告里表述得很清晰：“统筹职业教育、高等教育、继续教育协同创新。”这是一种协同创新、优化结构的概念，而高质量的职业教育体系，不是其他教育体系所能替代的。二十大报告中明确提出三教（职业教育、高等教育、继续教育）的协同创新和三融（职普融合、产教融合、科教融汇）的观念，这是典型的系统化观念。同时，二十大报告提到人才强国战略，非常明确地把大国工匠和高技能人才作为人才强国战略的重要组成部分。

因此，本书主旨就是要创新系统化人才培养路径，以满足学生的多样化和个性化需求。完善职业教育人才培养的系统化体系，是实现各层级职业教育贯通衔接的重要手段。从职业教育现代化发展的目标出发，新时代技术技能人才的培养不仅要有宏观全面的顶层设计，而且要关注学生的个性化成长。一方面，要建立层次衔接的国家专业教学标准和专业技能培训平台，实现人才培养的系统化。国家要充分发挥专业目录动态增补机制的作用，通过制订人才培养方案、完善课程衔接等方式，优化专业结构与层次，并以国家资源库建设为契机，打造专业技能培训平台，转变教育模式并开展多种形式的非正式学习，实现标准与内容的有机统一以及中高职教育的衔接。另一方面，教育现代化的核心是人的现代化，现代职业教育要立足“以学生为本”的理念，满足职教学生的多元化、个性化需求。首先，要以“专业衔接”替代“班级衔接”，打破自然班级界限，以对接专业作为衔接通道，让学生只要完成低阶学习任务并满足转段要求就可转入高阶对应专业，使分段培养更加开放畅通。其次，要积极推行 1+X 证书制度。强调“X”的重要性是重视培养学生参与职业活动以及获得职业发展所需综合能力的体现，是职教应有的特色。分段培养应以 1+X 证书制度的内涵要求为导向，为学生提供双证毕业、单证结业、达标转段等多种出口，以增强学生的全面发展能力，为学生多样化选择、多途径成长搭建“立交桥”。

教育是国之大计。职业教育是教育，是经济，也是民生。办好新时代的职业教育，党和国家寄予了很高的期望，全社会寄予了很高的期盼。我们要更加团结、锐意进取、改革创新，加快推进职业教育现代化，为实现“两个一百年”奋斗目标、实现中华民族伟大复兴的中国梦贡献智慧和力量！在新时代，培养更多高素质技术技能人才、能工巧匠和大国工匠，让每个人都有人生出彩的机会，职业教育必将大有可为、大有作为。

在本书写作过程中，笔者参考了很多专家学者的研究文献，在此表示深深的谢意！由于笔者水平有限，书中难免存在不足之处，敬请各位读者批评指正，以期日后改进与提高。

陈亚薇

2023 年 2 月

目 录

第一章　导　论……1

第一节　高职教育相关理论……1
第二节　高职教育的发展趋向……8
第三节　新发展阶段对高职教育主体的要求……18
第四节　高职教育深化改革的导向、任务与创新路径……33

第二章　电子商务基础理论……46

第一节　电子商务相关概念……46
第二节　电子商务的发展历程与趋势……50
第三节　电子商务专业的发展前景与就业指导……61

第三章　高职电子商务专业学生职业能力的培养……67

第一节　职业能力相关理论……67
第二节　影响高职电子商务专业学生职业能力的因素……77
第三节　提升高职电子商务专业学生职业能力的措施……79

第四章　高职“校企合作”人才培养模式……90

第一节　三级细化的工学结合工作管理模式……90
第二节　工学结合人才培养教学模式……97

第三节　校企合作课程开发模式……99

第五章　高职“双证融通”人才培养模式……105

第一节　双证融通的内涵与实施意义……105
第二节　高职双证融通模式的专业课程设计……108
第三节　高职双证融通模式下人才培养方案的编制……117

第六章　高职跨境电子商务人才培养路径……121

第一节　新发展阶段对跨境电子商务人才的需求……121
第二节　高职跨境电子商务复合型人才培养……126
第三节　基于双元制的高职跨境电子商务人才培养……132
第四节　高职跨境电子商务创新创业人才培养……143

第七章　现当代多元背景下高职电子商务人才培养路径……146

第一节　新零售业态下高职电子商务人才培养……146
第二节　数字经济背景下高职电子商务人才培养……152
第三节　乡村振兴背景下电子商务人才培养……158
第四节　创新创业背景下高职电子商务人才培养……169
第五节　1+X 证书制度下高职电子商务人才培养……173
第六节　基于 5G 技术的高职电子商务人才培养……180

第八章　高职电子商务人才培养的教学改革措施……185

第一节　不断明确价值取向……185
第二节　积极完善教学条件……196
第三节　科学引导智慧生成……211
第四节　深化重构学习生态……225

参考文献……245

第一章 导 论

第一节 高职教育相关理论

一、高职教育的概念

高等职业教育，简称高职教育，是高等教育中实施职业教育的高等学校教育。高职教育是高等教育的一个类型，肩负着为经济社会建设与发展培养人才的使命，同时，高职教育也是职业教育体系中的高层次教育。

高职教育是高等教育的重要组成部分，包括高等职业专科教育、高等职业本科教育、研究生层次职业教育。

专科层次主要为企业培养高技能型人才。

本科层次主要分为应用型本科和师资型本科。应用型本科注重加强实践教学环节，师资型本科注重加强学生“双师型”能力建设。

硕士层次包括专业硕士学位、中职学校教师在职攻读硕士学位和全日制职业技术教育学专业硕士生教育。对该层次的教育来说，应明确各自的培养目标，采用灵活的教育教学模式，加大实践教学环节。

博士层次含专业博士学位和职业技术教育学专业博士生教育。对该层次的教育来说，应针对该领域重大实际问题，着力提升学位申请者对本领域的实际贡献，激发创新性成果的涌现。

目前，我国的高职教育主要针对的是专科层次，部分高职院校已开展四年制本科教育，研究生层次职业教育在试点探索当中。

2014 年 5 月，《国务院关于加快发展现代职业教育的决定》提出：加快构建现代职业教育体系，创新发展高等职业教育，专科高等职业院校要密切产学研合作，培养服务区域发展的技术技能人才，重点服务企业特别是中小微企业的技术研发和产品升级，加强社区教育和终身学习服务。探索发展本科层次职业教育。建立以职业需求为导向、以实践能力培养为重点、以产学结合为途径的专业学位研究生培养模式。研究建立符合职业教育特点的学位制度。原则上中等职业学校不升格为或并入高等职业院校，专科高等职业院校不升格为或并入本科高等学校，形成定位清晰、科学合理的职业教育层次结构。

2019 年 1 月，国务院印发《国家职业教育改革实施方案》，鼓励高校培养具有“工匠精神”的应用型技能人才。方案指出，职业教育与普通教育是两种不同教育类型，具有同等重要地位。

2019 年 6 月，教育部正式批准首批 15 所本科职业教育试点高校更名结果，它们由“职业院校”正式更名为“职业大学”，同时升格为本科院校。

2020 年 6 月，教育部正式批准了第二批 6 所本科职业教育试点高校更名结果，它们由“职业院校”正式更名为“职业大学”，开展本科层次职业教育试点。

2020 年，专科层次职业教育在校生达到 1480 万人，接受本科层次职业教育的学生达到一定规模。

2021 年，5 所独立学校转设，或与高职专科高校合并转设为职业本科学校。

2022年，十三届全国人大常委会第三十四次会议4月20日表决通过新修订的职业教育法，2022年5月1日起施行。这是职业教育法制定近26年来的首次修订。

职业教育的培养目标是生产、建设、服务、管理一线的高技术技能人才。高职教育作为高等教育的一个类型，肩负的使命是培养面向生产、建设、服务和管理一线需要的高技术技能人才，在我国推进工业化、城镇化和新农村建设中具有不可替代的作用。高技术技能人才首先要具备以德为先的基本素质，同时还要具备通过职业教育掌握的就业技能，以及通过高等教育积累的专门化知识底蕴。高职教育以政府为主导，以学校为主体，通过校企合作等方式培养高技术技能人才。高职教育正在不断完善“政府主导、依靠企业、充分发挥行业作用、社会力量积极参与、公办与民办共同发展”的多元办学格局，通过积极推行与生产劳动和社会实践相结合的学习模式，带动专业调整，引导课程设置、教学内容和教学方法改革，不断推进合作办学、合作育人、合作就业、合作发展的机制建设，形成了以学校为主体、校企合作共同育人的基本培养模式。总体来看，高职教育以服务为宗旨，以就业为导向，走产学研结合发展的道路。

高职院校要主动适应经济和社会发展需要，以就业为导向确定办学目标，找准学校在区域经济和行业发展中的位置，坚持培养面向基层生产第一线与实际工作现场所需要的“下得去、留得住、用得上”，同时具有良好职业道德的高技术技能人才。同时，高职院校要注重与行业对接，坚持走产学研结合的办学道路，使产学研结合的理念、机制和途径在办学过程中得到充分的体现。

综上所述，高职教育是由高职院校实施的，以职业能力培养为本位，以技术技能人才为培养目标的高等教育，旨在培养具有一定的基础理论知识、专业知识、创新精神、终身学习能力和良好情操的可持续发展的高技术技能人才。

二、高职教育的特点

高职教育在人才培养目标上有其自身的特点，主要包括高等性、职业性、实践性、区域性和开放性等几个方面，如图 1-1 所示。

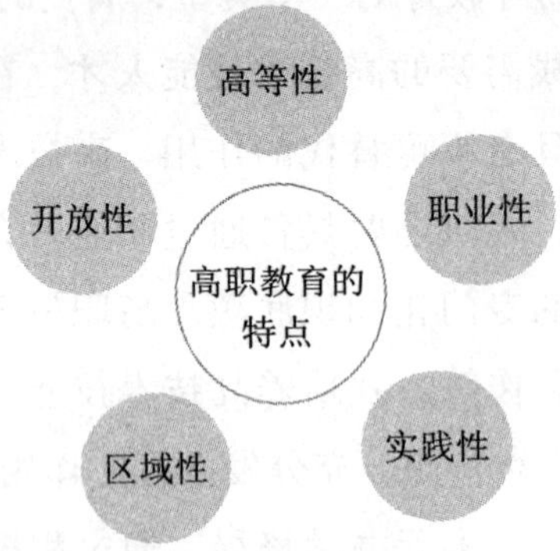

图 1-1　高职教育的特点

（一）高等性

高职教育属于高等教育范畴，高等性是高职教育培养目标定位的基准，因此，高职教育课程设置要具有高等教育的知识水平。与中职教育相比，高职教育对专业基础理论的要求更高，要求学生掌握相当多的理论知识，并具有发展潜能和创新能力。

（二）职业性

高职教育与普通高等教育的最大区别在于它的职业性。职业性是高职教育培养目标定位的内涵。高职教育按照社会职业需要设置相应的专业，因此学生入学就明确了职业方向，入学后通过必备的科学文化知识、专业理论知识和职业所需技能的学习，不仅要获得毕业文凭，而且要取得代表其职业能力和技术水平的职业资格证书或技术等级证书。也就是说，高职教育注重使学生毕业时能够胜任较高技术要求的岗位，能够直接从事专业对应的岗位。

（三）实践性

高职教育的实践性主要表现在课程设置和实践能力的培养两个方面。在课程设置上，高职教学实习课程所占的比例远远高于普通教育，并且强调理论与实践并行，知识与技能并重；在教学方法上，高职教育比普通高等教育更强调教育与生产劳动相结合，强调“手脑并用”与“学做合一”；同时，由于高职教育培养的是一线高级技术工人，因此必然要求学生具有相对完整的实践能力和理论知识。综上，高职教育必然带有突出的实践性特点。

（四）区域性

区域性是高职教育培养目标定位的地方特色。区域经济的结构性和发展的不平衡性决定了高职教育具有区域性特点，决定了不同地区所需要的“专才”能力结构应是不一样的。从区域经济的结构性来讲，不同地区的资源状况、产业结构、开发方向等是不一样的；从区域经济发展的不平衡性来讲，不同地区的经济基础、生产力水平是不一样的，这就决定了不同地区所需要的“专才”岗位结构是不一样的。因此，高职教育应根据区域经济的特点设置专业。

（五）开放性

与其他类型的普通高等教育相比，高职教育更需要开放办学。高职教育要以市场需求为导向，以行业、企业为依托，通过走产学合作、校企结合之路，面向社会，依靠企业，为社会服务，从而成为社会经济发展的生力军。高职教育的开放性主要表现在以下方面：高职教育包括职前、在职、转职、晋职的多元职业教育与培训体系；包括专科层次、本科层次、硕士层次、博士层次协调并存的多种教育层次；具有全日制、半全日制、业余方式共存的灵活的人才培养形式；具有人才培养、技术服务、经济创收并行的多种职能；培养学生的方式是通过产学结合、校企合作等方式进行的；实习实训基地、实验设备、师资等资源是共享的；是通过市场需求来确定人才培养的类型和规模的。

三、高职教育的主要功能

人才培养、科学研究和服务社会是高等教育的功能。高职教育既具有高等教育特征，又具有职业教育特征，其主要功能如图 1-2 所示。

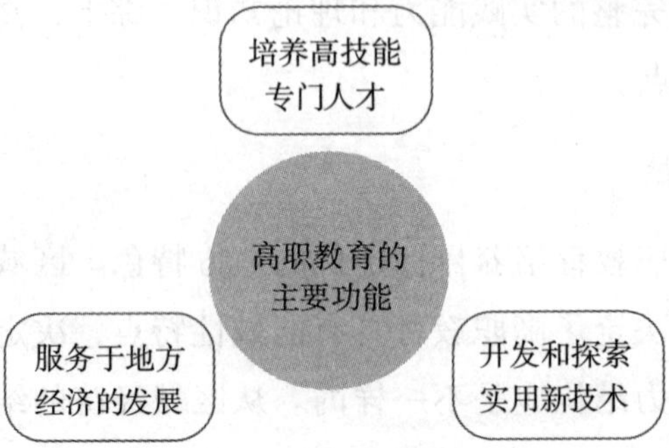

图 1-2　高职教育的主要功能

（一）培养高技能专门人才

以市场职业需求为导向，培养高技能专门人才是高职教育和普通高等教育的显著区别。高职教育以培养学生高级专门技能为核心，以职业岗位群的需要为依据制订教学计划，在进行职业能力分析的基础上构建学生的知识、能力和素质结构，并且学生职业知识和职业能力的提高主要着眼于产业结构和产品结构的调整，通过不断更新教学内容、调整课程结构来培养学生掌握新设备、新技术的能力，使毕业生具有适应性强的职业特点。同时，高职教育培养的是将设计、规划、决策变为物质形态的产品或对社会运行产生具体作用的技术型人才，其工作场合是基层部门、生产一线和工作现场，其工作内涵是将成熟的技术和管理规范转变为现实的生产和服务。

（二）服务于地方经济的发展

高职院校是根据地方的社会、经济、文化、教育、人口等因素来办学的，其出发点和落脚点主要是为地方经济建设服务，因此其专业设置、课程内容、服务项目都密切适应地方和行业需要，突出体现服务于地方和行业的特征。高职教育的社会区域经济服务功能主要表现在为区域经济造就高素质技术型人才、传递和再生产科学技术、发展知识产业和营构市场经济软环境等多个方面。

（三）开发和探索实用新技术

高职教育是为企业培养人才的，这决定了高职院校在人才培养过程中会加深对企业的了解。企业在生存与发展过程中需要不断地使用新技术与新工艺，这些新技术和新工艺既可以由企业自身研制完成，又可以与其他部门共同完成。高职教育面向生产一线，可以凭借天然的优势和较强的技术开发能力为企业进行实用新技术的开发和探索。

四、高职教育在教育系统中的作用

教育肩负着培养社会需要的各级各类人才的重要任务。正确认识高职教育在整个教育系统中的作用，首先需要了解教育的培养类型。不同的人才类型具有不同的社会功能；不同的社会功能，要求不同的人才智能结构；不同智能结构的人才，要求有不同的教学内容及其相应的课程体系，因而决定了不同教育类型的不同人才培养规格。教育的性质是由其培养的人才的性质决定的，不同的教育形式最根本的差别在于其培养的人才的差异性。因此，教育形式的不同，实际上就是培养目标的差异；对教育性质的判断，实际上就是对培养目标的解析。

学术界在教育培养人才的类型问题上已经基本上达成共识，认为教育可以培养四类人才：学术型人才、工程型人才、技术型人才和技能型人才。普通高等教育主要培养学术型人才和工程型人才，职业教育主要培养技术型人才和技能型人才。社会需要的人才类型，从本质上说，是由不同的社会需要所决定的。在科学原理（客观规律）转化成为社会直接利益的过程中，存在着两个转化：一个是科学原理演变为工程（或产品）设计、工作规划、运行决策；另一个是将工程原理应用于实践从而转化为工程、产品等物质形态。两个转化需要两类人才：一类是发现和研究科学原理的人才；另一类是应用科学原理为社会谋取直接利益的人才。前者是学术型人才，后者是应用型人才（包括工程型人才、技术型人才和技能型人才）。

技术型人才和技能型人才主要指根据工程型人才设计出来的图纸、计划、方案等进行操作或运作，使之成为现实的生产力、可以直接应用的社会成果的人才。他们在生产第一线或工作现场从事为社会谋取直接利益的工作，只有经过他们的努力才能使工程型人才的设计、规划、决策变换成物质形态或者对社会产生具体作用。智力含量的多寡是决定其是技术型人才还是技能型人才的依据，但二者没有严格的界限。

综上所述，高职教育主要培养上述四种人才中的技术型人才和技能型人才，是教育系统中的重要组成部分。

第二节　高职教育的发展趋向

一、推进构建中国式高等教育现代化体系

党的二十大是在进入全面建设社会主义现代化国家新征程的关键时刻召开的一次十分重要的大会。党的二十大报告提出了以中国式现代化全面推进中华民族伟大复兴的中心任务，在教育工作方面提出了一系列

新论断、新要求，特别是对高等教育发展方面的部署，将重新构建中国式高等教育现代化体系，必将对全面建成社会主义现代化强国、全面推进中华民族伟大复兴具有重要指导作用。

中国式高等教育现代化是中国式现代化的重要组成部分，是实现教育现代化的重要保证。高等教育要立足2035年我国发展的总体目标任务，扩容增量，提质增效，构建与社会发展相适应的高等教育数量和类型结构。

（一）党的二十大关于教育的新部署

教育是国之大计、党之大计。党的二十大报告提出“实施科教兴国战略，强化现代化建设人才支撑”重要论断，围绕教育优先发展、科技自立自强、人才引领驱动等做出新的全面部署。这为我们在全面建设社会主义现代化国家新征程上加快建设教育强国、科技强国、人才强国指明了方向。

报告提出，教育、科技、人才是全面建设社会主义现代化国家的基础性、战略性支撑。这是党代会报告首次把教育、科技、人才进行“三位一体”统筹安排、一体部署，凸显了教育的基础性、先导性、全局性地位。

报告提出，必须坚持科技是第一生产力、人才是第一资源、创新是第一动力，深入实施科教兴国战略、人才强国战略、创新驱动发展战略，开辟发展新领域新赛道，不断塑造发展新动能新优势。要加强基础学科、新兴学科、交叉学科建设，加快建设中国特色、世界一流的大学和优势学科。这些论断和部署深刻体现了教育支撑人才、人才支撑创新、创新服务于国家经济建设和综合国力提升的发展规律，对扎根中国大地办一流大学具有重要指导作用。

（二）中国式高等教育现代化的内涵

党的二十大报告提出了中国式现代化道路，即中国共产党领导的社会主义现代化，既有各国现代化的共同特征，又有基于自己国情的中国特色。中国式现代化的主要特点是人口规模巨大的现代化、全体人民共同富裕的现代化、物质文明和精神文明相协调的现代化、人与自然和谐共生的现代化、走和平发展道路的现代化。这一论述详细阐释了中国式现代化的内涵和本质特征，更为探索中国式高等教育现代化的道路指明了方向。

中国式高等教育现代化是中国式现代化的重要组成部分，是实现教育现代化的重要保证。在中国式教育现代化背景下，中国式高等教育现代化具有以下特征。

一是人口规模巨大的高等教育现代化。目前，发达国家的全部人口加起来不足10亿人，而我们要实现的是14亿多人口整体迈进中国式现代化社会，其规模超过现有发达国家人口的总和。从教育来说，当前我们建成世界上规模最大的教育体系。2021年，我国高等教育毛入学率达57.8%，比全球平均水平高出10多个百分点；在学总规模4430多万人，占世界大学生在学人口总数的20%以上，稳居全球首位。这么大规模人口的高等教育现代化，其艰巨性和复杂性是前所未有的，是一项繁重、复杂的系统工程，将深刻影响人类历史进程，为人类文明进步做出巨大贡献。

二是促进全体人民共同富裕的高等教育现代化。“共同富裕本身就是社会主义现代化的一个重要目标。我们不能等实现了现代化再来解决共同富裕问题，而是要始终把满足人民对美好生活的新期待作为发展的出发点和落脚点，在实现现代化过程中不断地、逐步地解决好这个问题。”共同富裕是中国特色社会主义的本质要求，实现共同富裕是一个长期的历史过程。而加强教育是促进共同富裕的重要手段和方式，因此，在教育现代化进程中，要促进公平并提高质量。

三是促进物质文明和精神文明相协调的高等教育现代化。“只有物质文明建设和精神文明建设都搞好，国家物质力量和精神力量都增强，全国各族人民物质生活和精神生活都改善，中国特色社会主义事业才能顺利向前推进。”中国进入现代化，不仅要成为经济强国，而且要成为文化强国。教育就是要提高全体人民的思想道德素质和文化水平，促进物质文明和精神文明协调发展。

四是促进人类命运一体和平发展的高等教育现代化。“站在新的历史起点，中国将坚持走和平发展之路，始终做世界和平的建设者；坚持走改革开放之路，始终做全球发展的贡献者；坚持走多边主义之路，始终做国际秩序的维护者。”教育发挥着沟通世界、交流心灵的作用，在中国式高等教育现代化道路上，中国教育开放的大门会越开越大，教育对外交流会越来越频繁。我们一方面要增强文化自信，扎根中国大地办教育，办好中国特色社会主义大学；另一方面，我们也要有国际视野，培育青年学生树立起人类命运与共的意识，共同推动人类文明进步。

（三）构建中国式现代化高等教育体系的路径

党的十九届五中全会通过的《中共中央关于制定国民经济和社会发展第十四个五年规划和二〇三五年远景目标的建议》明确“建设高质量教育体系”的政策导向和重点要求。高等教育是教育发展体系中的重要一环，我们必须准确识变、科学应变、主动求变，扬长补短，统筹推进科教兴国战略、人才强国战略、创新驱动发展战略，既要遵循中国式现代化发展规律，又要遵循中国式教育现代化发展规律和人才发展规律，促进教育资本向人才、文化、科技、创新不断转化，高质量构建中国式高等教育现代化体系。

一是加强党对高等教育的全面领导。中国共产党领导人民实现了从穷国办大教育到大国办强教育的历史转变。面向新时代，我们要坚持中国共产党领导，坚持社会主义办学方向，动员、组织和协调各方力量共同推进高等教育现代化事业。我们要进一步改进党管教育、党管人才工作，不断完善党领导下的高等教育治理体系，根本提高高等教育治理能力，办好人民群众满意的高等教育。

二是适当扩大高等教育规模。中国式高等教育现代化是人口规模的现代化，就全国来说，高等教育已经进入普及化阶段，但中西部高等教育发展不够平衡。以广西为例。广西高校总量偏少，类型结构不优。截至2021年底，广西高等教育毛入学率达52.4%，与全国高等教育毛入学率的平均水平还有一定差距。广西应立足2035年我国发展的总体目标任务，扩容增量，构建与广西建设相适应的高等教育数量和类型结构；利用好国家振兴中西部地区高等教育的相关政策措施，坚持“两极带动，多点突破”的发展思路，加大南宁高教园区和桂林高校集聚区建设投入，改善办学条件，扩大高等教育生态承载力，提升高等教育质量和规模；结合地方产业结构和发展需求，合理新增布局一批特色鲜明的职业院校和应用型本科院校；以新建、独立学校转设、成人高校转制、技师学校提升等多种形式，加强高职院校建设，力争实现“十四五”末全区高校数量达到100所以上的发展目标。

三是优化高等教育结构。仍以广西为例。广西全区高等教育资源主要集中在南宁、桂林两地，目前仅一个学科入选国家“双一流”建设，客观上存在高等教育结构不优的问题。中国式高等教育现代化是促进全体人员物质文明和精神文明协调发展的现代化，我们必须提质增效，构建与人类文明发展相适应的高等教育层次结构。广西应大力推进实施新增博士硕士学位授予单位和学位授予点立项建设项目，集中优势资源，重点推进学位点建设，积极争取国家在博士、硕士学位授权点布局上予以重点倾斜政策，扩大学位点数量，提升办学层次；加强现有学位点内涵建设，提升学科专业承载能力，扩大博士、硕士研究生培养规模。

四是完善科技创新体系。实现中国式高等教育现代化，必须坚持创新在我国现代化建设全局中的核心地位。应完善科技领导体制，强化国家战略科技力量，统筹推进国际科技创新中心、区域科技创新中心建设；深化科技体制改革，深化科技评价改革，加大多元化科技投入；培育创新文化，弘扬科学家精神，涵养优良学风，营造创新氛围。高校要坚持面向世界科技前沿、面向经济主战场、面向国家重大需求、面向人民生命健康，加快实现高水平科技自立自强。

五是主动融入区域战略。从中国式教育现代化的发展过程来看，教育现代化经历了从服务于“中国式现代化”全局建设到加速“中国式教育现代化”的过程，更好地适应和服务于中国式现代化建设。高校要积极主动对接国家和地方的重大战略需求，针对国家和地方的目标任务，贡献高等教育的力量；针对重点产业、支柱产业和新兴产业等领域，调整优化专业布局，.部署相关学科专业；加快紧缺空白专业设置，提高专业设置针对性，培养各行各业所需的高素质技术技能人才，为建设国家提供支撑。

走好中国式高等教育现代化的新道路，是新时代赋予我们的新使命，责任重大。高等教育工作者要以党的二十大精神指引各项工作，踔厉奋发，勇毅向前，办好人民满意的高等教育，以中国式高等教育现代化助力中华民族伟大复兴。

二、统筹职业教育与高等教育、继续教育协同创新

党的二十大报告强调：“统筹职业教育、高等教育、继续教育协同创新，推进职普融通、产教融合、科教融汇，优化职业教育类型定位。”在新征程上，我们必须坚持系统观念，统筹职业教育改革创新，处理好职业教育内部各要素之间、职业教育与普通教育之间、职业教育与继续教育之间的辩证关系，进一步优化职业教育层次结构，整体性推进职业教育高质量发展。

（一）统筹协同创新，促进人的全面发展

党的二十大报告创造性地将职业教育、高等教育、继续教育整合到一起进行系统谋划、一体推进。可以说，统筹职业教育、高等教育、继

续教育协同创新，正是对“坚持以人民为中心发展教育”的重要创新与实践。

坚持以人民为中心发展教育，必须致力于培养德智体美劳全面发展的人。人的全面发展不仅要立足当下，而且要着眼未来。当今世界的技术变革日新月异，人工智能、大数据、云计算等新一代信息技术带来新一轮就业创造的同时推动着就业形态的不断创新，也催生了新一轮就业岗位结构的调整，劳动力市场受新技术的影响发生了巨大变化。因此，单纯依靠就学期间的知识学习及自身的智力发展将难以适应劳动力市场的变革要求。应对这种变革的关键在于人的全面发展和终身学习。正是基于这样的需求变化，必须要进一步健全国家资历框架制度，完善职业教育的学生和普通教育的学生学习成果等级互换机制，加快制定国家“学分银行”学时学分记录规则，真正搭建职业教育与普通高等教育、继续教育相互沟通衔接的“立交桥”，实现多路径融通、多通道成才，助力创建“人人皆学、处处能学、时时可学”的全民终身学习的学习型社会、学习型国家。

（二）推进职普融通，构建中国特色现代教育体系

党的二十大报告创造性地提出“职普融通”，其目的就在于提供多样化的教育选择，促进大国工匠和高技能人才的培养。职普融通旨在实现职业教育和普通教育两种不同教育类型的相互沟通、相互衔接，使二者既各成体系又融合发展。《国家职业教育改革实施方案》中“职业教育与普通教育是两种不同教育类型，具有同等重要地位”的重要论断，明确了我国“一体两翼”的现代教育体系。在社会主义现代化建设的新征程中，创新人才固然重要，培养大量的高素质技能人才则更为关键。

为此，要以构建中国特色现代教育体系为牵引，实现职业教育内部纵向贯通，完善职业教育与普通教育横向融通。一方面，打破学历衔接“天花板”，进一步明确各个层次职业教育的功能及定位，从而实现不同

层次职业教育的贯通和衔接，构建从中职、高职、职业本科到专业学位研究生各个层次的技术技能人才培养体系，畅通学生多样化成长成才渠道。另一方面，在义务教育阶段后的不同阶段和不同教育类型之间设计转换通道和融通机制，实现职业教育和普通教育的资源共享、贯通互认，着力提高学生的学习能力、实践能力和创新能力，为学生高质量就业和升学搭建桥梁。

（三）深化产教融合，服务区域经济社会高质量发展

职业教育是与经济社会发展关系紧密的教育类型，承担着支持国家完成工业化、信息化和现代化的技术技能积累的时代使命。产教融合对于促进区域经济发展、赋能产业创新升级、提高区域内各产业经济核心竞争力具有积极的推动作用。努力培养大量高素质劳动者和技术技能人才，是推进我国由制造大国向制造强国转变、由中国制造向中国创造转变的必然要求。只有通过产教有效融合，才能促进创新链、产业链、教育链、人才链的融合发展，从而增强职业教育的适应性。

当前，产教融合虽然已经成为职业教育基本的办学模式，但仍有短板亟待补齐。为此，一要加强顶层设计与制度创新，围绕培养高质量人才、服务高质量发展这一核心任务，倾力补齐各部门之间存在的体制机制短板，从政策层面形成合力，为产教融合的高质量发展提供强有力的支撑。二要紧盯区域经济产业发展趋势，补齐职业教育和产业发展之间的短板，深化以需求牵引的技术技能人才供给侧结构性改革。三要整合政府、行业、企业、学校各类资源，完善校企联合培养机制，实现师资、技术、设备等资源在职业教育和产业发展中的全面共享与互通互融，以共享、互赢的有效行动积聚融合实力，构建以企业为主体、各方积极参与和支持的高技能人才培养体系，为服务区域经济社会高质量发展汇聚不竭动力。

（四）坚持科教融汇，服务创新驱动发展战略

当前，面对新一轮科技革命的迅猛发展和产业升级的提效增速，世界强国围绕科技制高点的竞争日益激烈，科技创新已经成为国际战略博弈的主战场。而职业教育身处生产第一线，是促进创新链和产业链精准对接、实现科技成果转化的“中试车间”。

一方面，科技创新要赋能职业教育。推进职业教育数字化转型是高质量发展的内在需求，要进一步提高职业教育数字化转型的战略认识与发展站位，紧紧围绕“让每个人都有人生出彩的机会”，深入推动全领域、全要素、全流程、全业务的数字化意识、数字化思维和数字化应用，将科技创新融入职业教育人才培养的各环节。运用互联网思维以构建职业教育发展体系，提升师生数字化素养，推进数据驱动治理体系与治理能力的现代化。

另一方面，职业教育要推动科技创新。职业教育的职业性属性决定了高职院校的科研活动同时具有技术性和学术性的特点。职业教育要关注先进制造业、战略性新兴产业等领域的发展核心与技术前沿，聚焦乡村振兴、共同富裕等民生需求，聚焦新经济、新业态、新技术中的重大问题，紧跟区域经济产业发展中面临的科学问题和技术难题，加强产业链、创新链与教育链、人才链的对接，助力重大科技成果的转化与产业化，壮大高素质技术技能人才队伍，为服务国家创新驱动发展战略提供有力支撑。

三、对教育系统的工作要求

2022 年，党的二十大胜利召开，将教育作为全面建设社会主义现代化国家的基础性、战略性支撑进行系统谋划，极具战略意义和深远影响。教育系统要切实增强建设教育强国的责任感、使命感、紧迫感，确保党的二十大精神在教育系统开花结果。一要深刻认识全面建成社会主义现

代化强国对加快建设教育强国的内在要求，有力回答“强国建设、教育何为”这一时代课题。二要深刻认识科技革命、产业变革的深入推进对教育变革提出的迫切要求，更好推动教育成为经济社会发展的基础支撑和关键力量。三要深刻认识人口和社会结构变化对教育布局结构和资源配置调整的紧迫要求，加快建设高质量教育体系。四要深刻认识国际形势新动向新特征给教育带来的机遇挑战，以高水平教育对外开放助力推动构建人类命运共同体。

2023年是全面贯彻落实党的二十大精神的开局之年，是实施“十四五”规划承上启下的关键一年，教育工作要坚定主攻方向和重点任务，谱写加快建设教育强国新篇章。一是坚定不移加强党对教育工作的全面领导。坚决做到“两个维护”，不断健全党对教育工作全面领导的体制机制，持之以恒全面从严治党。二是坚持不懈用习近平新时代中国特色社会主义思想铸魂育人。深入推动习近平新时代中国特色社会主义思想和党的二十大精神进教材、进课堂、进头脑，推动立德树人根本任务取得新的重要进展，加快建立健全促进学生身心健康、全面发展的长效机制。要把开展读书活动作为一件大事来抓，引导学生爱读书、读好书、善读书。三是持续办好更加公平、更高质量的基础教育。学前教育、特殊教育突出“普惠发展”，义务教育突出“优质均衡”，高中阶段学校突出“多样化”，继续把“双减”摆在突出位置来抓。四是加快构建融通融合融汇的现代职业教育体系。以深化产教融合为重点，以推动职普融通为关键，以促进科教融汇为新方向，构建“一体两翼”工作格局，推动职业教育提质升级，通过服务学生全面发展、服务经济社会发展引领职业教育人才培养，为各类人才搭建发展成长的有效通道。五是着力发展支撑引领国家战略实施的高等教育。在全面提高人才自主培养质量、造就拔尖创新人才和服务区域经济社会发展、优化布局结构上先行先试，进一步加强高校分类管理的顶层设计，加快探索高校分类评价改革。六是统筹推进教育数字化和学习型社会、学习型大国建设。纵深推进教育数字化战略行动，重点做好大数据中心建设、数据充分赋能、有效公共服务、扩大国际合作四件事。主动服务学习型社会、学习型大国建设，树立“大教育”观，加快构建服务全民终身学习的教育体系。七是不断深化教育领域综合改革。以评价改革牵引教育领域综合改革，持续深化新时代教师队伍建设改革，全面推进依法治教，完善与教育强国建设相匹配的战略性投入机制，以高质量开放、高水平合作的大格局构筑发展新优势，不断增强教育改革的系统性、整体性、协同性，始终让教育成为改革开放的先行者。

第三节　新发展阶段对高职教育主体的要求

一、政府层面

2019 年 1 月，国务院印发的《国家职业教育改革实施方案》提出了“推进高等职业教育高质量发展”的要求，把高职教育推向了高质量发展的新阶段。

2021 年 10 月，中共中央办公厅、国务院办公厅《关于推动现代职业教育高质量发展的意见》对高职教育高质量发展提出了更加具体的要求和发展规划。高质量发展是高职教育发展目标的升级，它要求高职院校尽快转变发展观念，调整发展模式，为我国经济社会发展提供支撑。

从政府方面来说，政府的大力推动（有为政府）可以促进高职教育改革发展。

（一）有为政府与有效市场相结合，促进高职教育高质量发展

高职教育市场，是指高技术技能人才资源的供求关系。市场促进供求关系达成，并且促成社会中的资源分配。在这个市场中，存在着主次

两个层级。在主要的层级，需求方是地方企业，供应方是高职院校，学校为了满足企业需求和自身发展而相互争取政府提供的发展资源，构成宏观高职教育市场；在次要的层级，在高职院校内部存在着一对供求关系，需求方是学生，供应方是教师，教师为了人才培养和自身发展而相互争取学校提供的发展资源，构成微观高职教育市场。

1.高职教育市场的有效作用

政府与市场在高职教育发展中发挥着不同的作用。政府按照政治规律，运用政治智慧和政治方式推动高职教育发展；市场按照经济规律，用经济的方式调动高职院校的创造力，从而推动高职教育改革。二者的区别还表现在可持续性上，市场调节比政府推动的可持续性要好，原因主要有两个方面：第一，政府的资源是有限的，政府不能把有限的资源过多地投入高职教育领域中，而教育市场的创造力是无限的，在解决微观教学改革问题上具有信息和智慧优势；第二，当政府的投资超过一定限度时，随着投资数量的增加，政府投资对高职教育发展的促进作用越来越弱，这在经济学上叫投资边际收益递减。政策的密集出台也存在着同样的问题。

实际上，在过去的 20 多年间，有效市场曾经发挥了一定作用。例如，在高等教育大众化发展期间，高职教育之所以快速完成了规模扩大，除依靠地方政府的本地规划能力外，还发挥了高职院校的积极性和创造性。1998 年，我国决定进行高等教育大众化发展，当时确定的目标是到 2010 年实现教育大众化。事实上，2000 年 3 月，国务院授权各省、自治区、直辖市自主审批设立高职院校的权力后，各地仅仅用了 3 年时间，即在 2002 年就实现了发展目标。其中一个重要原因就是各地在获得授权后，充分发挥了地方政府和学校的积极性，快速升格、改革、改组、改建了一大批中专学校、高专学校、成人高校和职工大学，推动了高职教育快速发展。此后几年，各地高职院校不断建立，2019 年至今，我国已经实现了高等教育普及化。从供求关系角度考察，过去 20 多年，在完成国家提出的大量高技术技能人才培养上，高职院校快速完成了数量上的供应，但质量参差不齐。因此，我国根据经济结构调整需要，把高质量发展确立为高职教育未来改革发展的方向。

2. 高质量发展要求高职教育转变发展模式

20 多年来，我国市场经济拥有了很多的形容词，如高质量、共同富裕、绿水青山等，证明中国经济社会发展的逻辑发生了深刻变化，正在从数量、规模、GDP 转向质量、效益、社会友好、环境友好。在这样的大环境下，高职教育必须转变当前的发展方式，从重视数量增加转变到重视质量提高，从有为政府转变到有为政府与有效市场相结合。

为更好地理解教育市场的作用，需要对高职教育利益相关方进行分析。高职教育利益相关方由需求方、供应方和支持方构成。需求方有学生和企业，供应方有高职院校和教育企业，支持方有中央政府、地方政府和行业协会。政府和企业有共同的利益，企业通过员工的生产而获利，政府通过征税而获利。学生和企业之间存在就业关系，学校和企业之间通过这种关系达成供求关系。支持方为市场竞争提供动力，政策和资金支持越大，市场活力越大，主体创造力越强。在所有利益相关者中，政府和学校是两个关键方，这两方的行为会对高职教育市场产生非常重要的影响。作为保障人才供求关系顺利进行的中央政府和地方政府，既对高职院校具有支持作用，又对高职院校发展方向具有决定性影响，但其支持力度受到地方经济发展程度和政府思想观念的限制。

政府对职业教育的推动曾出现一些失灵现象，其中一个重要原因是，在以上供求关系中还隐藏着一对重要的供求关系，即自身也需要发展的高职院校作为需求方需要各级政府给予政策和资金支持。该供求关系能否达成，影响着政府能否推动职业教育发展真正实现。因为高职院校大都是由专科学校、成人高校、中专学校改革、改组、改建、升格而来的，都迫切需要建设。从近 50 年发展史来看，凡是有利于高职院校发展的政策和资金支持，大都得到很好的落实，从而保证了职业教育的发展；相反，凡是对高职院校发展不利的政策，大都没有得到很好的落实，有的还被选择性“遗忘”。之所以有一些政策没有得到很好的贯彻实施，就是因为政府在制定改革政策时，对学校的人才培养能力和发展需求认识不足，影响了学校积极性的发挥。

3. 重修政府与市场的关系，促进高职教育高质量发展

高质量发展要求充分发挥教育市场的作用，激发各市场主体的积极性和创造性，为此，需要厘清高职教育市场有效运行的机制。首先，教育市场的需求方企业提出技术技能人才规格要求；其次，政府和需求方为此提供足够的激励；再次，在上述条件下，高职院校积极性被激发，创造力被释放，在人才培养过程中学校为自身建设而竞争发展，高职教育市场活力被释放；最后，通过竞争，人才培养的供求关系高效达成，同时高职院校取得进一步发展。

今天，高职教育市场要高效运行需要政府相关部门转变职能，调整自身在高职教育市场中的位置，把政治行为转变为经济行为，用经济的方式达到政治的目的。具体来说，各级政府在制定政策时应把自身的政治行为放到高职教育市场中来考量，充分考虑高职院校自身发展的需求。如果政府对高职院校的真实需求认识不足，可让高职院校参与制定政策，以制定出能够充分激发高职教育市场活力的政策。激发高职教育市场的活力，并不是不需要政府发挥作用。有效的市场取决于有为的政府，有为的政府重在促进有效的市场。根据《中共中央关于全面深化改革若干重大问题的决定》（2013 年），政府的职责和作用主要是保持宏观经济稳定，加强和优化公共服务，保障公平竞争，加强市场监管，维护市场秩序，推动可持续发展，促进共同富裕，弥补市场失灵。那么对高职教育来说，政府主要负责保持宏观高等教育稳定，加强和优化公共服务，保障高职教育市场公平竞争，加强高职教育市场监管，维护高职教育市场秩序，推动高职教育可持续发展，弥补高职教育市场失灵。

有为政府与有效市场的结合重在落实——除需要政府转变职能，还

需要高职院校加强内部治理现代化改革，把发挥校内微观高职教育市场的决定性作用落到实处。

（二）加强学校治理现代化改革，助推有为政府模式实施

1. 继续探索混合所有制改革，破解校企合作难题

产教融合是解决高职院校校企共同培养高技术技能人才、高质量输出毕业生的重要方式。然而，由于高职院校的公益性和企业的营利性相矛盾，阻碍了校企合作的实际进展。根据《中华人民共和国教育法》第二十六条的规定，以财政性经费、捐赠资产举办或者参与举办的学校及其他教育机构不得设立为营利性组织。2014 年，《国务院关于加快发展现代职业教育的决定》提出“探索发展股份制、混合所有制职业院校，允许以资本、知识、技术、管理等要素参与办学并享有相应权利”。在此政策许可下，一些高职院校进行了探索，涌现了山东海事职业学院的“山海模式”、苏州工业园区职业技术学院的“苏职模式”、海南职业技术学院的“海职模式”、山东畜牧兽医职业学院的“山牧模式”等典型案例。这些学校通过内部治理改革与外部企业合作，共同建立产教融合实体，在企业生产建设的同时实现了校企共同培养高层次技术技能人才的目标。

当前，国家重视技术技能人才的培养，一些职业院校的经验要在全国推广。这意味着公立高职院校需要转变所有制形式，与企业形成利益共同体，把实训设施建设和使用中的部分利益让渡给企业，换取企业对于学生培养的支持。在这个过程中需要政府给予高职院校必要的监督，防止国有资产流失和腐败滋生。

2. 调整学校内部权力结构，增强政策落实效果

一些改革政策之所以难以真正落到实处，原因是多方面的，其中之一是高职院校内部权力结构不能适应改革的需要，主要表现在权力过于集中，缺乏必要监督，存在决策失误和权力滥用现象，同时“家长式”

管理影响教师积极性的发挥。为促进改革发展，在学校内部治理现代化改革中，高职院校应当改善权力主体间的互动关系，注重民主的治理方式，向分权式管理和民主型领导方向转变。为此，高职院校需要完善组织结构和工作方式，使广大教师有发表意见和建议的渠道，形成协商共治的治理模式，激发教师的参与热情和变革活力，增强教师的主人翁责任感，更好地发挥微观教育教学市场的活力。同时，高职院校还要加强治理文化现代化建设，强化价值观内化管理，提升管理人员领导力，培育互信的人际关系，保证各层次权力良好合作，提高国家政策的落实效果，保证国家大政方针的良好实施。

3. 成立国家教育实训公司，提高国有资产使用效率

经过 10 多年来的基础设施建设，一些高职院校实训设施固定资产达到几亿元甚至十几亿元人民币，然而学校的设备只能用于本校学生实训，不能共享给其他学校，这造成了大量设备长期闲置和重复建设。也就是说，全国高职院校国有资产使用效率较低。这个问题是高职院校在发展过程中形成的，是现有学校教学模式带来的系统自身缺陷。受教育法的约束，这个问题在学校框架内难以彻底解决，即使学校加强内部管理，对提高国有资产使用效率的帮助也不大。鉴于这种情况，高职院校可以联合起来向政府提出外部治理建议，借鉴电信部门通过成立大型通信基础设施服务企业（中国铁塔股份有限公司）提高国有资产利用效率的资产重组经验，成立国家教育实训公司，把全国所有中职院校和高职院校实验实训设备器材统一经营管理。该公司的主要任务是完成所有学校实验实训需求，做到不同学校资源共享，以共享和生产的方式提高国有资产利用效率。同时，国家教育实训公司的成立，有利于调整宏观高职教育市场结构，解决产教融合难题。

4. 改革校内分配体制，促进课赛融通

课赛融通既能充分发挥竞赛的激励作用，又能提高学校的资源使用

效益。然而在实践中，课赛融通在专业改革层面上难以真正落到实处。这与学校的分配体制有很大的关联。很多情况下，课赛融通只是教育行政部门和学校的期望，专业教师并不愿意为此付出太多努力，原因是学校的利益分配方式影响了其改革积极性。职称评定实质上是高职院校最主要的利益分配方式，是影响教师改革行为的指挥棒。指挥棒不变，教师为改革付出努力的积极性就难以真正调动起来。很长时间以来，高职院校职称评价体系是从普通高等学校借鉴而来的，把科研、教学和社会服务成果作为评价的主要部分，而像课赛融通这样的教学改革工作并没有被列入其中（或所占比例不合理），换言之，专业教师为此付出努力，并不能为自己带来收益。因此，在学校内部治理现代化改革中，只有先改革利益分配这个指挥棒，激活校内教师教育教学改革的积极性，充分发挥微观教学市场的活力，课赛融通类的改革才有可能顺利实现。

经过几十年的探索与发展，我国职业教育在政府指导和推动下取得了快速发展，质量得到了很大提升，但一些高职院校形成了依赖政府推动的“怠惰症”。如今，高质量发展要求政府和学校调整发展思路和发展模式。对于政府来说，就是在继续坚持推动的前提下促进技术技能教育市场充分竞争；对于高职院校来说，就是在坚持学校规划发展下激发校内各种教学要素的活力。这将是一项长期而艰巨的任务。

二、学校层面

当前，我国职业教育正处在提质培优、增值赋能机遇期和改革攻坚、爬坡过坎关键期。高职院校要以时不我待的紧迫感、舍我其谁的使命感，真抓实干、奋勇向前，认真抓好新职业教育法的贯彻落实，办人民满意的职业院校。

高职院校要坚持以习近平新时代中国特色社会主义思想为指导，贯彻教育“四为”方针，将党的领导全面融入院校治理，全面构建并持续完善“党委领导、校长负责、教授治学、民主管理、依法治校”的高校治理体系，加快现代化高职教育学校建设。

（一）强根固魂，加强党的全面领导

1. 强化理论武装

高职院校要坚持党委会议“第一议题”制度，不断提高政治判断力、政治领悟力、政治执行力，努力把学习成效转化为办学兴校的生动实践、转化为推动发展的具体行动。

2. 坚持管党治党

高职院校要全面落实新时代党的建设总要求，坚持和加强高校党委的全面领导，弘扬伟大建党精神，勇于自我革命，严规矩、强监督、转作风，持续推动全面从严治党向纵深发展，营造风清气正的政治生态。

3. 深化旗帜领航

高职院校要深入实施“党建 +”工程，激励引领广大职工爱岗敬业、担当作为、干事创业，推动上级决策部署落地见效，把党的政治优势、组织优势厚植为竞争优势、发展优势，为院校高质量发展提供坚强保障。

（二）提质培优，全力争创高水平职业院校

高职院校要坚持职教类型定位，以适应产业发展和就业需求为导向，在产教融合、师资队伍建设、教学改革、教育质量提升等方面攻坚克难、提质培优，全力争创高水平职业院校。

1. 全力加快实现办学达标

高职院校要主动对标“十四五”规划教育系统总任务。针对规模小、专业少、师资队伍老化、实训设施陈旧等突出问题，高职院校要按照教育系统正实施的教育提质扩容工程要求，对照《高等职业学校建设标准》，科学制订校园占地、教学生活设施、师资力量等办学硬指标提升

计划，全力以赴完成实训设施设备、教室、学生宿舍等“硬件”资源和课程、教材等“软件”资源的建设，持续改善教学生活环境，确保2025年前全面达标。同时，高职院校要全力深化产教融合。针对产教融而不合、校企合作不深不实这一“痛点”和“堵点”，新职业教育法以“产教融合”一词取代了原来的“产教结合”。高职院校要在“融”字上下功夫，主动办教育：聚焦新兴技术建设，突出“产业需求标准”与“人才培养标准”高水平的互动连接，优化专业建设重点和质量要点，按照“育训结合、德技并修、长短结合、内外结合”的要求，实现校企“专业共建、课程共担、教材共编、师资共享、基地共享”，积极争取相关企业多途径参与高水平职业院校建设、高水平专业建设，深入推动产教的全面融合。

2. 全力锻造高素质师资队伍

高职院校要聚焦“高层次人才集聚、高素质‘双师’培养、高水平团队打造”三大领域，抓好“引才、育才、用才”三个环节，实施强基培优等储能、赋能行动，做优“劳模工作室、名师工作室、技能大师工作室、青年创新工作室”等培养培训平台，推动“以师德为核心、以工作实绩和标志性成果为重点”的人才评价制度改革，努力将每一位校内教师培育成具备“思政导师、劳动导师、专业教师、职业培训师、企业工程师”多能并举的教学能手，全力培育一批优秀教学创新团队和骨干教师。同时，高职院校要推进企业劳模、专家、技术能手参与组建“双师型”教学团队机制，提高师资队伍的知识结构、教学能力、科研水平，力争“十四五”期间“双师型”教师比例上升。

3. 全力深化教学改革

高职院校要深化“岗课赛证”改革，在课程体系中融入证书相关知识，将新技术、新工艺、新材料纳入教材，把合作企业典型案例及时引入教学，形成“岗”“课”“赛”“证”成果互融互通机制，力争实现企业岗位要求与教学内容“无缝对接”。同时，高职院校要加强专业课程教学改革，积极推行项目化、综合化实习实训，加快教学应用场景建设，加强“互联网 +”“智能 +”应用，重塑教学形态，构建混合式教学、场景化实操、移动式学习等交互使用的具有职教特色的教学模式。此外，高职院校要全面实施 1+X 证书制度，力争“十四五”期间毕业生 1+X 持证率、职业资格培训率、每年职业培训人次逐年上升。

4. 全力完善质量评价体系

高职院校要对照《职业教育专业目录》，修订完善人才培养方案、教学标准和质量评价体系，建立健全“校”“政”“行”“企”四位一体的多元化质量评价机制，把学生的职业道德、职业素养、技术技能水平、就业质量和创业能力作为衡量人才培养质量评价重要内容。高职院校要做实“五个层面”诊断与改进，强化大数据技术应用，实现教学质量数据化评价；进一步优化“三级”督导机制，更加聚焦内涵抓督导，积极引入企业行家、职教专家参与质量评价督导评估，实现既“督”又“导”。高职院校要强化内外部评价结合，对标对表，以外部专业机构评价倒逼内部深化改革，提升办学质量。

5. 全力服务学生全面发展

高职院校要落实立德树人根本任务，加快推进“三全育人”综合改革，推动知识传授、能力培养与理想信念、价值理念、道德观念的教育有机结合，使思想政治工作体系贯通专业、教学、教材、管理体系。在德育方面，高职院校要大力开展以革命精神、爱国主义、社会主义核心价值观和中华优秀传统文化为主导的各项教育活动，扎实推进“四史”学习教育，增进学生价值认同。在体育方面，高职院校要全面加强和改进体育工作，建立健全普及性和个性化体育锻炼项目相结合的体育教育体系，力争实现“十四五”末学生体能测试达标率不低于 70% 的目标。在美育方面，高职院校要以美育人、以美化人，到 2025 年，形成多样化、高质量、具有职业教育特色和行业特色的学校美育体系。在劳动教育方面，高职院校要把劳动教育纳入人才培养全过程，将劳动素养列入学生综合素质评价体系，增强劳动教育实效性。同时，高职院校要强化网络思政教育，加强网络思政队伍建设，提高校园网络文化感染力、传播力。此外，高职院校要大力弘扬劳模精神、劳动精神、工匠精神，大力开展“劳模进校园”活动，增强学生“技能成才、强国有我”的思想自觉和行动自觉。

（三）加强政策研究，集智聚力推动高质量发展

高职院校要深入学习新职业教育法，聚焦问题开展研究，以更高层次谋划、推动自身高质量发展。

1. 聚焦依法落实企业主体责任开展研究

新职业教育法明确了行业和企业支持职业教育高质量发展的社会责任，明确了企业的办学主体地位，鼓励企业举办高质量职业教育；明确了职业教育的多渠道经费保障机制，强化职业教育的多元办学体制与统筹管理。高职院校要加强对行业和企业举办职业教育的政策导向、学校属性、财政投入、收费标准、师资建设进行专门研究，密切跟踪国家部委落实“金融＋财政＋土地＋信用”组合式产教融合激励政策具体举措，及时提出意见和建议，积极主动争取政策早日落地。

2. 聚焦院校管理体制机制难题开展研究

新职业教育法明确，企业可以通过多种方式参与举办职业教育，多种形式深度参与职业教育。对此，高职院校可以以更高站位、更长远角度开展针对性研究。比如，参照部分本科高校的“部省共建”方式探讨省公司、省教育厅、省财政厅和市政府对高职院校的“四方共管”模式，研究省公司对院校发展的投入机制等。

3. 聚焦职业教育体系开展研究

高职院校要抓住新职业教育法施行的机遇，对职业教育体系及结构开展研究，集中优势资源培育 1 ～ 2 个优势专业，力争早日实现产教深度融合、办学特色鲜明、培养质量较高的高职教育。

（四）完善规章制度，为高质量发展做好保障

高职院校要做好规章制度建设，为高质量发展做好保障，尤其要做好以下两方面制度的建设。

1. 建立适应“职教高考”的制度

高职院校要建立适应“职教高考”的制度，科学配置教育资源，突出技能，进一步明确实行学历证书及其他学业证书、培训证书、职业资格证书和职业技能等级证书制度，实现学历与技能的相互贯通。

2. 依法健全完善员工招聘考录工作规章制度

按照新职业教育法有关员工招聘录用的规定，高职院校既要科学统筹对新进员工学历、专业等方面的“门槛”设置，加快构建与合作企业高质量发展相适应的员工队伍体系，又要对原有员工考录工作制度、流程、信息发布等工作加以修订、完善，防范化解风险。

三、教师层面

改革开放以来，我国职业教育教师培养培训体系基本建成，教师素质和能力显著提升，为职业教育改革发展提供了有力的人才保障和智力支撑。同时，职业教育教师队伍存在着数量不足、来源单一的问题，尤其是“双师型”教师数量不足，已成为束缚职业教育高质量发展的桎梏。建设一支师德高尚、基础扎实、业务精湛、结构合理、数量充足的“双师型”教师队伍是新发展阶段推进职业教育现代化、建设教育强国的重要任务。

“双师型”教师的能力要求是由职业教育特征及教学特殊性决定的，即教育与职业具有紧密关联性。“双师型”教师不仅要具备普通高校教师所需的职业素质，而且要具备相关行业企业从业人员所需的基本素质。“双师型”教师的含义、认定标准在职业教育发展历程中不断变化。《国家职业教育改革实施方案》赋予了职业院校“双师型”教师新的内涵，即同时具备理论教学能力和实践教学能力的教师。当前，中国特色社会主义开启了全面建设社会主义现代化国家的新征程，职业教育前途广阔、大有可为。建设高素质“双师型”教师队伍是加快推进职业教育现代化的基础性工作。在新发展阶段，国家职业教育高质量发展赋予了高职教育“双师型”教师新的能力要求。

（一）强思政

在加快推进职业教育现代化的征程中，高职教师要全面贯彻落实习近平新时代中国特色社会主义思想和党的十九大精神，紧紧围绕培养什么样的人、怎样培养人、为谁培养人这一根本问题，培育和弘扬社会主义核心价值观，以德立身、以德立学、以德施教、以德育人，坚持教书与育人相统一、言传与身教相统一、潜心问道与关注社会相统一、学术自由与学术规范相统一，坚持把立德树人作为中心环节，把思想政治工作贯穿教育教学全过程，做有理想信念、有道德情操、有扎实学识、有仁爱之心的“四有”好教师，做学生锤炼品格、学习知识、创新思维、奉献祖国的引路人，努力成为先进思想文化的传播者、党执政的坚定支持者、学生健康成长的指导者。

“双师型”教师要深挖各专业课程和理实一体等教学模式中蕴含的思想政治教育资源，坚持用习近平新时代中国特色社会主义思想铸魂育人，引导学生了解时事，增强对中国共产党的认同；培育和践行社会主义核心价值观，引导学生把追求人生价值融入祖国的大发展中，提高个人的爱国、敬业、诚信、友善修养；加强中华优秀传统文化教育，引导学生传承讲仁爱、守诚信、崇正义的优良传统；深化职业理想和职业道德教育，引导学生理解职业规范，增强职业责任感，培养学生遵纪守法、爱岗敬业、诚实守信的职业品格和行为习惯。

（二）懂专业

按照《国民经济和社会发展第十四个五年规划和2035年远景目标纲要》对职业教育的要求，职业教育要在科学分析岗位、专业、职业、产业之间关系的基础上，对接现代产业体系，服务产业基础高级化、产业链现代化，统一采用专业、专业类、专业大类三级由小到大的分类，一体化设计中职、高职专科、高职本科不同层次专业。教育部印发了《职业教育专业目录（2021年）》，对各类高职专业目录进行了明确。一体化设计体现了知识的关联，这就要求教师不能局限于只钻研自身讲授的科目，其他相关联的课程都要研究，使掌握的知识结构形成一张严密的网。知识的互相交叉，对学生提出了将各门知识融会贯通的高要求，但因受限于学生所学专业和学习时长的限制，造成了课程之间出现空白区域，需要教师来填补该空白区域。这就要求教师应该不断学习所在专业领域的新技术、新结构、新工艺，掌握系统扎实的专业基础理论知识和较丰富全面的专业前沿知识。

（三）擅教学

高等学校教师应系统学习高等教育学、教育心理学等教育基础课程理论专业知识，获得高校教师资格证书。高职院校“双师型”教师也不例外。

高职院校“双师型”教师要有先进的教育理念，要紧扣高职院校人才培养目标，根据职业岗位的实际需求进行教学设计，按照学生学习认知规律开展理论和实践教学。具体来说，高职院校“双师型”教师要紧紧围绕专业技术领域和职业岗位的任职要求，把课程内容与职业标准对接、教学过程与生产过程对接。在教学实施过程中，高职院校“双师型”

教师要注重技术升级换代及生产过程的变化，及时调整教学内容，为学生设计出科学实用的学习任务。同时，高职院校“双师型”教师要熟练掌握运用多种教学方法，能根据授课对象的差异（高中或中职起点、高考或提前单独招生等学生）因材施教，采取项目式、任务驱动式、情景模拟式、理实一体化等适当的教学方法来改善教学质量。此外，高职院校“双师型”教师应不断提升信息化教学能力，能通过制作 PPT、视频等途径建设课程资源，能利用网络教学平台提高教学效果。

理实一体化教学是高职教育目前较为前沿的教学模式，采用的是“资讯、决策、计划、实施、检查、评估”项目教学，全面实施教、学、做、考一体化，教的是企业真实的生产过程，学的是专业而先进的技术，做的是企业要求的技能训练，考的是职教特色的理论实操，能强化学生动手操作能力、沟通协作能力，提升学生专业技能和职业素养。

（四）能研究

高职院校“双师型”教师要加强职业技术教育领域的研究，根据国家相关政策导向、职教生源变化、科学技术革新等情况开展课程思政、教材教法改革等研究，建设课程信息化资源，编写修订新型活页式、工作手册式教材，完善人才培养方案，提升人才培养质量。同时，高职院校“双师型”教师要积极承担行业、企业的技术服务项目和应用性课题研究，从进行技术改造、小型产品的研发、应用程序的编制、职工培训讲授等方面入手，增强解决实践生产问题的能力，及时地获取行业动态、前沿技术，并使之融入教学，深化课程内容改革，从而推动产教融合、校企合作，进而促进教育链、人才链与产业链、创新链的有机衔接，增强职业教育服务区域经济社会发展和产业升级的能力。

第四节　高职教育深化改革的导向、任务与创新路径

新历史时期下，我国高职教育处于由外延式扩张向内涵式发展迈进的关键期。结合现阶段三大导向（国际趋势、政策牵引、自身驱动）与发展趋势，“十四五”时期须以“三教”（教师、教材、教法）改革落地为核心宗旨、以办学形态类型化为逻辑起点、以推进产教融合为发展路径、以强化人才“三力”（创新力、驱动力、战斗力）为关键举措，推动高职教育改革持续深化。在实践路径层面，以革新教学要素为突破口，落实多维质量建设；以健全教学体系为着力点，优化教育类型定位；以搭建专业融合集群为联结点，弥合校企合作“断裂带”；以培养创新型人才为总抓手，形成人才强国雁阵格局。

一、高职教育深化改革的导向

2021 年 3 月，我国出台《中华人民共和国国民经济和社会发展第十四个五年规划和 2035 年远景目标纲要》，强调从完善顶层设计、提升教学质量、创新办学模式等方面进行全面部署，着重增强职业教育适应性。作为职业教育的重要组成部分，高职教育在“十四五”时期亦需优化升级。2021 年 10 月，中共中央办公厅、国务院办公厅印发《关于推动现代职业教育高质量发展的意见》，指出“十四五”时期将着重推动高职教育提质培优，有效落实“双高计划”（中国特色高水平高职学校和专业建设计划），建设优质高职院校，助推职业教育现代化发展。这一文件阐明了“十四五”时期高职教育的发展方向，为筑建文化强国提供了理论指引。在国际趋势、政策牵引以及自身驱动三大导向下，高职教育需精准研判“十四五”时期深化改革的重要任务，推动人才培养提质

升级，以满足经济建设和社会发展需要。

（一）国际趋势

2015 年，联合国教科文组织发布“教育 2030 行动框架”，动员世界各国响应职业教育可持续发展号召，强调高级技术型人才培养的重要性。基于此，世界各国将职业教育摆在重要地位，通过革新本国高职教育方式，培养具有综合能力的高级技术型人才，较为典型的有英国、美国、德国、法国等国家。

英国高职教育多使用“三明治课程”教学方式，即“理论—实践—理论”的校企合作人才培养模式。美国高职教育具有较强应用性与较高灵活度，主要通过社区学院进行改革。德国和法国高职教育均重视企业工作与实践，以市场为导向，将大量高质量人才输送给企业。其大多数企业以学校为人才培养基地，为学校提供全方位支持，实现校企紧密合作及资源高度共享。

不难看出，深化高职教育变革已成为国际大趋势，也是各国在新发展阶段的重要政策导向。

（二）政策牵引

作为已深度融入世界产业经济格局的国家，我国在全球新一轮科技、产业革命的推动下，开始逐步发展新兴产业与新型基础设施建设。“十四五”时期，我国新型基础设施建设政策密集出台及产业数字化转型，使新兴产业人才需求逐年攀升。面对产业对人才需求的持续上涨，人才资源成为助推产业革新最活跃、最关键的要素。高职教育作为培育高技术技能人才的重要途径，在推进教育强国与人才强国的伟大建设中具有重要作用。我国对此也制定了相关政策。

2020 年 9 月，教育部等九部门出台《职业教育提质培优行动计划（2020—2023 年）》，指出应逐步完善职业教育，推动职业教育现代化发展。作为职业教育的重要组成部分，高职教育也要紧跟国家战略布局，着重培养高技术技能人才。2020 年 10 月，国务院印发《深化新时代教育评价改革总体方案》，对高职教育进行总体布局。方案提出，要加强政府及学校责任感，不断优化教育评价工作，增强地方政府对职业教育的重视程度，助推产教融合的全面落实与变革。2021 年 3 月，国务院新闻办公室召开新闻发布会，提出在“十四五”时期，要以高职教育改革为主要任务，大力培养重点领域专业人才。简言之，高职教育深化改革成为“十四五”时期教育发展的必由之路，推动高职教育深化改革不仅能满足国家的重大战略需求，而且对建设文化强国具有深远的时代意义和价值。

（三）自身驱动

随着经济发展步入新常态，高职教育发展面临人才培养同质化、改革创新不充分、与时代需求契合度低等“高原现象”。鉴于此，处理好高职教育与经济发展的关系、充分发挥职业教育的社会服务能力，成为“十四五”时期高职教育发展的重点方向。现阶段，我国处于现代化职业教育体系建立的关键时期，迫切需要解决内部存在的深层次结构性矛盾。

改革开放以来，我国高职教育一直秉持以公益性为核心的办学方向，为经济社会繁荣发展提供人才支撑。1992 年，北京高校与中等专业学校共同开展高职教育试点工作，且在试点工作稳步运行的基础上招收 50 名学生。自此，高职教育开启全新发展之路。1996 年，高职教育正式归属高考统招范围，并实行单招、统招并行的发展战略。该时期高职教育试点工作规模不断扩张，开始趋向规模化发展阶段。2000 年，仅北京市高职教育招生已经高达 1.3 万人。2001 至 2009 年，全国各省份专科陆续并入高职教育，实现高职教育与高专共同发展。2005 至 2017 年，全国高职院校在校生数量由 712.96 万人上升至 1104.95 万人。截至 2020 年 12 月，高职院校扩张至 1468 所，比 2019 年增加 45 所，比 2018 年增加 50 所；高职院校在校生人数达到 1459.55 万人，比 2019 年增加 178.84 万人，比2018年增加325.85万人。2021年，高职院校在校生人数达到1590.10万人。可见，高职教育在校生规模呈现逐年上涨态势。与此同时，承接好提升人才培养质量的重大使命，成为高职教育变革的当务之急。

二、高职教育深化改革的任务

（一）方略主线：以“三教”改革落地为核心宗旨

高职院校“三教”改革主要是基于新发展理念指导的教学变革，涉及教师、教材、教法的综合改革，可以解决“谁来教”“教什么”“如何教”的核心问题。随着数字技术的高速发展，“三教”改革内涵持续拓展，智能化特征愈加凸显。“十四五”时期，“智能教师”“智能教材”“智能教法”将成为高职教育人才培养的重要工具。

为顺应智能化发展趋势，国家针对教师、教材、教法出台多项政策，助推“三教”改革落地。在教师层面，2019年10月，教育部等四部门发布《深化新时代职业教育“双师型”教师队伍建设改革实施方案》，明确“双师型”教师团队建设方向。在教材层面，2019年2月，中共中央、国务院印发《中国教育现代化2035》，明确指出要健全教材管理体制，保障教材质量。在教法层面，2019年1月，国务院印发《国家职业教育改革实施方案》，提出加快建设“学分银行”，助推职业教育资历框架建设，明确高职教育教学方法变革的方向。

由上述政策可知，国家对高职教育教师构成、课程内涵、教学方法等领域的改革极为重视。2021年9月，财政部与教育部联合印发《关于实施职业院校教师素质提高计划（2021—2025年）的通知》，提出要突出“双师型”教师培养与团队建设相结合，将“三教”改革作为“十四五”时期改革的重点内容。“三教”改革能够为产业、行业提供具有核心竞争力的综合职业技术人才，加快高职院校现代化发展进程。高职院校在“十四五”时期要以新发展理念为指引，树立科学教学理念，塑造“三教”改革基本意识，助推高职教育深化改革。

（二）价值主线：以办学形态类型化为逻辑起点

高职教育办学形态主要是客观体现高职院校的办学体制、方法等的运作形式。立足于新发展阶段，深化高职教育改革需进一步优化职业教育的类型定位。高职教育是独立类型，其内核在于技术技能人才培养，其类型特色体现在面向就业市场和岗位，重点培养学生的实践能力。高职教育类型化定位有助于高职院校明确办学宗旨，转变办学方式，解决课程内容“本科压缩版”的顽疾。

为推动高职教育办学形态类型化发展，国家出台多项政策及指示，指引高职院校深化改革。2019 年，《国家职业教育改革实施方案》强调高职教育要由普通办学模式逐步转向专业特色鲜明、多元化主体参与的类型教育，着力为经济社会提供优质人才资源。随后，国务院于 2020 年 12 月印发《中国特色高水平高职学校和专业建设计划绩效管理暂行办法》，指出绩效管理通过对“双高计划”效果的直观展现，推动高职教育办学形态类型化。2021 年 4 月，习近平总书记对职业教育工作作出重要指示，“在全面建设社会主义现代化国家新征程中，职业教育前途广阔、大有可为。要坚持党的领导，坚持正确办学方向，坚持立德树人，优化职业教育类型定位，深化产教融合、校企合作，深入推进育人方式、办学模式、管理体制、保障机制改革，稳步发展职业本科教育，建设一批高水平职业院校和专业，推动职普融通，增强职业教育适应性，加快构建现代职业教育体系，培养更多高素质技术技能人才、能工巧匠、大国工匠。各级党委和政府要加大制度创新、政策供给、投入力度，弘扬工匠精神，提高技术技能人才社会地位，为全面建设社会主义现代化国家、实现中华民族伟大复兴的中国梦提供有力人才和技能支撑”。4 月 12 日至 13 日，全国职业教育大会举行，此次会议的召开充分反映了党中央对职业教育的重视，对新发展阶段推动高职教育类型特色由“强”

至“优”具有重要意义。

综上，办学形态类型化成为“十四五”时期高职教育实现特色化发展、规范化管理的重要举措。基于此，“十四五”时期高职教育应充分利用政策支持，以办学类型化作为改革逻辑起点，为实现中华民族伟大复兴的中国梦提供人才支撑。

（三）客体主线：以推进产教融合为发展路径

在职业教育发展进程中，高职院校办学模式受经济模式变化的影响不断革新，在不同时期产生了厂办技校、校企合作、现代学徒制等模式。在古代职业教育中，办学模式多以学徒制为主，强调实践教育与师徒教育。在近代职业教育中，高职院校开始逐步趋向校企合作与产教融合等办学模式，更加注重工学并进的思想。就国际职业教育经验来看，德国“双元制”模式的核心是校企融合、工学结合；澳大利亚、韩国、加拿大等国家的职业教育模式均以产教融合、校企合作为基本原则。国内外职业教育发展历程与经验均证实：产教融合是契合职业教育发展趋势的办学模式。因此，深化产教融合成为高职教育发展的必然趋势。

从本质上讲，产教融合是促进教育界与产业界贯通衔接的重要桥梁，以国家利益作为整个工作运行的根本出发点。具体来说，产教融合作为解决校企关系、缓解人才供给与产业需求之间矛盾的思路，可充分为企业及高职院校提供人才培养、匹配、培训等方面的专业化支撑。同时，它还可以有效减轻政府在为人才培养提供政策支持方面的压力，为优质技术技能人才提供具有现实意义的职业生涯规划及指导，对高职教育改革具有指导意义。为有效加强校企双向交流，2019 年，国家发展改革委、教育部等六部门联合印发《国家产教融合建设试点实施方案》，希望通过产教融合将产业链、人才链、创新链以及教育链有机结合起来，充分缓解校企合作不协调的问题。事实上，校企双方基于不同行为逻辑与利益考量，对于合作育人这一模式尚未达成有效合作，亟须形成弥合校企合作“断裂带”的解决方案。因此，“十四五”时期政府需持续推进产教融合发展，为加速高职教育变革提供重要保障。

（四）主体主线：以强化人才“三力”为关键举措

有坚定信念、实事求是、勇于担当的人才，方可挑起为国家发展做贡献的大梁，推动民族繁荣昌盛。“十四五”时期，全球产业革命与科技革命调整了各类工业的生产结构及形态，使生产、管理与劳动渐趋定制化、扁平化与智能化。面对“十四五”时期的新局面、新发展、新任务、新挑战，人才培育工作应从培养创新力、驱动力、战斗力“三力”入手，为国家的发展不断注入新活力。

现阶段，很多领域借助数字技术及机器进行生产活动，但多数研发、设计、服务等岗位仍需调动人类的智慧。这说明创新力不仅是推动新兴产业蓬勃发展的重要力量，而且是增强自主创新能力的重要源泉。同时，随着时代的快速发展，企业扁平化管理使员工在地点、时间等方面获得更多自我选择的机会。面对日新月异且竞争激烈的环境，提升自我驱动能力成为当前人才培养的重要趋势。此外，伴随着人工智能、互联网等新兴技术在现代化企业的广泛应用，更多企业将工作重心转移到产品研发、设计、售后等环节中。由于工作重心的转移，企业对综合型职业人才的需求随即提升。在泛化的经营模式下，企业要求技术技能人才不仅要掌握产品的技能与知识，而且要掌握生产链各环节的运作机理。基于企业各项生产环节对人才的需求，战斗力成为个体在众多竞争者中脱颖而出的重要法宝。

2021 年 9 月，习近平总书记在中央人才工作会议上强调：“做好新时代人才工作，必须坚持党管人才，坚持面向世界科技前沿、面向经济主战场、面向国家重大需求、面向人民生命健康，深入实施新时代人才强国战略，全方位培养、引进、用好人才，加快建设世界重要人才中心和创新高地，为 2035 年基本实现社会主义现代化提供人才支撑，为 2050

年全面建成社会主义现代化强国打好人才基础。”“十四五”时期，为有效将人才与企业需求、产业发展相对应，高职教育需打造学生“三力”，从而培育综合创新型人才。

三、高职教育深化改革的创新路径

（一）以革新教学要素为突破口，落实多维质量建设

伴随着“十四五”时期科技创新在社会管理、服务、生产等领域的深入应用，各类产业对于技术技能人才的需求随即提升，社会各界对高职教育教学质量的要求也更为严格。我国高职教育深化改革步入新发展阶段，亟须革新与升级职业教育要素，开展多维度质量建设，提升人才培育质量。

首先，着重借助数字化技术来提升教材质量。高职院校可基于当前教育理论分析结果，针对教材内容及其特点对教材进行调整与优化，具体可从以下几方面着手。第一，教学内容立体化。高职院校应充分结合物联网、区块链、人工智能等数字技术，建构“数字课程 + 电子教材”，有效将资源库及在线课程等资料体现在教材中。第二，课程教材特色化。高职院校需开发适合课堂教学特点的教材，利用数字化技术针对不同专业设置与教学组织相匹配的教材，提升教学水平。第三，教材来源多元化。高职院校可充分调动政府、企业等主体，推动课堂教材结构性变革，将多元化教学资源整合至数字平台上。

其次，提升教师专业水平，夯实师资基础。“三教”改革的根本源头在于教师，推动高职教育深化改革的关键在于建设创新型教师队伍。“十四五”时期，高职院校需提升教师的教学水平与专业实践能力，调整专兼职教师队伍构成，优化教师团队专业水平。教师要具备良好的职业道德，具有讲授相关专业知识的能力，以及职业指导方面的基础知识与实践能力。高职院校夯实师资队伍建设，可从以下方面着手。第一，适

当安排教师定向培训。高职院校应支持教师科研合作，制订教师定向培训计划。同时，高职院校应大力落实卓越教师培训项目与“国培计划”，切实提升教师的实践能力与专业素养。第二，高职院校要严格把控教师队伍质量。高职院校应推动师范类专业认证，定期对教师教学质量进行监测，夯实教师团队师资基础。同时，高职院校要不断改革教师评价制度，优化教师考核指标，建设高质量专业化教师团队。

最后，应用多元化教学模式，提高教法质量。高职院校要顺应“互联网＋职业教育”的发展需求，实现教法智能化。高职院校要秉承“以人为本，以学定教”的理念，在完成基础教学任务的同时，不断促进教学方法向多样化、个性化转变。同时，高职院校要适当增强教学管理灵活度、课堂教学对新教学模式与新型标准的适配度，有效将生产发展与技术进步所产生的成果融入教学内容。一方面，高职院校可采用翻转课堂、混合式课堂等智能化教学模式，促进教学方法多元化。同时，高职院校可与相关企业对接交流，构建智能化教学平台，提升学生自主学习能力。另一方面，高职院校可基于“以赛促教”的目的，举办各项教学能力比赛，以推动信息技术与教学方法的高度融合，着力考察教师在教学方法方面的创新性。在上述基础上，高职院校可邀请相关领域专家点评，不断推动教法创新。

（二）以健全教学体系为着力点，优化教育类型定位

“十四五”时期是我国开启全面建设社会主义现代化国家新征程的关键期，高职教育需顺应国家战略布局，推动办学形态类型化发展。在此背景下，健全一体化职业院校体系，优化职业教育标准体系，完善职业教育招生制度，可以为我国高职教育深化改革提供有力支持。

首先，健全一体化职业院校体系。当前，我国职业教育体系由高职教育和中职教育构成，其中，高职教育包括专科层次和本科层次，此外还有一些院校开展了研究生试点。“十四五”时期，高职教育现代化发展

需将一体化职业院校体系作为根本原则，合理、科学地调整结构。一方面，高职教育革新过程中需始终坚持高职院校的主体地位。专科类高职院校应将“本科层次职业教育”作为延伸办学形态类型化的根本原则，加快构建定位明确、结构合理的职业院校体系。另一方面，高职院校应将“双高计划”作为探索办学形态类型化的行动指南，打造自上而下无缝衔接的职业院校体系，实现高素质技术技能人才的系统化、一体化培养。

其次，优化职业教育标准体系。标准作为衡量教育水平的重要指标，具有基础性及门槛性等作用。高职教育在更新标准的同时，需要高质量标准体系以推动其类型定位。一方面，高职教育深化改革需时刻遵循“十四五”规划纲要精神，针对企业发展与民众需求进行创新。要不断优化“五位一体”的办学标准，推动不同层次职业教育在培养内容、标准方面的有机衔接，提升教育质量。另一方面，高职教育需根据一体化专业目录，制定与之相匹配的专业教学标准，进一步完善职业教育标准体系。高职院校需依据专业教学标准调整培养方案、优化专业设置，加强关于对标落实相关情况的监管与检查，并及时进行修正。

最后，完善职业教育招生制度。“十四五”时期，完善职业教育招生制度是优化职业教育类型定位、推动高职教育深化改革的必然路径。一方面，完善高职院校分类考试招生制度，针对不同类别学生实施分别选拔录取、分类考试评价、分列招生计划，确保学生在职业教育体系中可获取优质教学资源。另一方面，总结高职教育贯通培养相关经验，不断优化升级“五年一贯制”培养形式。同时，构建高职教育“学分银行”，切实推进学生学习成果互认转换，优化职业教育类型定位，以满足社会各界对人才的需求。

（三）以搭建专业融合集群为联结点，弥合校企合作“断裂带”

在新发展阶段，教育环境越来越复杂、多元，因此，要深化改革高职院校治理体系，处理好高职院校与企业的关系。当前校企合作虽已取得一定进展，但与深层合作相比仍存在较大差距，部分企业与高职院校之间尚未建立起常态化、规范化的合作模式，仍未实现产学研的无缝衔接。因此，处理好高职院校与企业之间的协同发展关系，对高职教育深化改革具有重要意义。专业融合集群发展是“十四五”时期高职教育变革的新趋势。《深化新时代教育评价改革总体方案》及《职业教育提质培优行动计划（2020—2023 年）》提出，要统筹调控产业发展与职业教育两者之间的关系，充分利用各功能区的特点与定位，推动高职院校打造具有该地特色的专业集群。随着全球价值链数字化转型与科技革命的推进，具有互补性与共生性的产业将物流系统与互联网技术紧密联结在一起，使各产业呈现出明显的集群化发展特性。因此，高职院校需搭建专业融合集群，有效弥合高职院校与企业合作的“断裂带”。

一方面，政府应根据国家对新兴产业的战略布局，加速高职教育专业与产业的有效对接。“十四五”规划指明，要着力发展航空航天、高端设备以及生物技术等战略性新兴产业，促进 AI、大数据以及物联网等数字技术与新兴产业不断融合，打造经济高质量发展增长新引擎。可以看出，各类新兴产业成为“十四五”时期国民经济发展的关键着力点。在此背景下，地方政府可以以“十四五”规划为牵引，瞄准新时期发展战略，引导高职院校对接地方新兴产业、文化产业等领域，设置符合产业高质量发展的专业学科。具体而言，政府可引导高职院校积极探索校企合作、产教融合新版图，契合经济发展趋势，实现专业与地方经济产业紧密对接。此外，政府相关部门可设立产教融合企业认证机制，为参与产教融合项目企业适当提供资金、税收等方面的支持，推动高职院校与企业联合形成命运共同体，有效弥合校企合作“断裂带”。

另一方面，高职教育需重点关注专业设置与新兴产业之间的匹配程度，形成专业融合集群，推进专业与产业的高度衔接。具体而言，高职教育需对专业内涵及种类进行升级与调整，以产业集群驱动专业集群调整，不断增强校企合作力度。高职院校应紧跟时代发展进程，主动与具备相关条件的企业在专业设置、就业方向等方面进行合作与协调，共同构建智能制造创新中心、师生实训基地、物流协同创新等平台，将科研成果应用于实际教学。在此基础上，高职院校需明确专业目录体系，构建专业动态调整机制，不断提升校企人才供需契合度。为培育出符合新兴领域所需的专业性稀缺人才，高职院校应以新兴领域产业标准为导向，超前部署产业相关专业，布局人才培养新版图。此外，高职院校可对校企合作项目相关专业进行优化，通过“企业出题，高职院校应答”的形式激发企业参与项目的积极性和创造性，促进实现社会资源向育人资源倾斜。

（四）以培养创新型人才为总抓手，形成人才强国雁阵格局

高职教育深化改革要将创新型人才培养摆在首要位置。习近平总书记在2021年中央人才工作会议上指出：“党的十九届五中全会明确了到2035年我国进入创新型国家前列、建成人才强国的战略目标。做好新时代人才工作，必须坚持党管人才，坚持面向世界科技前沿、面向经济主战场、面向国家重大需求、面向人民生命健康，深入实施新时代人才强国战略，全方位培养、引进、用好人才，加快建设世界重要人才中心和创新高地，为2035年基本实现社会主义现代化提供人才支撑，为2050年全面建成社会主义现代化强国打好人才基础。”高职教育人才培养需遵循创新型人才培养规律，将社会需求与高职院校培养目标相匹配，切实满足社会对人才的需求及学习者对自身发展的追求。随着人工智能、5G、云计算等技术的广泛应用，传统商业模式、生产生活方式以及服务模式得以重构，各企业对人才要求标准有所提升。因此，面对数字技术对经济社会以及教育界的影响，高职教育在“十四五”时期需充分利用数字技术为人才培养打造战略支点，促进形成人才强国雁阵格局。

首先，以人才“三力”为引擎，形成人才成长梯队。高职院校可借

助数字技术与教学模式相结合的方式，打破时空壁垒，为学生提供更多的共享资源，激活学生“三力”。一方面，高职院校要充分激发学生主观能动性，激活学生创新力、驱动力、战斗力，增强学校保障能力与服务意识。高职院校应高度重视学生自身创新性、个性化培养，就全面发展及终身学习方面对学生展开综合性教育，形成人才成长梯队。另一方面，高职院校可通过“互联网+教学”模式，借助信息技术进行教学数据采集，有针对性地进行教学内容调整与升级。在高职教育教学中，不仅需强调专业知识的完整性与系统性，而且需在教学内容中增添普适性的专业技能知识，加快学生“三力”塑造进程。

其次，以人才队伍建设为依托，发挥平台集聚效应。一方面，高职院校应充分利用地区优势，打造具有地区特色的人才队伍，形成以科技创新为核心的产业基础与科教资源平台。高职院校应针对不同地区特色，及时调整人才培养计划与内容，与地方企业联合共建科教资源平台。同时，政府应大力培育国家高新技术企业和科技小巨人企业，促进高层次人才集聚。另一方面，高职院校需构建一支具有核心竞争力的人才队伍，并与国内外知名科研院所共建产学研合作平台。高职院校可与国内外知名院校开展科技交流合作，集聚高素质专业人才，合作进行科研课题研究，发挥产学研合作平台的集聚效应。

最后，以国家人才发展战略为支点，彰显节点支撑效应。一是深入推进人才服务地方发展建设。政府应制定出台关于加强人才工作的意见，提出引进创新创业人才、培育企业家队伍、支持高校毕业生创业的配套办法，以实现人才雁阵格局的节点支撑效应。二是建立日常调度推进机制。将人才工作纳入党建主体责任和部门绩效考核，切实压紧压实各部门各单位主体责任。三是全面落实领导干部服务人才工作制度。对重点项目重点工程中的科技、卫生、农业等各领域优秀人才开展走访慰问，强化对人才的政治引领和政治吸纳，进而提升人才驱动力。

第二章　电子商务基础理论

第一节　电子商务相关概念

一、电子商务的定义

电子商务作为一个随着互联网发展起来的并且还在不断发展中的新领域，它没有一个统一的定义，目前普遍流行的几个版本得到了不同程度的认可。下面是一些组织或个人对电子商务的解释。

1997 年 11 月，国际商会在世界电子商务会议上从商务角度提出了电子商务的概念：电子商务（Electronic Commerce）是指对整个贸易活动实现电子化。IBM 公司曾于 1996 年提出 Electronic Commerce 的概念，到了 1997 年，该公司又提出了 Electronic Business 的概念，认为电子商务即“Web ＋ IT ＋ Business”。美国学者瑞维 · 卡拉科塔和安德鲁 · B. 惠斯顿在他们的专著《电子商务的前沿》中提出：广义地讲，电子商务是一种现代商业方法。这种方法通过改善产品和服务质量，提高服务传递速度，满足政府组织、厂商和消费者降低成本的需求。

综上所述，电子商务是建立在电子技术和网络技术基础上的商业运作，是利用电子技术所提供的工具手段实现其操作过程的商务。当企业将它的主要业务通过互联网与企业的职员、客户、供应商以及合作伙伴直接相连时，其中发生的各种活动就是电子商务活动；当我们把生活里的许多事情通过互联网去办妥，比如通过网络来学习、娱乐、约车等，其中发生的各种活动就是电子商务活动。

电子商务作为专有名词被提出并传播虽然是在1996年前后才开始的，但在现实意义上，电子商务实践早在20世纪60年代就在美国诞生了，这就是电子数据交换。电子数据交换是指以电子形式在不同系统之间进行数据交换，以支持商务处理。

电子商务的概念可以做广义上和狭义上的研讨。

狭义上的电子商务，有些人把它称为“电子商贸”，指通过互联网以电子方式进行的各种交易与管理活动。它既包括传统商贸活动在各个环节的电子化、网络化，也包括通过互联网创新的商业模式和新业态。这些商贸活动可以是通过互联网买卖产品，包括实体化的产品（如汽车、电视等）和数字化的产品（如新闻、音乐、软件等基于知识的产品），还可以是通过互联网提供与获取服务，如搜索服务、在线客服、远程医疗、在线支付等。因此，电子商务是掌握信息技术和商务规则的人们系统地运用电子工具，高效率、低成本地从事以商品交换为中心的各种活动的总称。

广义上的电子商务，包括应用计算机网络技术与现代信息通信技术，并按照一定的标准利用电子化工具来实现包括电子交易在内的商务和行政作业等商业活动的全过程。因此，一方面，电子商务指通过互联网进行交易的电子交易，覆盖与电子交易有关的所有方面，包括政府职能部门所提供的电子服务、网络银行以及跨企业共同运作；另一方面，电子商务还包括企业内部的商务活动，包括生产、管理、财务等，也包括企业间以及企业与客户之间的商务活动。可以说，电子商务不只是硬件和软件的结合，更是把买家、卖家、厂家和合作伙伴，在互联网上利用网络技术与现有的商业设施结合起来进行运营的活动。

综上所述，电子商务是涉及多个环节的商务活动。

二、电子商务的内涵和外延

要明确电子商务的概念，就要进一步考察它的内容，包括内涵与外延。

（一）电子商务的内涵

从电子商务的定义可知，完整的电子商务内涵包括信息化、信息内容和集成信息资源、人的知识和技能、系列化系统化的电子工具，以及以商品交易为中心的各种经济（商业）事务活动。

第一，电子商务的前提条件是信息化。以计算机技术和互联网技术为代表的电子信息技术的发明、创造和利用，主要针对的是人的知识获取和智力延伸，它是对自然界信息和人类社会信息进行采集、存储、加工、处理、分发、传输的工具。在它的帮助下，人类可以走出一条内涵化、集约化发展之路。

第二，信息的采集、加工和处理以及信息内容合理、准确是电子商务发展、推广应用的根基。在一个信息不发达的社会里，全面实现电子商务是难以设想的，真正的信息内容主要是由核心商务系统产生出来的，这些信息应该能为更多的人所使用。

第三，人的知识和技能。首先，电子商务是一个社会系统，社会系统的中心必然是人。其次，商务系统实际上是由围绕商品交易的各方面代表和各方面利益的人所组成的关系网。最后，在电子商务活动中，虽然常强调工具的作用，但归根结底起关键作用的仍然是人，因为电子商务系统和工具的制造发明、工具应用效果的实现都是靠人来完成的，所以必须强调人在电子商务中的决定性作用。

第四，电子商务的支撑是电子商务的工具。电子工具指的是能跟上时代信息发展步伐的系列化系统化的电子工具，如基础互联时代的 PC

机和笔记本电脑、移动互联时代的智能手机。物联网正在发展中，在万物相连的物联网时代，什么样的电子工具会脱颖而出呢？我们对此充满期待。

第五，电子商务的中心是商务活动。从社会再生产发展的环节看，在生产、流通、分配、交换和消费这个链条中，发展变化最快、最灵活的是流通、分配和交换这三个中间环节。这些中间环节又可以看作以商品交换为中心来开展的，即商品的生产主要是为了交换——用商品的使用价值去换取商品的价值，交换连接了生产和消费等活动，而以商品交易为中心的各种经济事务活动被通称为商务活动，以电子工具进行的商务活动被通称为电子商务。

（二）电子商务的外延

电子商务的外延主要体现在电子商务工具的发展、商品范畴的扩展和商务活动的扩展三个方面。

从电子工具的发展看，以计算机和互联网为核心的电子信息技术是当今发展最为迅速的技术，由此形成的新工具也是更新换代最快的工具，主要体现在以下三个方面。第一，计算机的发展呈现出多样性和多面性的特性。第二，电子工具网络化、智能化是当今信息技术发展的主要特色。第三，随着电子元件开发技术的迅速发展，光学元器件正在逐渐实用化。也就是说，电子工具的发展方向是数字化、网络化、智能化、集成化。

从商品范畴的扩展看，现代社会的一个重要特点是商品的多样性。一方面，社会生活与生产必需品由供不应求到供需基本平衡，再到大部分商品供大于求，人们在生活中可选的商品已经多种多样；另一方面，许多以前不被当作商品的物品已经变为商品，如各种生产原材料、物资、劳动力、技术、知识产权、金融产品等，现在都已归属为商品的范畴。

从商务活动的扩展看，电子商务活动呈现出独特特点。第一，商务活动一体化。电子商务是基于信息网络和信息社会进行的，其活动领域可以形成从政府到市场、从市场到生产、从市场到消费者的多方面网络化联系，而各地的市场互联，就可以形成范围较大的、竞争有序的大市场，形成花费少、见效快、效率高的商务活动网络，最大可能地实现需求生产和交换的透明化、一体化，从而形成以现代商务活动为中心的社会再生产新秩序。在电子商务的引导下，通过需求与生产的对话，可以大幅度促进生产的集约化和虚拟化，并超前探索，减少风险，提高整个社会再生产的效率和效益。第二，市场建设一体化。电子商务可以将散布的各类批发、零售市场用互联网结合起来，形成统一、规范、竞争有序的商品大市场，让电子商务活动在其间充分开展，发挥其有效作用。第三，市场监督强制化。电子商务快速、虚拟等特性，使市场监督显得更加重要，如对电子期货市场、电子股票证券发行交易市场等，监管部门就发挥着非常重要的作用。由于其电子商务虚拟的特点，公开性和透明性必然要有强有力的组织机构来保障，以保证市场秩序、交易过程、交易行为的正确以及交易商品的质量。

第二节　电子商务的发展历程与趋势

一、电子商务产生和发展的重要条件

电子商务最早产生于20世纪60年代，大规模发展于20世纪90年代，其产生和发展的重要条件包括经济全球化的发展、计算机和网络技术的发展、电子金融的普及应用等，如图 2-1 所示。

图 2–1　电子商务产生和发展的重要条件

第一，经济全球化的发展。经济全球化是指世界各国的经济在生产、分配、消费各个领域发生的一体化趋势。经济全球化促进了跨国公司的发展，使国际范围内的商务活动变得频繁，而且使国际贸易成为各国经济发展的重要组成部分。经济全球化促使人们寻找合适的方式来满足这种商务活动，电子商务由此应运而生，并以其独特的优势成为这场革命中的重要力量，在国际商务活动中扮演着越来越重要的角色。

第二，计算机和网络技术的发展。近 30 年来，计算机的运行速度越来越快，处理能力越来越强，价格越来越低，应用越来越广泛，这为电子商务的广泛应用提供了基础。由于互联网逐渐成为全球通信与交易的媒体，全球上网用户增长迅速，快捷、安全、低成本的特点为电子商务的发展提供了应用条件。

第三，电子金融的普及应用。从电子商务的流程可以看到，电子商务不仅包括商品流、信息流、物流，而且包括资金流。网络支付与在线交易的发展，成为促进电子商务发展的强大动力。

第四，电子安全交易协议的制定和安全技术的发展。1997 年 5 月 31 日，由美国 VISA 和 Mastercard 等国际组织等联合制定的电子安全交易协议出台，该协议得到了大多数厂商的认可和支持，为在网络上进行电子商务活动提供了一个关键的安全环境。计算机和网络安全技术的发展为电子商务的开展提供了技术和安全保障，这些技术包括HTML、XML、数据库技术、动态网页技术、SSL协议、SET协议、加密技术、防火墙技术和数字签名技术等。

第五，政府的支持与推动。自1997年欧盟发布了欧洲电子商务协议，美国随后发布“全球电子商务纲要”以后，电子商务受到了世界各国政府的重视，许多国家的政府开始尝试“网上采购”，这为电子商务的发展提供了有力的支持。同时，各国政府都非常重视电子商务的发展，为电子商务的发展提供良好的生存环境，为电子商务制定法律规范和技术标准，这就保障了电子商务的合法进行和长远发展。

二、电子商务的产生

电子商务的产生需要信息技术作为技术基础，这里的信息技术主要是指20世纪后半叶发展起来的两项电子技术——集成电路技术和数据网络通信技术。

自20世纪40年代开始，人类社会进入了信息技术革命的新时代。与工业革命相比，信息技术革命发展速度更快，对社会生产力和人类工作、生活方式的影响也更为深入和广泛。

1946年，美国宾夕法尼亚大学研制成了世界上第一台可运行程序的电子计算机。该计算机使用了18 800多个电子管、5000个继电器，重达30余吨，占地170平方米，但每秒仅能处理5000条指令，制造成本则多达几百万美元。

1971年，英特尔公司将相当于当年12台计算机的处理能力集成到了一片12毫米的芯片上，而价格却只有200美元。

1981年，美国IBM公司研制成功了IBM PC机，并迅速发展成为一个系列。微型计算机采用了微处理器和半导体存储器，具有体积小、价格低、通用性和适应性方面的能力强、可靠性高等特点。随着微型计算机的出现，计算机开始走向千家万户。

20 世纪 60 年代，美国军方最早开发了作为保障战时通信的因特网技术，把单个计算机连接起来应用，由此，计算机开始了网络化的进程。

进入 20 世纪 70 年代，当时的美国政府和军方出于冷战的需要，设想将分布在美国本土东海岸的四个城市的计算机联系起来，使它成为一个打不烂、拖不垮的网络系统。美国国防部构想的这个系统叫 ARPANET（阿帕网）。但当时的计算机厂商们生产的计算机，在硬件和软件方面都是不同的，而要组成这样的网络，就必须把很多不同的计算机硬件和软件通过某种方式连接起来。于是在 20 世纪 70 年代初出现了一个关于计算机网络互连的协议——TCP/IP 协议，这个协议达成之后，ARPANET 取得比较大的扩展——从美国本土连到了其在欧洲的军事基地。

20 世纪 80 年代初，美国国家科学基金会发现这种方式非常实用，于是把一些地区的计算机连接起来，并接进了大学校园，参加因特网技术开发的科研和教育机构开始利用因特网。

20 世纪 90 年代，当因特网技术被发现可以有极其广泛的市场利用价值，而政府无法靠财政提供因特网服务时，美国政府的政策开始转向开放市场，由私人部门主导。1991 年，美国政府解除了禁止私人企业为了商业目的进入因特网的禁令，并确定了收费标准和体制。从此，商业网成为美国发展最快的因特网络：个人、私人企业和创业投资基金成为美国因特网技术产业化、商业化和市场化的主导力量。

1991 年 9 月，美国田纳西州的民主党参议员戈尔在为参议院起草的一项法案中，首次把作为国家信息基础设施（National Information Infrastructure，NII）的光导纤维网络称为“信息高速公路”。美国国家信息基础设施的建成，为人类打开了信息世界之门。美国国家信息基础设施主要由高速电信网络、数据库和先进计算机组成，包括因特网、有线、无线与卫星通信网以及各种公共与私营网络构成的完整网络通信系统。随着 NII 对公众的开放以及各类网络的联网，个人、组织机构和政府系统都可以利用 NII 进行多媒体通信，各种形式的信息服务也得到了极大的发展。

克林顿 1992 年入住白宫后，为占领世界信息竞争制高点，重振美国经济，提高美国竞争力，维持美国在世界经济、政治、军事等领域中的霸主地位，适时发布了一系列框架性文件，表明了美国占领全球因特网经济制高点的行动纲领。

1993 年 9 月，美国政府制定并发布了“国家信息基础设施行动计划”的重大战略决策。“国家信息基础设施”是“信息高速公路”的正式名称，它的实质是以现代通信和计算机为基础，建设一个以光缆为主干线的覆盖全美国的宽带、高速、智能数据通信网，以此带动美国经济与社会的信息化进程，促进经济的发展。美国的目标是确保其在全球信息基础设施建设的领先地位。

1994 年 9 月，美国在建设本国信息高速公路的基础上，又提出了建立全球信息基础设施（Globe Information Infrastructure，GII）计划的倡议，呼吁各国把光纤通信网络和卫星通信网络连接起来，从而建立下一代通信网络。

1997 年 7 月，美国发布“全球电子商务框架”，明确美国将主导全球电子商务，并制定了九项行动原则。“全球电子商务框架”确立了发展电子商务的五项原则：私人部门应作为主导；政府应该避免对电子商务不恰当的限制；当政府需要介入时，它的目标应该是为商务提供并实施一个可预见的、简洁的、前后一贯的法治环境；政府应当认清因特网的独特性质；应当立足于全球发展因特网上的电子商务。

继 NII、GII 之后，在 1999 年初，美国政府又提出发展“数字地球”的战略构想，即以信息基础设施和空间数据基础为依托的信息化发展的第三步战略。

1999 年 11 月 29 日，克林顿政府成立电子商务工作组，由商务部领导，主要负责以下两项事务：识别出可能阻碍电子商务发展的联邦、州或政府法律与管制；建议如何改进这些法律以利于电子商务的发展。

美国政府的这一系列政策促进了电子商务的发展。

三、电子商务的发展阶段

一般研究认为，电子商务的发展经历了以下两个阶段：基于 EDI（Electronic Data Interchange）的电子商务阶段和基于互联网的电子商务阶段。

（一）基于 EDI 的电子商务阶段

单纯从技术的角度来看，人们利用电子通信的方式进行贸易活动已有几十年的历史了。早在 20 世纪 60 年代，人们就开始用电报发送商务文件；到了 20 世纪 70 年代，人们又普遍采用方便、快捷的传真机来替代电报，但是由于传真文件是通过纸面打印来传递和管理信息的，不能将信息直接转入信息系统中，因此人们开始采用电子数据交换 EDI 作为企业间电子商务的应用技术。

EDI 在 20 世纪 60 年代末期产生于美国，当时的贸易商们在使用计算机处理各类商务文件的时候发现，在由人工输入计算机中的数据里面 70% 是来自另一台计算机输出的文件，由于过多的人为因素，影响了数据的准确性和工作效率的提高，于是人们开始尝试在贸易伙伴之间的计算机上进行数据自动交换，这促使 EDI 应运而生。

EDI 是将业务文件按一个公认的标准从一台计算机传输到另一台计算机上去的电子传输方法。由于 EDI 大大减少了纸张票据的作用，因此，人们也形象地将它称为“无纸贸易”或“无纸交易”。从普通商场的电子收款机、POS（销售点实时管理系统）、EOS（电子订货系统）和 MIS（管理信息系统），到跨越不同国家、不同企业的 EDI，数据信息的控制处理越来越准确和有效，同时大量事务处理工作也趋向标准化。

从技术上讲，EDI 包括硬件与软件两大部分。硬件主要是计算机网络，软件包括计算机软件和 EDI 标准。

从硬件方面讲，20 世纪 90 年代之前，大多数 EDI 都不通过互联网，而是通过租用专用网络实现的，这类专用的网络被称为“增值网”（Value Added Network，VAN），这样做的目的主要是考虑到安全问题。但随着互联网安全性的日益提高，互联网作为一个费用更低、覆盖面更广、服务更好的系统，已表现出替代 VAN 而成为 EDI 的硬件载体的趋势，因此有人把通过互联网实现的 EDI 直接称为 Internet EDI。

从软件方面看，EDI 所需要的软件主要是将用户数据库系统中的信息，翻译成 EDI 的标准格式以供传输交换。由于不同行业的企业是根据自己的业务特点来规定数据库的信息格式的，因此，当需要发送 EDI 文件时，从企业专有数据库中提取的信息，必须把它翻译成 EDI 的标准格式才能进行传输，这时就需要相关的 EDI 软件来帮忙了。

（二）基于互联网的电子商务阶段

由于使用 VAN 的费用很高，仅大型企业才有可能使用，限制了基于 EDI 的电子商务应用范围的扩大，而促使电子商务快速发展的关键因素是互联网的飞速发展。

20 世纪 90 年代中期后，互联网迅速走向普及化，逐步地从大学、科研机构走向企业和普通百姓家庭，其功能也从信息共享演变为一种大众化的信息传播工具。从 1991 年起，商业贸易活动正式进入互联网，从而使电子商务成为互联网应用的最大热点。

基于互联网的电子商务活动摆脱了传统商务活动的时空限制，使商务的运行和发展更加趋于灵活、实时和全球化。

基于互联网的电子商务发展非常迅速，相比基于 EDI 的电子商务，它具有以下几个优势。

①成本低：互联网是覆盖全球的开放性网络，任何人通过接入互联

网来进行商务活动的成本比传统的 VAN 成本要低很多。

②覆盖广：互联网覆盖全球，基于互联网的应用可以在全球范围内进行，用户通过接入互联网就可以方便地与贸易伙伴进行商务信息的沟通和传递。

③功能全：互联网可以提供许多不同的应用，有着相当丰富的资源，基于互联网的电子商务可以支持不同类型的用户实现不同层次的商务目标，如建立商务网站、发布商情信息、在线商务洽谈和建立虚拟商城等。

④更灵活：基于互联网的电子商务可以灵活地针对不同的客户提供不同的服务，如针对不同年龄的用户提供个性化的服务界面，针对不同国家和地区的用户提供不同的语言显示。

四、我国电子商务的发展历程

自从 20 世纪 90 年代电子商务概念引入我国之后，我国电子商务发展经历了三个阶段。

（一）认识电子商务阶段（1990—1993）

我国 20 世纪 90 年代开始开展基于 EDI 的电子商务应用。从 1990 年开始，国家计划委员会、科学技术委员会将 EDI 列入“八五”国家科技攻关项目。1991 年 9 月，由国务院电子信息系统推广应用办公室牵头，会同国家计划委员会、科学技术委员会、对外经济贸易部等八个部委局，发起成立“中国促进 EDI 应用协调小组”。同年 10 月，我国成立“中国 EDIFACT 委员会”并参加亚洲 EDIFACT 理事会。我国政府、商贸企业以及金融界逐步深入认识到，电子商务可以使商务交易过程更加快捷、高效、成本更低，肯定了电子商务是一种全新的商务模式。

（二）广泛关注电子商务阶段（1993—1998）

在这一阶段，电子商务在全球范围迅猛发展，引起了各界的广泛重视，我国也掀起了电子商务热潮。从1994年起，我国部分企业开始涉足电子商务，并取得了喜人的成绩。以现代信息网络为依托的中国商品交易中心（CCEC）、中国商品订货系统（CGOS）等电子商务系统也陆续投入运营。1995年，中国互联网开始商业化。1996年6月，中国公用计算机互联骨干网（CHINANET）工程建成开通。1997年6月，中国互联网络信息中心（CNNIC）完成组建，开始行使国家互联网络信息中心职能。1998年3月6日，我国国内第一笔网上电子商务交易成功。1998年10月，国家经贸委与信息产业部联合宣布启动了以电子贸易为主要内容的“金贸工程”，这是一项推广网络化应用、开发电子商务在经贸流通领域的大型应用试点工程。因而，1998年甚至被称为中国的电子商务年。政府、商家和消费者都意识到，电子商务的兴起，既面临着机遇也面临着诸多的挑战。如何探索一条适合中国国情的电子商务发展模式，是政府和企业等多方共同考虑的问题。发展电子商务需要政府的推动和企业的积极参与：一是要有完善的信息基础设施，政府对此给予了高度的重视，从20世纪90年代初开始，相继实施了“金桥”“金卡”“金关”等一系列“金字工程”；二是要有安全可靠的保障措施，需要建立必要的法律法规和技术标准；三是要克服文化障碍，提高消费者的网上购物意识。

（三）电子商务应用发展阶段（1999年至今）

在这个阶段中，国家信息主管部门开始研究制定中国电子商务发展的有关政策法规，启动政府上网工程，成立国家计算机网络与信息安全管理中心，开展多项电子商务示范工程，为实现政府与企业间的电子交流奠定了基础，为电子商务的发展提供了安全保证，为在法律法规、标准规范、支付、安全可靠和信息设施等方面总结了经验，并逐步推广应用。在此阶段，电子商务蓬勃发展。1999年3月，阿里巴巴网站诞生，同年5月，8848网站推出并成为当年国内最具影响力的B2C网站。

2000 年 6 月，中国金融认证中心（CFCA）成立，专为金融业务各种认证需求提供书证服务。2001 年，我国正式启动了国家“十五”科技攻关计划重大项目之一“国家信息安全应用示范工程”。2005 年，电子商务爆发出迅猛增长的活力。2005 年初，《国务院办公厅关于加快电子商务发展的若干意见》发布，为 2005 年中国电子商务市场的持续快速增长奠定了良好的基础；《中华人民共和国电子签名法》的实施和《电子支付指引》的颁布，进一步从法律和政策层面为电子商务的发展保驾护航；第三方支付平台的兴起，带动了网上支付的普及，为电子商务应用提供了保障；B2B 市场持续快速发展，中小企业电子商务应用逐渐成为主要动力；B2C 市场尽管略显平淡，但互联网用户人数突破一亿大关，为 B2C 业务的平稳增长奠定了坚实的用户基础；C2C 市场则由于淘宝网和易趣网的双雄对立，以及腾讯和当当的进入，进一步加剧了市场竞争。2005 年也因此被称为中国电子商务年。后来，我国电子商务经过了价格战和合并，逐渐步入了稳定的发展期。发展到 2023 年，网络购物已经成为越来越多人生活中的一部分，电子商务已逐渐成为我国国民经济发展中的一大重要支柱产业。

五、我国电子商务的发展趋势

（一）纵深化

电子商务的基础设施将更加完善，支撑环境将更加规范，企业发展电子商务的深度将进一步拓展，个人参与电子商务的深度也将得到拓展。网络融合趋势将势不可挡，高速宽带互联网将扮演越来越重要的角色。个人对电子商务的应用将愈加走向多点的智能式发展。

（二）个性化

个性化定制信息需求将会强劲，个性化商品的深度参与成为必然。

互联网的出现、发展和普及本身就是对传统秩序型经济社会组织中个人的一种解放，使个性的张扬和创造力的发挥有了一个更加有力的平台，也使消费者主权的实现有了更有效的技术基础。在这方面，个性化定制信息需求和个性化商品需求将成为发展方向，消费者把个人的偏好参与到商品的设计和制造过程中去，对所有面向个人消费者的电子商务活动来说，提供多样化的、比传统商业更具有个性化的服务，是决定今后成败的关键因素。

（三）专业化

面向消费者的垂直型网站和专业化网站前景看好，面向行业的专业电子商务平台发展潜力大。一是面向个人消费者的专业化趋势。要满足消费者个性化的要求，提供专业化的产品线和专业水准的服务至关重要。今后若干年内我国上网人口仍将是以中高收入水平的人群为主，他们购买力强，受教育程度高，消费个性化需求比较强烈。所以相对而言，提供一条龙服务的垂直型网站及某类产品和服务的专业网站发展潜力更大。二是面向企业客户的专业化趋势。对 B2B 电子商务模式来说，以大的行业为依托的专业电子商务平台前景看好。

（四）国际化

中国电子商务必然走向世界，同时也面临着世界范围内的严峻挑战。互联网最大的优势之一就是超越时间、空间的限制，能够有效地打破国家和地区之间各种有形和无形的障碍，这对促进国家和地区间对外经济、技术、资金、信息等的交流将起到极大的推动作用。也就是说，电子商务将有力地刺激对外贸易。同时，国外企业也会通过电子商务努力开拓中国市场，对我国企业形成一定挑战。

（五）融合化

随着网络和多媒体技术的发展，融合体验（如虚拟现实和增强现实等）在电子商务中发挥着重要作用。未来，企业可以更好地利用融合体验技术来改善客户体验。同时，传统企业与电子商务的融合发展、企业的线上与线下融合发展也会愈加明显。

（六）智能化

电子商务与工业互联网的融合发展，能够极大地促进传统制造业，特别是中小微制造企业加速数字化智能化升级。制造企业可以通过工业互联网云平台或云制造平台获取各类制造资源和制造能力服务，从而快速提升企业创新能力和适应市场的能力；通过云边协同的排产、调度，实现订单与制造能力的精准匹配；通过云边协同的生产过程管控，实现订单、生产企业及上下游企业的高效协同。同时，随着电子商务的发展，在个人用户端也会呈现智能化的特点。

总之，随着经济全球化和信息技术与信息产业迅速发展，电子商务将成为今后信息交流的热点，成为各国争先发展、各个产业部门非常关注的领域。中国电子商务只有具备战略性和前瞻性的眼光，适应全球经济一体化的趋势，努力发展适合我国国情的电子商务，才能立于不败之地。

第三节　电子商务专业的发展前景与就业指导

近年来，以电子商务为代表的数字贸易蓬勃发展。海关统计显示，2019 年我国跨境电子商务出口额 7981 亿元，2021 年出口额达到 13 918 亿元，2022 年我国跨境电子商务进出口 2.11 万亿元。同时，2021 年，全国网上零售额达 13.1 万亿元，其中，实物商品网上零售额 10.8 万亿元，占社会消费品零售总额的比重为 24.5%；2022 年，全国网上零售额 13.79 万亿元，其中，实物商品网上零售额 11.96 万亿元，占社会消费品零售总额的比重为 27.2%。

2021年10月9日，商务部、中央网信办、发展改革委三部门印发了《"十四五"电子商务发展规划》，明确了"十四五"时期我国电子商务发展方向和任务。根据该规划，到2025年，全国电子商务交易额预期目标46万亿元，全国网上零售额预期目标17万亿元，跨境电子商务交易额增长至2.5万亿元，我国电子商务领域相关从业人数将达到7000万。

由上可知，社会发展对高质量的电子商务人才依然有着较大的需求。学校、企业以及学生应在各自角度不断完善，从整体上提高电子商务人才的培养质量，以促进产业创新和社会发展。

一、电子商务专业的培养重点

电子商务专业培养的是德、智、体、美全面发展，具有良好职业道德和人文素养，掌握信息技术、电子商务、国际贸易等基础知识和网站运营相关知识，具备商务信息处理、网络营销、网站内容维护与管理、网络交易管理、网络客户服务与管理等能力，从事网站规划与运营及网络客户服务管理等工作的高素质技术技能人才。

电子商务专业同互联网有着紧密的结合，重视培养学生在互联网环境下的战略思维能力、商务管理能力和定量分析能力，要求学生能够根据管理实践的要求，综合应用电子商务的理论和技术，提供基于网络平台的商务和技术解决方案。电子商务专业还非常注重学生实践能力的培养，鼓励学生将理论知识运用于电子商务模式的实践和创新。

电子商务专业重点培养学生以下方面的素质和能力：具备必要的数学、计算机、电子商务、经济学、管理学的基本思想、理论和知识；具有开展电子商务业务的基本能力；具有一定的基础科学研究能力和较强的分析解决实际问题的能力；精通以计算机技术为主的电子商务技术和数据分析能力，了解其最新进展；具备足够的现代商务知识，善于理解商务需求，并能够以最有效的技术手段予以实施；具有前瞻性思维，了解电子商务全局以及不同行业、不同模式的电子商务理论与应用，能够从战略上分析和把握其发展特点和趋势。

二、电子商务专业的就业领域与发展前景

（一）电子商务专业的就业领域

电子商务专业学生一般有五个相关就业领域。

一是网站策划、编辑。这些岗位要求工作人员充分熟悉网站策划、运营与实施细则，熟悉电子商务的运营操作流程，明确企业网站具体功能，文字处理与中文功底较强，掌握一定的网站栏目策划、运营管理、电脑操作知识等，可以进行选题策划及采编。

二是网站推广。该岗位负责设计网页内容，运营网站，进行营销策划。同时，该岗位要求工作人员可以有效维护会员，独立进行市场宣传策划与撰写文案，熟练操作各种宣传媒介工具。

三是网站开发。该岗位要求工作人员完成网站页面的开发工作，使其具备后台技术支持，可以有效运营，满足技术层需要。同时，岗位还要求工作人员熟悉网站的设计规划、管理以及前台制作等。

四是网站设计。该岗位要求工作人员熟悉网页制作工具，具备创造能力和沟通合作能力，可以独立完成网页设计，了解网站的运行原理，具备与程序员的配合经验。

五是网络营销。该岗位要求工作人员熟悉办公软件以及网络营销，可以在网络上推广产品，可以很好地掌握并运用电子商务等发展理念。

（二）电子商务专业的发展前景

当前电子商务得到了广泛普及，但市场需求与专业人才比例存在失调问题，总体来看，电子商务专业毕业生有着广阔的发展前景与广泛的就业机会。

一是电子政务模式需要从事文字输入、信息处理、网络管理等方面的专业人才。

二是行业、企业发展需要电子商务专业人才，特别是以下行业。

①网络旅游规模较大，行业发展迅速，对电子商务人才的需求不断增加。②网络文化市场发展迅速。网络传输具备资源共享性、广域性等特点，为网络文化的发展提供了广阔的空间，像美术、绘画、收藏、文学以及工艺品等相关网站都需要强大的电子商务队伍支持。③农业电子商务在不断发展，网上经营品种增多，有土特产、水产品、茶叶以及鲜果等类别，特色鲜明，需要电子商务专业人才。④金融机构与证券交易公司开展的手机银行、网络银行、网上保险以及网上营业厅等业务对电子商务人才有需求。⑤当前世界一体化进程加快，需要更多电子商务人才处理国际经济业务，对国际金融人才有着较大的需求。⑥物联网和人工智能的发展对电子商务人才有着较大的需求。

电子商务属于新型的商务运行模式，利用互联网技术为制造业、商贸业等构建了统一的应用平台，衍生出各种跨行业、跨地区的电子商务应用模式，在企业、政府以及客户多点之间形成了信息全球化的新支点，在此基础上也迫切需要更多专业化的电子商务人才。

由上可以看出，电子商务行业发展前景良好。需要指出的是，电子商务发展并不意味着会直接带动就业前景的改善，电子商务工作对人才综合性要求较高，学生是否可以进入电子商务行业，还取决于自身能力的高低。

三、电子商务专业的就业指导对策

（一）学校方面

学校应进行准确的专业定位，明确电子商务人才的培养目标。根据市场需求，电子商务人才可以划分为应用层、策划层、管理层等。

第一，结合市场需求进行培养。学校应结合市场实际需求，在为学生全面讲解专业知识的基础上，细化电子商务专业培养目标，进而培养出精通专业技能与基础知识的全能人才。

第二，合理设置专业课体系。电子商务课程具备较强的综合性，学校应结合人才培养具体定位，保证课程设置的专业性与广泛性。在基础课程方面，应覆盖全部的电子商务岗位，满足实际需求。在实践课程方面，应细化培养目标，形成前后衔接的电子商务人才培养链。电子商务工作的完成需要综合知识的支撑，学校在设置课程时应结合个体差异，明确学习内容，帮助学生找到人才生态链定位。

第三，强化师资队伍建设力度。作为教学活动实施主体，教师综合素质直接影响着教学目标的实现。对此，学校应引进更多的高新技术人才，为学生全方位介绍电子商务的最新技术，切实帮助学生提高技能。同时，学校还可以聘请更多的高端领军人物与电子商务行业代表到校任教，明确人才培养方案。除此之外，学校可以安排本学校教师进行专业进修与交流，指派骨干教师参加相关培训活动，学习交流更多先进经验，获得有效就业信息，弥补本校电子商务专业人才培养的不足。

第四，学校应重视实训教学，开发并引进独立自主的电子商务模拟实验平台，为学生提供更多的实践操作机会，加深学生对电子商务专业的认识。同时，部分教师也可以带领学生参与项目工作，引入项目驱动式教学模式，分解教学任务，进行体验式教学。例如，可以在网络贸易教学中，将学生分解为贸易洽谈组、商品采购组、网络营销组、物流组、财务处理组以及售后服务组等，各组明确各自的职责范围，共同完成订单，从而使学生在熟悉电子商务操作流程的基础上，深化理论知识的认识。除此之外，学校还应与企业进行深度合作，建设电子商务实训基地，使全校师生获益。或通过校企合作实现学生定向培养，将教师、学生、项目以及企业充分融合，提高教学水平。

（二）学生方面

电子商务专业学生在学习理论知识的基础上，可以参与商业实战与专业电子技术实践活动，将所学理论知识充分应用到实际工作中。例如，可以逛网上书店，参与论坛讨论，建设自己的个人网站、博客空间以及参与网上拍卖活动等，在实际参与中体会电子商务对学习、生活等方面的影响。为了快速掌握实习基本技能，学生可在学校帮助下进入企业实习，这样一来，学生会接触网页制作、信息编辑、客户服务或网络销售等基本工作，在企业环境中快速成长。此外，学生应积极关注行业最新动态，了解就业趋向。

（三）企业方面

一方面，企业应正确理解电子商务的作用。电子商务可以为企业提供更大的市场平台，引导企业适应市场变化，在降低销售成本的基础上，提高经济效益。同时，企业应认识到电子商务不属于企业单方面行为，为了获得更大利益，可与供应链核心企业合作，借助平台进行第三方交易，扩大自身的经营规模，这样也可以为电子商务人才提供更多的就业岗位。

另一方面，企业应正确看待并使用电子商务人才。企业应根据电子商务毕业生的特长确定工作岗位，包括网上下单、网络营销、信息收集、信息维护以及网络客服等方面。同时，企业还应强化信息建设力度，多渠道、多方式发布信息，面向更高层次整合方向发展，满足电子商务需求。这样也可以为电子商务人才提供更多的就业岗位，扩大就业前景。

综合来看，在新发展阶段，电子商务专业学生的就业机会明显增多，但也面临更多挑战。据此，在电子商务专业建设期间，学校应重视课程设置，并根据企业用人需求，完善培养计划，培养出具备理论能力、实践能力以及创新能力等全方位的复合型人才，从而在使学生顺利就业的同时，加快电子商务市场的发展速度。

第三章　高职电子商务专业学生职业能力的培养

第一节　职业能力相关理论

一、职业能力的相关概念

职业能力，从字面意思看，由职业和能力两部分构成。下面将对职业、能力、职业能力、电子商务职业能力四个概念进行阐述。

（一）职业

职业，一般认为指工作，是以从业者自身的职业能力为基础，参与到社会分工之中，为社会创造财富，相应地获取合理的劳动报酬来满足生活需求和精神需求的工作。

美国管理学家斯蒂芬·罗宾斯从管理的角度出发，认为职业是“个体在人生历程当中所担任职务之间的相继历程”。

美国社会学家塞尔兹认为，职业概念必须涵盖三个关键要素——社会性、技术性和经济性，因此，“职业是个体以不断获得收入为目的的而从事的市场活动，这种活动具有市场价值，同时也决定着从事者的社会地位”。另一位美国学者泰勒从社会学角度出发定义职业：“职业的社会学概念，可以解释为一套成为模式的与特殊工作经验有关的人群关系”。

日本学者们对职业的含义也有独到的见解。保谷六郎认为，“职业是具备劳动能力的个体通过贡献自己的个人能力从而获取生活所得的社会活动”。尾高邦雄认为，“职业是个性的发挥、任务的实现和维持生活的连续性人类活动”。

综合上述定义，学者们在对职业的定义进行描述时是分别从职业的主体与客体两个方面着手的，这反映了人们站在不同的角度去理解和把握职业的具体含义。职业的主体是人，职业本质上展现了人和人之间的关系。因此，笔者认为，职业是具备一定劳动能力的人在社会生产生活中所从事的活动，这种活动能使个体通过发挥个人能力而对社会做出自己的贡献。

（二）能力

对于能力的理解，从不同的角度会得到不同的定义。

从心理学的角度出发，能力是指个体成功实现某项活动必备的心理特征，是顺利完成某项社会实践活动必备的素质。因此，能力总是依托某种活动体现出来的。顾名思义，个体的能力是在活动中产生、形成、发展和体现出来的。同时，个体能否顺利完成某项活动必须考察其是否具备一定的能力。一个人被认为有能力，是因为他可以很快地掌握某项活动。

从社会学的角度出发，能力有着不一样的表现形式。第一，能力是个体内在的综合素质的外化表现。第二，能力是个体能否驾驭和胜任某项活动的本领和熟练度，是个体在从事某项活动中表现出来的并且可以精确测量的力量。第三，能力是个体能否实现某项任务，并且达到预定的效果的因素之一。第四，能力是个体实现自身价值的主要方式，是推动个体发展和社会进步的积极力量。

在职业教育中，学生的能力一般指的是职业能力。这种能力是一个综合概念，不仅包括技能，还包括思想道德品质、理论知识水平、专业能力和身心健康素质等多方面因素。

（三）职业能力

职业能力是人们在从事各种各样的职业活动中所必须具备的知识、经验、能力和素养等因素的综合，这些因素之间相互联系、相互影响、相互作用，进而共同构成多种形式的职业能力。高超的职业能力能使人成功地展开工作、出色地完成工作任务。

一般来说，职业能力由三种基本形式构成：基本能力、专业能力以及核心能力。基本能力是人们在生产生活当中必须具备的普适性能力，是人们无论从事任何一个岗位和职业都必须具备的基础性能力。专业能力不同于基本能力，它是指从事专业性岗位必须具备的适应工作岗位要求的能力。专业能力主要由专业知识、专业技能、专业实践技术以及专业素养构成。核心能力又叫关键能力，是一名优秀的从业者在从事任何一个职业中所表现出的关键性能力。

从基本层面上看，职业能力包含职业和能力两个基本概念。

职业是指从业人员在社会当中为获取主要收入来源而从事的各种社会工作类别。从社会学的角度来看，职业是社会生产力和科学技术发展进步到一定阶段的产物，能够对人们在社会生产生活当中经济、文化、思想、行为等方面进行综合反映。职业是从业者在社会当中被标签化的社会角色，从业者通过职业获取必要的社会收入，同时也承担相对应的社会责任和工作任务。

能力是有效地完成某项任务或实践活动所需的各种素质的综合。从心理学的角度来看，能力是在具体的实践活动当中培养起来的，是个体的内在知识、素养和经验的外化表现。它能使个体有效地完成某项任务或活动，使其社会价值得到体现。

（四）电子商务职业能力

过去十几年，电子商务的飞速发展给人们的生活带来了极大的便利，为我国经济社会发展注入了活力。电子商务的繁荣发展一方面降低了企业生产、管理的成本，另一方面，也给人们的生活带来了很多的便利。与传统行业相比，电子商务是一个新兴领域。从事电子商务的人员需要具备电子商务职业能力。

从专业角度来讲，电子商务职业能力包括计算机领域方面的能力，也包括商务领域方面的能力。一方面，电子商务的从业者要具备一定的计算机方面的知识，对网络搭建以及网站建设、推广、运营和维护都要有一定的专业基础功底。另一方面，电子商务的从业人员要具备一定的商务能力，具备一定的市场信息搜集与分析、营销推广、广告策划以及项目运营方面的职业能力。因此，和职业能力的概念结合起来看，电子商务职业能力是电子商务从业人员在电子商务工作活动中所必备的各种能力的综合，它能使从业者顺利地展开电子商务职业活动，成功地完成电子商务工作的任务，有效地完成电子商务的具体工作。

二、社会对高职电子商务专业学生需求岗位的分类

从人力资源的角度出发，可以根据电子商务相关岗位的工作任务侧重方向的不同，概括性地把岗位需求划分为三类：技术类、商务类、综合类。

（一）技术类电子商务岗位

根据岗位核心任务分析，技术类电子商务岗位需要电子商务从业人员精通网站策划、网站开发、美工设计、程序开发、数据库开发或网络安全等计算机专业基础知识。

具体来说，技术类电子商务岗位根据岗位职责和核心工作任务划分，又可分为三种类型。

第一，网站规划人员，即网站建设方案设计人员。一个网站该建设成为一个什么类型的网站，网站的具体功能和作用是什么，网站整体布局或网站的大概轮廓是什么样的，网站建设完成以后如何进行维护和推广，这些都是网站规划人员的核心工作任务。他们负责网站的整体统筹规划与设计。

第二，网站开发人员，即网站后台程序编辑人员。一个网站的核心部分包括前台设计和后台开发。网站后台程序开发人员主要的工作任务是网站的后台程序部分，包括程序的开发以及数据库的安全和维护等。

第三，前台设计，即网站美工设计人员。网站要以什么样的形式展现在客户的眼前，包括文字的类型、颜色、大小，图片的位置、大小，网站的整体颜色搭配，视频效果的处理等，都是网站美工人员的主要工作任务。网站美工人员的核心工作就是网站前端开发，负责整个网站的形象包装。

（二）商务类电子商务岗位

与技术类电子商务工作岗位相比，商务类岗位更加侧重“商务”二字。商务类电子商务工作岗位，要求从业人员在具备一定的计算机网络知识的基础上，完成企业的业务，因此这类工作岗位应该对企业的业务流程、客户的需求和心理以及销售知识有足够的掌握。相对于普通商务型从业者来说，商务类电子商务岗位从业人员是活跃在虚拟网络上的为客户提供服务、为企业创造利润的工作者。以电子商务平台为依托从事业务工作，不只要求他们具备一定的电子商务技术知识，更要求他们具备营销和推广的商务技能。

按照主要的岗位工作任务划分，商务型电子商务岗位可以划分为以下几种类型。

第一，网络营销人员。和传统的营销人员不一样，网络营销人员主要是通过网络去完成营销工作。具体的核心工作包括通过网络拓展销售业绩、为消费者提供售前售后服务、企业商品信息发布、电子订单和电子账单的处理等。

第二，网站运营与维护人员。该类职业岗位的工作主要包括把握市场信息的动向、及时更新网站的信息、提升网站的访问量、搜索引擎优化等。

第三，网站推广人员。网站推广工作岗位的核心工作任务是通过各种网络途径，如微博、快手等平台，宣传和推广企业的商品信息，让更多的潜在客户可以通过网络了解到企业的商品信息，增加企业商品的曝光量，达到宣传的效果，促进提升企业的销售量。

（三）综合类电子商务岗位

与技术类和商务类电子商务岗位不同的是，综合类电子商务岗位的要求更高。此类岗位需要从业者对电子商务行业有比较全面、深刻的了解，从电子商务平台的策划、搭建，到通过网络平台实现企业的产品管理和销售，综合类电子商务岗位从业人员都必须有足够的了解。

综合类电子商务岗位工作者是在工作的锻炼中通过自身的不断努力成长起来的。综合类电子商务岗位人才一方面要是商务营销的高手，对互联网经济有足够的了解；另一方面要对计算机网络平台有熟练的操作能力、对网络信息技术有高超的运用能力。综合类电子商务岗位人才大多是经过大量工作经验磨炼出来的，学校很难直接培养出来。

综合类电子商务岗位更多地要求电子商务人才具备战略性和前瞻性思维，能够从战略上把握和分析电子商务行业发展特点与趋势。市场上此类电子商务岗位有电子商务项目开发与运营人员，如网站站长与淘宝店长。网站站长要求从业者能够全面管理网站规划、网站运营推广以及网站日常管理等工作。淘宝店长也是如此，要求对淘宝店的装修、运营、推广、客服、发货、物流与售后管理等有全面的战略布局与规划。

三、社会对高职电子商务专业学生职业能力要求

（一）职业能力的组成

对于职业能力的组成结构，中外学者有很多不同的观点。美国培训与开发协会将就业能力分为五个类别：沟通能力、基本胜任力、适应能力、群体效果和影响能力。有德国学者在职业能力的构成上提出，职业能力涵盖了两个方面，一是和个体有关的能力，二是社会、组织的能力。中国就业培训指导中心的陈宇认为，职业能力包含以下三个方面——行业通用技能、职业特定技能、核心技能。

尽管中外学者在职业能力的构成上看法观点不一，但是都能找到共同之处：职业能力是多种能力的综合，而绝非一项单一能力。从社会对人才的需求以及高职教育本身固有的一些特点出发，笔者认为，高职学生应具备的职业能力由职业基本素养、基本通用能力、专业能力、专业核心能力四部分组成。

职业基本素养是从业人员在任何行业、任何岗位上都应具备的基础素质，是个体职业能力展现、劳动价值实现的重要前提。职业基本素养是一种较深层次的职业素养，如果把素养分为隐性素养和显性素养，那么职业基本素养更多的是隐性素养。著名的冰山理论能够很好地阐述职业素养这一特征。显性素养可以比作冰山，这一部分是个体所有能表现出来的职业能力，而隐性素养就是潜藏在冰山水面下的部分，这一部分包括个体的职业态度、职业责任意识和职业道德等。职业基本素养具体来说有以下基本特征：第一，稳定性，个体的职业基本素养不是一两天能建立的，它是在长期的职业活动当中逐渐发展起来的，具备一定的稳定性。第二，普适性，职业基本素养不会随着个体职业岗位的变动而变动，职业基本素养适应于个体所处的任何职业岗位。第三，内隐性，职

业基本素养是个体在职业活动中长期面对各种职业工作任务而逐步内化于心的心理品质。第四，持续性，职业基本素养会在个体不同的岗位变动之中持续发展，会随着个体职业发展而不断持续发展。

基本通用能力是从事任何职业、服务于任何行业岗位当中都必须具备的基础能力，甚至在日常的生活当中都会对通用基础能力有基本的要求。具体来说，基本通用能力包括基本的语言沟通能力、思维逻辑能力以及听说读写能力。

专业能力是指在某一具体专业的岗位上为了解决某种专业性的问题或者完成某项专业性的工作任务所需要具备的职业能力。

专业核心能力是指从业者适应社会工作需求、应对各种岗位和职业变换，在个人的成长发展历程当中逐渐形成的、对从业者的发展起到关键性作用的综合性职业能力。关键核心能力带有强烈个人特色。

（二）高职电子商务专业学生应具备的职业能力

具体到电子商务行业岗位需求，结合岗位的独特性以及社会企业对高职电子商务专业学生职业能力的要求，高职电子商务专业学生应具备的职业能力如图 3–1 所示。

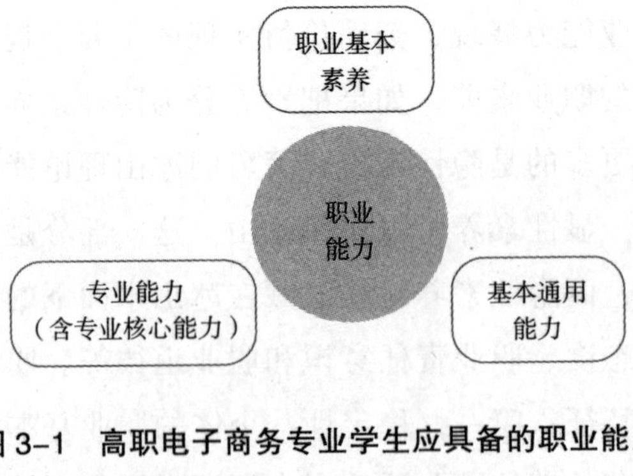

图 3–1　高职电子商务专业学生应具备的职业能力

1. 职业基本素养

电子商务职业活动中对职业基本素养的要求可以分为以下几个方面：

第一，语言表达能力、认真的工作态度、团结合作能力、人际交往能力、应变能力和承受工作压力的能力等。第二，结合电子商务职业活动所获得的一些证书资质，如学历证书、岗位执业资格证书。第三，了解电子商务岗位所处行业的背景。

2. 基本通用能力

相比于专业能力，基本通用能力强调的并非某一个领域或者某一个岗位的特定需求的职业能力，而是强调在各个专业领域、各个工作岗位普遍适用的通用性很强的基础职业能力。对于学生基础通用能力的培养，不应该侧重于某一专业的单一领域，而应该强调学生整体的综合素质。基本办公能力是基本通用能力的主要内容之一，具体包括：对 Office 办公软件的熟练使用，打印复印办公设备的使用，QQ、搜索引擎的熟练使用等。同时，在现代社会，对于求职者来说，打字速度、英语水平、对相关法律的了解也在基本通用能力的内容范畴。

3. 专业能力

电子商务职业能力之中的专业能力是电子商务岗位的从业者应当掌握的能力。只有掌握好扎实的电子商务专业能力，才有能力成功地完成电子商务岗位的工作任务，为社会和企业创造利益和财富。一般来讲，电子商务专业能力包括两个基本部分：专业知识基础和专业技能。专业知识基础是职业基本素养和职业专业技能在工作当中发挥作用的前提，只有储备丰富的专业知识，才能更好地应对工作当中遇到的各种问题，才能更加丰富自己处理问题的视角和面对问题时的开阔视野。电子商务从业人员自身掌握的专业知识和实际工作经验，对其在具体岗位的工作具有非常重要的意义。对于专业技能来说，电子商务专业学生应该掌握基本的计算机网络应用能力、电子商务网络营销和策划能力以及对相关软件的应用能力等。

结合高职院校安排的课程和要培养学生掌握的基本专业技能，高职电子商务学生主要需要掌握两方面的知识和技能：一是计算机综合知识和技能；二是商务类综合知识和技能。

计算机综合知识和技能包括基本的计算机硬件和软件知识，办公软件（如 Office 软件）的使用，互联网基本知识和应用（如电子邮件、搜索引擎的使用），基本的电脑操作能力（如打字速度等技能），必要的图文处理软件的使用技能（如 Photoshop 的使用），以及必要的网络编辑软件的使用（如 Dreamwever 的使用。

商务类综合知识和技能既包括与商务有关的电子商务基本知识（如交易流程、支付方式、电子货币、第三方支付等），也包括与商务有关的电子商务专业技能。在专业技能方面，结合虚拟化的电子商务网上平台，要对网站策划、网络营销与推广、网页设计与编辑、市场调查与分析，以及网页美工与设计等基本的专业技能熟练掌握，以便能应对 SEO 专员（搜索引擎优化人员）、网页编辑人员、网站程序人员与网页设计人员等电子商务岗位需求。同时，由于电子商务是传统商务结合互联网平台进行的虚拟型商务，相对于传统商务中面对面的真实商务环境下的商务活动，电子商务是依靠网络来进行营销、推广甚至于商务洽谈直到完成交易的。例如，在电子商务交易过程中，企业产品的介绍、推广和营销都是以文字、图片或视频等方式展现在客户面前的。这就要求岗位从业人员有较好的书面表达能力、图文编辑能力以及网络语言沟通能力。

专业能力是高职院校电子商务专业学生毕业之后进入社会、从事企业具体的工作岗位所赖以生存的基础能力，会在专业学习当中被高校重点加以培养，因此，无论是对个人职业生涯的成长还是对社会及企业的发展来说，熟练地掌握扎实的电子商务专业能力对电子商务毕业生具有重要的意义。

第二节　影响高职电子商务专业学生职业能力的因素

高职电子商务专业学生的职业能力不是天生就有的，而是在不断学习和实践之中逐渐形成的。在高职院校电子商务专业学生培养过程当中，学生职业能力的培养效果受到多种因素的影响。

一、观念认知因素

观念认知因素是学生职业能力培养的前提，它决定了教师和学生在整个教学过程当中所抱有的心态和认知倾向。职业能力的观念认知主要涉及两个方面，一是对高职教育的认知，二是对电子商务职业能力的认知。两个方面无论哪一项出现错误必然会使学生职业能力培养受到影响。举个例子，如果把职业能力理解成为职业技能，这一理解误差就会导致教师在学生职业能力培养过程中只重视学生的一些基本操作实践技能，而忽视学生的整体能力结构。

二、个体因素

个体因素对职业能力有较大影响是不言而喻的。从个体因素角度看，学生之间存在素质差异，他们的天赋条件、家庭条件、性格气质和兴趣爱好等因素都不一样。与其他因素相比，天赋条件是一切能力形成的前提和基础，这是每个人天生而来的素质；但是这并不是能力形成和发展的决定因素，后天环境也同样对能力的形成和发展起到很大的影响作用，如家庭条件就是后天环境之一。性格气质与个人能力发展存在密切关系，它决定了个体从事一项活动的倾向。兴趣爱好对个体能力的形成和发展起到关键作用。

三、教育因素

教育是培养个体职业能力非常有效的方法和途径，通过教育，学生的知识能够得到增长，思维可以得到开发，品德可以得到熏陶，同时，学生的创新能力能够得到训练和培养。具体来说，第一，教育不仅可以让学生在知识、能力方面得到培养，而且可以使学生得到有效的就业指导和心理辅助。同时，在德育方面，教育能够帮助学生树立正确的人生观、价值观，从而有利于职业素养的提高。第二，在教育过程中，教师是主体，良好的师资是高职院校的重要办学基础，能够为学生职业能力的培养提供强有力的保障。第三，教育涉及了课程体系和教学模式，良好的课程体系和教学模式能够对学生职业能力培养产生很大的正面影响。第四，高职教育是为社会经济发展提供大量优秀人才的强力后盾。先进的高职教育对社会和企业的发展有着巨大的推动作用，既可以为社会提供人才保障，又可以对接企业标准进行人才培养，这也为高职院校学生的人生提供了发展机遇。

四、环境因素

学生职业能力的培养总是在各种场合、各种环境下进行的，环境是影响高职电子商务专业学生职业能力培养的重要因素之一。环境主要有两种。一是社会环境。社会环境对学生职业能力的培养有着很大的影响，高职教育的目标就是培养社会所需求的各种人才。二是学校环境。学生所处的学校环境，既包括与教师、同学之间的关系，也包括学生实习的各种实训场地。良好的环境能够引发学生的学习激情，促进对学生职业能力的培养。

第三节　提升高职电子商务专业学生职业能力的措施

一、确定合理的电子商务专业人才培养目标

高职教育属于高等教育，是高等教育的一部分，因此，高职教育的第一个特点就是高等性。高等性应该作为高职电子商务专业人才培养目标定位的基准。高职电子商务学生不仅要掌握较高层次的理论知识和专业技术能力，而且要具备创新意识和可持续发展能力。

高职教育与其他高等教育之间最根本的区别在于职业性。因此，高职教育的第二个特点就是职业性。高职教育的职业性要求高职电子商务专业要根据社会对电子商务人才的需求来定位培养目标。

高职教育的第三个特点是高职教育的应用性。高职教育的应用性体现在知识的产生、传播、归属和发展过程。高职电子商务专业培养的学生应当能够将电子商务专业知识熟练运用于电子商务职业岗位工作当中，为企业创造利益，为社会做出贡献。

高职教育的第四个特点是区域性。高职教育的区域性要求高职电子商务专业学生要为区域经济发展服务，背离这一特征，高职教育办学将出现盲目。

高职教育的高等性、职业性、应用性和区域性四个特征之间相互依存、相伴而生，只有四个特征同时存在，才称得上是高职教育，其发展才能持续、才有生命力。

以上是高职教育的特征。对高职教育特征的准确理解，有助于准确定位高职教育人才培养目标。

高职教育人才培养目标的定位，是高职院校所有高职教育教学活动

的重要指导依据，也是高职教育人才培养方向、数量和规格的参照标准。

从办学层次看，与中职教育相比，高职教育是职业教育中的高等层次的职业教育。从生源上看，中职教育的生源主要是初中毕业生，高职教育的生源主要是中职毕业生和高中毕业生。中职教育侧重于学生操作技能的培养，对相关操作理论和原理要求不高；高职教育不仅要培养学生的较高的理论知识水平，而且要求学生具备较高的职业能力水平。中职教育更强调学生掌握常规的操作技能，而高职教育侧重于培养学生的创造性思维，以及独立地将理论知识转化为实践操作的能力。相比之下，高职教育对学生的职业能力培养目标要求更高。从社会角度看，高职教育为社会一线工作岗位提供高素质、高技术技能人才，高职院校学生毕业之后大多从事社会基层岗位。同时，与普通高等教育不同的是，高职教育具有很强的区域性，满足地方经济发展对人才的需求是高职教育目标定位时不得不考虑的一个因素。高职院校的招生生源也大多来自本地，学生毕业之后的发展也基本上是为本地的发展服务。因此，区域性特点是高职教育在培养目标的定位上必须考虑的一个要素，高职教育设定的培养目标必须符合区域发展的实际情况。从课程体系设置看，与普通高等教育按学科进行课程设置不同的是，高职教育的课程设置应该以岗位需求为依据。高职教育的职业性要求其按照社会需求来培养人才，其核心是培养具备高水平职业能力的劳动者。

综上所述，笔者认为，高职教育的人才培养定位如下：高职教育以培养学生职业能力为核心，以满足社会需求为依据，以适应岗位要求为目标，旨在培养适应社会经济发展，满足生产、建设、管理与服务一线需求的应用技术型人才。结合高职电子商务专业的特点，笔者认为，可以将高职电子商务专业的人才培养定位描述如下：以培养电子商务学生职业能力为核心，以满足社会对电子商务人才需求为依据，以适应电子商务岗位要求为目标，通过合理地建设电子商务课程体系，最终使学生能够顺利进入电子商务职业活动当中。

二、构建合理的电子商务专业课程体系

建设和开发电子商务核心课程应该从多个角度出发，具体来说，主要涉及以下三个方向：一是能开发学生创新能力和系统分析能力的电子商务核心课程；二是能涵盖网络技术、商务经济与电子经济的电子商务核心课程；三是能适应社会和经济发展甚至更具未来前瞻性的前沿类电子商务核心课程。每一门电子商务课程都必须围绕着培养目标来设置，都必须具备良好的可操作性。课程设置应明确每一个模块的内容，保证各个模块之间的相互协调，使学生修完课程后能对课程有一个整体性的掌握，能实现具体的培养目标。

（一）构建高职电子商务专业课程体系的依据

1. 以电子商务的特点为依据

电子商务专业有着自身的一些特点。

①涉及学科类型较多，具有一定的综合性。作为近些年来新兴的综合型专业，电子商务涉及的学科门类较多，具体来说，有计算机技术、商务贸易、电子通信、经济学、经济法、会计学等学科。电子商务专业涵盖的学科既有理工类又有人文社会科学类，重点突出实用性、技能性和操作性。

②全面培养人才素质，具有一定的全方位性。从电子商务的课程内容分析，电子商务课程由计算机技术、商务管理、前沿性课程三个层面组成。可以说，电子商务课程是在原有课程体系的基础上，随着计算机网络经济的发展以及电子经济的大众化逐渐形成的一门课程。因此，从电子商务人才培养的特点上看，电子商务专业学生应该具备技能的灵活适应性、知识的整合复合性以及商务理念的前沿性等全方位素质。

③知识结构层次较多，具有一定的多层次性。从电子商务的学科性质来看，电子商务是一门理论与实践结合较为紧密的学科，具有很强的

综合性，因此，所培养的学生既需要具备一定的计算机网络技术，又需要具备熟练的商务管理、经济贸易方面的知识和能力。

2. 以社会对电子商务人才的需求为依据

高职电子商务人才培养最终是为了满足社会对电子商务人才的需求，从而为社会与经济发展服务。因此，构建电子商务专业课程体系，必须以社会对电子商务人才的需求为导向，才能与电子商务岗位的社会需求实现无缝对接。从人才需求的类别出发分析，社会对电子商务人才的需求类别主要涉及以下两类。

①技术人才。这类电子商务人才对技术应用很擅长，在具体的计算机技术、网络信息安全与维护以及网站运营等领域能够熟练运作与发挥自己的能力。从具体的岗位来看，技术类岗位主要有网站运营与管理、网页设计与制作、网络数据库安全管理与维护等。

②商务人才。这类电子商务人才对商务领域的各个方面很擅长，能够在岗位上熟练应用所学到的市场营销、商务管理与经济贸易等商务知识，能够很好地管理和运作相关商务活动。从具体的岗位来看，商务类岗位主要有网络推广与策划、网络营销和网络信息管理等岗位。

社会对电子商务人才的岗位需求是高职电子商务专业存在的基本前提。因此，高职电子商务课程体系必须以社会对电子商务人才在知识、能力等综合素质方面的要求为依据去建设。

3. 以学生的终身教育与个性化教育为依据

高职电子商务专业是以培养学生电子商务职业能力为核心的，电子商务课程也是围绕岗位需求去设置的，不过，这与学生的内在发展需求以及个性化发展并不矛盾。在具体的电子商务教育教学过程当中，高职院校应该尊重学生的主体地位。同时，在电子商务课程建设过程中，高职院校也要把学生个性化发展需求这一因素考虑进去。另外，从职业教育的长期发展角度看，未来的高职电子商务课程体系将会是一个更加开放、更加灵活的课程体系，因此，为了适应未来发展的需要，电子商务课程体系必须改变。高职电子商务教育不应只是教学生谋生的教育，而应是促进学生更好发展、满足学生个性化需求的教育。高职电子商务教育要在促进学生个性化发展的基础上，对学生的综合能力进行培养，使学生终身发展需求得到满足，并以此为依据来建设电子商务课程体系。

（二）构建高职电子商务专业课程体系的内容

课程体系的内容是建设高职电子商务专业的核心要素之一。与普通高等教育电子商务专业的教学内容相比，高职电子商务教学内容不必对课程的完整性与系统性刻意追求，更重要的应该是依据社会对电子商务人才的需求等因素突出和强调电子商务课程体系建设的针对性与实用性。一般来说，专业课程体系建设主要是以模块化的方式构建的，按此方法，电子商务专业课程体系具体可分为以下四个模块。

1. 公共课

公共课模块主要涉及的课程有毛泽东思想、邓小平理论、大学体育、大学英语等。

2. 专业基础课程

专业基础课程模块是电子商务专业的理论基础模块，与普通高等教育电子商务专业的理论教学相比，高职电子商务理论教学不刻意追求理论知识的系统性与完整性，而是重点突出与强调电子商务知识的应用性和针对性，以满足社会岗位对电子商务人才能力要求为前提，以实现电子商务人才职业能力培养为目标进行具体的电子商务课程体系建设。在具体内容上，专业基础课程主要由主要有计算机网络理论知识与商务管理理论知识组成。

①计算机网络理论知识。这一部分涉及的课程主要有计算机基础、网页设计与制作、数据库原理等。高职电子商务专业学生通过学习基本的计算机网络理论知识，能够做到简单的自主建站，搭建数据库，并能

进行前台与后台数据交互。

②商务管理理论知识。这一部分涉及的课程主要有会计学、统计学、市场营销学以及管理学原理等。高职电子商务专业学生通过学习商务管理理论知识，能够掌握商务、贸易以及营销方面的基础知识，为电子商务职业能力发展打下基础。

3. 电子商务专业课程

这一部分涉及的课程主要有电子商务概论、网络营销、电子商务法以及电子商务物流等课程。高职电子商务专业学生通过学习电子商务专业课程，可以掌握专业的电子商务知识，熟练地在网上进行电子商务活动，也可以运用电子商务技术设计和运作电子商务项目。

4. 电子商务专业方向课程

这一模块的设置目的主要是在高职电子商务专业学生掌握了基础的电子商务理论知识与技能之后，进一步培养其电子商务各项职业能力。这一部分具有很强的实用性和针对性。这一模块具体到电子商务课程体系建设中，就意味着要增加必要的选修课，使学生能够在掌握扎实的电子商务理论基本知识和能力的基础上，根据自身的需求和特色，选择自己喜欢的方向。

三、优化教学内容，改善教学方法

（一）优化教学内容

高职电子商务专业的教学内容，应该以提高学生职业能力为目标，注重理论和实践教学的结合。具体来说，可通过以下方面来优化教学内容。

①加强实践教学环节，增强课堂实践教学与企业实践的融合。更新教学计划，用校内实践结合企业实践代替原本只在校内进行的实践课程

教学。在新的教学计划中，利用暑期时间，增加电子商务专业学生顶岗实习的机会，这样对学生职业能力的培养有很大帮助。

②增加实用性较强的应用性课程，组织电子商务领域的专家学者编写实用性电子商务教材。电子商务专业教材的及时更新，有利于适应不断变化的电子商务发展潮流。所编写的教材要能够充分体现当下电子商务发展的前沿，同时要对电子商务未来发展有一定的前瞻性。

（二）改善教学方法

现阶段部分高职院校在电子商务教学方法的选择上比较单一，以课堂上教师授课为主要教学形式，这种单一的教学方法很难让高职电子商务专业学生的职业能力培养得到提高。要想提高学生的职业能力，提升学生的电子商务实践操作技能，增强教学效果，就必须改善教学方法，引入现代化教学技术，采用小组式学习、项目式学习等教学方式开展教学。这些形式多样化的教学手段与电子商务的特点非常契合，充分利用这些现代化、应用性、合作性的教学方式可以使电子商务教学效果得到显著提升。

①在理论教学方面，可以采用案例教学法。

与一般教学过程中的举例子不同，案例教学法是通过引入实践来传授理论的。具体来说，案例教学法让学生在实践当中发现问题、分析问题进而解决问题，同时总结经验和理论，最终通过实践中总结的理论来指导实践。通过采用案例教学法，可以让高职电子商务学生对电子商务职业活动中遇到的各种各样的问题产生感性的认识，并最终使学生学会分析和解决电子商务职业活动出现的问题，提高其电子商务职业能力。

②在实践教学方面，可以采用项目教学法与情境教学法。

项目教学法，顾名思义，是以项目的形式来开展教学的。在教学过程中，学生在教师指导下，独立处理一个项目，通过项目开发的形式了解项目实行过程中的每一个环节。显而易见，这种教学法偏重于过程而不是结果。学生在项目付诸实践的过程中，会逐步熟练地将平时所学的理论知识与技能运用其中，在遭遇问题、处理问题的过程中逐渐养成分析问题与解决问题的能力。项目教学法的优点在于可以激发学生的主动性和积极性，激起学生的兴趣，是一种典型的以学生为中心的教学方法。

情境教学法是把教学内容放置在一定的情境当中，在这个特定的情境当中进行教育教学活动。情境教学法的核心在于激发学生的情感。学生在情境中学习，能够充分激发自身的学习兴趣，有效提升课堂教学效率，达到事半功倍的效果。同时，情境教学法对发展学生的创造性思维和探索精神有一定的积极作用。

四、加强电子商务师资队伍建设

作为教育教学活动的组织者、引导者，教师队伍的素质会直接影响高职电子商务专业学生职业能力培养的效果，因此，加强高职电子商务专业师资队伍建设是提高电子商务专业教学质量、提升学生电子商务职业能力培养水平的根本保证。电子商务是一门既包含计算机学科知识又包含商务学科知识的交叉学科，并且强调在理论学习的基础上具备较高的电子商务实践能力水平。这就要求电子商务教师既懂商务又懂计算机技术，既在理论知识上有很高的水平又能具备熟练的电子商务实践操作能力。可通过以下措施来加强电子商务师资队伍建设。

（一）加强电子商务师资在职培训

①鼓励高职电子商务专业教师参加校内培训，提升电子商务专业教师的整体素质。可采用老带新的培训方式，由老教师指导新教师在理论与实践教学方面进行培训，这样有助于新教师教育教学能力的提升。具体来说，可组织新教师向有经验、实践操作能力强的老教师学习，有余力的老教师可以多带几个新教师。

②组织电子商务专业教师进行校外学习，其中最有效果的方式就是

让教师去企业实际岗位上进行锻炼。具体来说，可以组织教师分批次轮流去企业学习，这样既能避免因教师长期进入企业学习而影响学校教学工作，又可以加快学以致用的效果。同时，让教师身临其境地感受电子商务岗位职业活动，能够提高教师的电子商务职业能力。

（二）培养“双师型”电子商务教师

学生实践操作能力是高职电子商务专业强调的重心。要想培养好高职电子商务专业学生的职业能力，高职院校就必须拥有一批高质量的“双师型”教师队伍。“双师型”教师一方面拥有良好的电子商务理论知识水平，能够胜任电子商务理论知识教学工作，另一方面，“双师型”教师拥有丰富的电子商务实践经验，能够熟练指导学生参加电子商务职业活动。从这个方面讲，建设一支高质量的“双师型”教师队伍对高职电子商务专业学生职业能力的培养至关重要。

“双师型”电子商务教师的培养路径有很多。一方面要加强“双师型”电子商务教师方面的理论研究，另一方面，要有针对性地培养一些教师骨干，尤其要重点培养电子商务教师队伍中的一些中青年骨干教师，对其专业知识、专业技能和教育教学知识与技能进行培训。

（三）建设高质量的专兼职教师队伍

高职院校在建设好“双师型”电子商务教师队伍的同时，还要拓展高职电子商务专业教师的师资来源渠道。具体来说，高职院校可以引进一些长期在电子商务岗位上工作的、具备丰富的电子商务实践经验的专业人才，以及具备丰富的电子商务教育教学经验的兼职教师，这样既可以优化和丰富电子商务师资队伍结构，又可以解决和完善一些教师电子商务实践能力不足的难题。然而要做到这一点，并不是片刻之间就可以完成的，需要高职院校结合实际制订完整的方案。引进电子商务兼职师资队伍，一方面可以通过促进本校教师与兼职教师的交流来提升本校教师的实践教学水平，另一方面，可以通过这些兼职教师构筑起与企业沟通的桥梁，便于高职院校安排本校师生进入企业进行学习。

然而，大部分兼职教师在自己工作岗位上的日常工作也非常繁忙，所以，要求他们在学校进行长期性的教学工作并不现实，而从高职院校的角度看，短期的教学工作形式又难以深入日常的教育教学工作当中去，因此，如何保证高职电子商务兼职教师的质量，是高职院校需要认真研究的课题，做好这一项工作能够为学生电子商务职业能力培养保驾护航。

五、以职业能力考核为核心，完善电子商务专业学生考核评价体系

职业能力是高职教育对学生培养的核心，因此，高职电子商务专业对学生的考核评价也应该以职业能力为重心。高职院校可通过完善考核评价的主体、内容及方法来建立完善的职业能力考核评价体系。

①丰富高职电子商务专业学生职业能力的评价主体。评价主体作为评价活动展开的实行者，是考核评价体系的重要人力保障。当前，高职院校学生职业能力评价通常由任课教师结合学期所授课内容完成，也就是校评为主，缺乏企业、行业专家的参与和监督。为了提升对高职电子商务专业学生职业能力考核评价的效果，应当让电子商务行业协会、电子商务企业参与到评价中来。电子商务行业、企业的参与不仅能高效、迅速地选拔出自己需要的人才，而且能通过参与评价内容、标准、方法的制定来引导和监督高职电子商务专业学生职业能力的考核评价，从而提高高职电子商务专业学生职业能力。

②以职业能力为关键，实现高职电子商务专业学生考核评价内容多样化。高职电子商务专业学生考核评价内容应该以职业能力评价为支点，进而全面提升高职电子商务专业学生的全面素质。电子商务是电子技术与商务结合的一种经济形式，因此，以职业能力为关键考核评价内容的高职电子商务考核评价体系，要求学生既要有良好的商务能力又要具备一定的计算机技术能力。

③评价方式的多样化。一直以来，大部分高职院校大都采用笔试考试答题作为对学生职业能力的主要评价方式，然而，这种评价方式严重脱离了具体的岗位实践情境，片面性非常强，很容易造成对学生评价的单一化。高职院校应采用多样化的评价方式，注重过程性评价，把对电子商务专业学生职业能力的评价置于真实的电子商务职业活动情境当中，通过真实的工作任务让学生的电子商务理论知识和实践水平得到充分的发挥，同时，这也可以评价他们在完成具体工作任务时表现出来的信息搜集、分析、整合等处理具体事物的能力。评价方式有很多种，如笔试、模拟测试、项目驱动等。毫无疑问，综合运用多种评价方式，可以充分发挥各种评价方式的长处，避免单一评价方式的片面性和局限性。

第四章　高职“校企合作”人才培养模式

第一节　三级细化的工学结合工作管理模式

三级细化的工学结合工作管理，是指通过学校层面、系部层面、工学工作部层面开展工学结合工作管理。

一、学校层面的工学结合工作管理

学校可以实行校企一体化工学结合的工作管理模式，由学校教务处和学生处就业办两部门负责管理。该模式以学校建立的校外实习实训基地为依托，将学校培养人才的体系和企业运营体系在学校教务处和学生处就业办领导下融为一体，形成工学结合人才培养体系，实现学校与企业在校企合作机制下的对接。

学校层面的工学结合工作管理部门的主要职责如下：进行校企合作总体规划，负责人才培养的总体规划和设计，制订工学结合人才培养方案，开展产学合作；组织进行基于工作过程导向的系统化课程体系开发；修订和完善工学结合工作管理制度，进行专业和课程评估；重大工学结合工作改革项目管理，工学结合工作建设的组织论证和管理，工学结合工作质量保障和监控体系建设，工学结合工作调查研究，特色专业和精品课程建设与管理；提供师资培训、成绩查询、学习指导、教材和参考书编写与选用等方面的服务。

教务处作为工学结合工作的管理职能部门，是全校工学结合组织与协调的中心，是工学管理与行政管理的结合部门。同时，学校层面的工学结合工作的管理职能和服务职能适当分流，设置教研教改、工学结合工作运行、工学结合工作督导、考务管理等模块来履行管理职能。学校层面的工学结合工作的管理职能和服务职能相对分离，协调发展，体现工学管理与行政管理的有机统一。

二、系部层面的工学结合工作管理

（一）系教学办的工作职责

学校系部负责与企业对接，是学校工学结合工作管理的二级机构，也是学校工学结合工作管理机构的基本单位。系教学办全面负责工学结合的工作管理、产学结合安排、科研工作、社会服务支持。具体来说，在工学结合工作中，系教学办的工作职责如下。

①主要负责“产业＋企业＋专业”人才培养方案的制订、各门课程的工学结合教学大纲和工学结合实践大纲的制订、人才培养模式的选择、常规性工学结合工作的运行管理、课程的建设与管理、工学结合工作质量监控、学生学籍管理、学习指导等。

②根据社会发展需求和行业要求，研究并确定本专业的培养目标、本专业与职业岗位群相适应的人才培养规格和知识能力素质结构，提出专业发展规划和建设规划，制订专业建设与课程改革方案。

③开展与本专业密切相关的课程建设、师资队伍建设、教材建设等事项的研究，推动并指导本专业工学结合工作方法的研究与改革工作，促进工学结合工作质量的提高。

④制订本专业实训基地建设规划，制订建设方案，组织实训基地建设运行管理工作。

⑤制订本专业学生理实一体化知识学习和技能考核的方法与标准。

⑥组织本专业工学结合工作管理改革经验交流。

⑦负责组织专业建设指导委员会工作。

（二）专业建设指导委员会的工作职责

系部分专业设立专业建设指导委员会。专业建设指导委员会对各专业建设进行研究、指导，对各专业工学结合工作质量进行评估、检查和监督。专业建设指导委员会由学校具有副高以上职称的教师、工学工作部主任、专业带头人、骨干教师和企业一线的高级专业技术人员组成，成员应尽可能拓宽到本行业涉及的各个领域。专业建设指导委员会的职责如下。

①参与并修订工学结合的人才培养方案，并对人才培养方案实施过程中出现的重大问题及时提出指导性意见。

②讨论本专业实训基地建设规划，对本专业的实验、实习、实训等实践性教学提出建议和指导。

③参加本专业有关工学结合工作文件的审议。

④协助有关部门对本专业的工学结合工作进行检查和评价。

⑤参与本专业学生理论知识学习和技能考核的方法与标准的制订。

⑥通过对省/市及经济发达地区产业群、产业结构、行业发展情况、高职同类专业情况、毕业生就业情况等进行调研，结合学校基本条件与办学成本，形成人才需求流向及产业信息发展报告。

三、工学工作部层面的工作管理

学校按专业或课程设置工学工作部，工学工作部是学校工学结合工作管理最基层的单位。工学工作部的主要任务是在系部领导下按人才培养方案实施工学结合工作管理，开展工学结合工作研究、科研工作、校企合作，落实工学结合人才培养任务，不断提高工学结合工作质量和学术水平。

（一）工学工作部的设置和组成

根据本专业职业岗位类别要求，以职业岗位真实工作环境为标准，系部按照专业规划建设工学工作部，并根据专业工学结合工作需要，设立不同的项目工作室。项目工作室具有真实的职业情境，通过导入企业真实项目或校内仿真项目，来培养学生的专业技能和职业能力。为设立具有工学结合特色的专业工学工作部，有的高职院校主要以教学办为主体成立工学工作部，由各专业教研室具体负责该专业人才培养方案的运行和管理。

工学工作部一般设主任一人，在系主任的领导下，负责工学工作部的全面工作。一个工学工作部的人员原则上不少于 5 人，一般应有一名高级职称的教师。根据工作需要和工学工作部规模，一般 10 人以上的工学工作部可设副主任一人。在实际工作中，可以将各专业的专业带头人作为副主任协助主任工作。

（二）工学工作部的工作职责

①在系主任的领导下，全面完成学校、系部分配的教学、科研等任务。

②协助系部做好人才培养模式改革与课程建设，与企业合作共同实施工学结合工学管理、工学结合工学检查、工学质量评价与监控等工作。

③积极与行业、企业合作开展特殊专业、重点专业、示范性专业、专业实训基地的建设工作。

④根据专业培养目标、职业技能鉴定等需求，整合旧课程或增设新课程，校企合作共同开发生产性专业核心课程。

⑤协助系部抓好校内外实习实训基地建设、师资队伍建设。

⑥协助系部做好工学结合检查、督导、听课评课、工学成果测评、日常工学管理、师资队伍建设等方面的工作。

⑦负责落实本部门教学科研活动，设计项目咨询、研发、社会服务与企业技术人员培训等实践活动。

⑧组织学生到企业顶岗实习，协助系部抓好招生与就业指导工作。

⑨及时了解和掌握工学工作部工学动态，经常深入项目工作室听课。

⑩按照学校工学管理规定，组织教师编写各种工学结合文件。

⑪ 负责本部门学期年度工作规划及工作计划的制订。

⑫ 完成系领导交办的其他工作。

（三）专业带头人的工作职责

①在工学工作部主任的领导下，负责本专业工学结合及科研工作的组织与实施。

②负责制订和修订本专业工学结合人才培养方案及相关的专业教学文件。

③负责本专业所开课程工学结合大纲、实习实训大纲、考试大纲的制订、修订等组织工作。

④负责制订本专业建设与发展规划和工作计划，组织本专业教师开展教研教改、学术科研等活动。

⑤协助工学工作部主任做好工学结合检查、听课评课、工学结合测评、考试考务等方面的工作。

⑥根据专业特点，研究理实一体化教学、实验课、实训课、实践课的最佳教学方法，研究工学结合中理论与实际相联系、理论教学与实践教学相结合等内容。

⑦关心教师成长，鼓励教师积极钻研业务、参与教学科研、撰写教学科研论文、参加学历进修、进行专业实践并获取相应证书。

⑧完成系领导、工学工作部主任交办的其他工作。

四、学校、系部、工学工作部三级管理系统的运行

在三级细化的工学结合工作管理模式中，建立了“多层环状”工学结合的工作管理系统，从系统的“结构—功能”理论模型出发，完善工学结合工作的决策、执行、监控和信息反馈系统，构建了多层环状、环环相扣、结构紧密、功能优化的工学管理工作“回路”；同时通过发挥系统的集成作用，强化教育教学管理的设计、检查、监控、评估、反馈功能，强化系部一级在工学管理层面中的主体地位和实体特性，强化工学管理对工学结合工作质量的监控、保障和对学生学习的引导功能，强化工学结合评价在工学管理中的激励、导向作用。按照工学管理的功能要求，根据控制论的观点，这一工学结合工作管理系统应包括工学结合工作决策、执行、监控、信息反馈四个子系统。

（一）工学结合工作决策子系统

工学结合工作决策子系统的职能包括制订工学结合发展规划、计划；对工学结合工作发挥宏观指导、决策论证、咨询等作用。该系统的职能机构为教学工作委员会、教务处及教学系。

（二）工学结合工作执行子系统

工学结合工作执行子系统包括教务处、系教学办、工学工作部。教务处是管理职能部门，代表学校执行学校层面的教学管理；系教学办履行二级教学管理层面的职能；工学工作部是教学管理的基层组织，具体从事教学和教学改革的管理工作。

（三）工学结合工作监控子系统

工学结合工作监控子系统由管理人员（管理者、教师、教学信息员、学生等）、管理制度、管理措施（教学检查、教学评估等）等方面组成，对教学过程、教学状态、教学资源、教学质量实行动态性的监控，实现

由“末端检验或随机性检查”向“教学全过程监控与检查”转变。

（四）工学结合工作信息反馈子系统

工作结合工作信息反馈子系统由以教学信息中心、学生工作信息中心等为主体构成的校内信息反馈网，以毕业生跟踪调查为主的社会人才需求信息反馈网，以国家教育管理组织和社会评价机构进行的高等院校评价为主的教育质量评价信息反馈网等组成。该系统的主要功能是及时进行信息反馈，为管理者提供决策参考，系统运行图如图 4-1 所示。

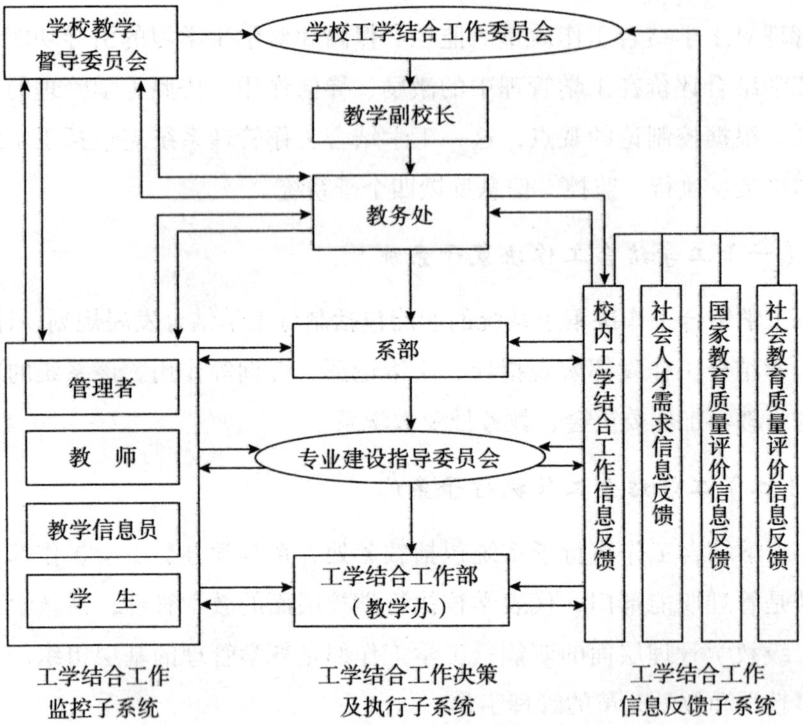

图 4-1　三级细化的工学结合工作管理系统运行图

第二节　工学结合人才培养教学模式

一、理实一体化情境教学

（一）教学情境设计

教师是学习情境设计的主体。学习情境的设计内容由设计教学任务、确定教学目标、选定教学方法、构建学习环境、安排课时与教师及考核设计六个方面组成，如图 4-2 所示。

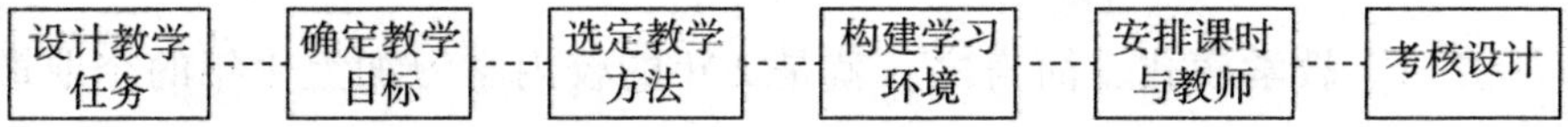

图 4–2　学习情境的设计内容

（二）教学内容组织

在理实一体化情境教学中，教师围绕一定的工学单元展开教学工作，按照工作过程来序化知识，针对职业工作过程的每一个环节来传授相关的课程内容，以帮助学生实现实践技能与理论知识的整合。教师应该对实际工作的情境非常熟悉才能完成相应工作，因此教师课前要做企业情境分析。教师选择的工学单元可以是项目、案例、产品、方案等。

二、“2+1”教学模式

在工学结合人才培养中，可采用“2+ 1”教学模式，将工学结合融入整个人才培养过程中，如表 4-1 所示。

表 4-1 “2+1”教学模式

学段	时间段	学习内容	实训方式
第一学年	9 月～次年 2 月	文化课及专业基础知识	校内实训
	次年 3 月～ 7 月	文化课及专业基础知识	校内实训 + 校外实训
第二学年	9 月～次年 2 月	专业基础知识和基本技能	校内实训
	次年 3 月～ 7 月	岗位需求知识	校内实训 + 校外实训
第三学年	9 月～ 12 月	岗位基本技能	校内实训 + 校外实训
	12 月～次年 1 月	企业顶岗实训	校内实训 + 校外实训
	次年 2 月～ 6 月	企业顶岗实习、毕业实训	校外实训

“2+1”教学模式，简言之，就是 2 年的校内学习加上 1 年的企业锻炼。一般来说，学生前三学期进行文化课、专业基础知识和基本技能的工学结合学习，从第四学期开始，学生开始接受岗位培养，参加与企业岗位需求相对应的专业生产实训性课程学习。在有的院校，第五学期前 12 周进行技能学习，然后用 4 周进行校外实训或在校内创业基地完成岗位实习，或延续到企业进行顶岗实习，由企业员工实施“师徒制”学习，使学生适应企业岗位，在企业环境下开展职业综合素质养成训练。学生在第六学期进行企业顶岗实习，并完成毕业实习报告。高职院校可根据不同专业，采用适合的教学培养模式，来完成“2+1”教学模式中的近 1 年的企业生产实践锻炼和学习。

第三节　校企合作课程开发模式

一、校企合作课程开发的必要性

校企合作作为高职人才培养体系的重要组成部分，在人才培养质量控制方面一直起着重要的保障作用。课程体系是校企合作项目运行的基础，是理论教学与实践训练有效结合的基本载体。课程体系的完善与否，不仅直接影响校企合作项目的运行质量，而且会对所培养人才是否能满足企业的需求产生重要影响。校企合作平台的传统课程体系过于重视社会需求而非职业需求，过于重视学生技能培养而忽视人文素质培养，过于重视理论创新而缺乏实践特色，一直是很多高职院校面临的现实问题。要切实从根本上解决这些问题，改变高职教育人才培养体系滞后的现状，就必须借助现代职业院校建设快速推进的有利契机，充分提升多元主体协同效能，加大课程开发投入力度，全方位完善课程体系，确保课程体系内容与教学实践活动目标相契合，为推动校企合作有效开展奠定坚实基础。

二、校企合作课程开发的价值体现

校企合作课程开发是现代职业院校建设的重要内容，做好这方面工作，可以体现多元价值。

首先，校企合作课程开发是综合性人才培养活动开展的基础，完善的课程体系能够满足不同阶段教学活动开展的需求。通过灵活开发教材，由校企联合对教材内容进行审定，能够确保高职人才素质培养更加契合目标要求。

其次，课程开发活动是校企合作的重要内容。在校企合作课程开发建设中，能够优化校企双方的合作模式，推动双方深层次互动，优化课程体系，切实将校企合作优势体现出来。

最后，在现代教育理念下，学生在教学过程中的主体地位更加凸显，以校企合作方式对课程开发模式进行优化，能够更好地满足学生综合素质培养的现实要求，全面提升学生学习的积极性，为培养适应时代发展要求的技能型人才奠定坚实基础。

三、校企合作课程开发的基本原则

校企合作课程开发虽然在高职教育体系中已经得以实施，但是整体运行体系依然不够完善，在开发建设过程中存在一些问题。在现代高职院校的运行体系中，要有效规避现有模式存在的不足，推动课程开发水平不断提升，必须坚持以下基本原则。

首先，坚持新型人才培养目标导向原则。在课程设置、教材编写、教学模式重构等各个方面，都应当以解决当前高职人才培养的现实问题、提升人才培养水平为基本导向，确保课程开发在整体上保持正确方向。

其次，坚持多元主体、多元开发原则。现代职业院校运行体系下的课程开发与传统课程开发模式在本质上的差异，就是要切实体现企业、行业协会、政府等主体在开发过程中的作用，从课程目标设定、课程标准建设、课程资源供给到课程评价的各个环节，都要有对应层面的参与，从根本上实现课程开发体系的创新。

最后，坚持科学性、系统性原则。校企合作课程开发不仅是关乎高职学生学习成长的重要因素，而且是推动我国高职人才培养体系改革不断发展的重要驱动力量。在校企合作课程开发建设中，应当遵从高职教育的一般规律、高职学生成长的一般规律、社会主义建设人才培养的目标要求，确保教学内容及组织方式符合科学规律要求，从而为人才培养奠定坚实基础。

四、校企合作课程开发的实践路径

（一）明确现代高职院校的办学导向

现代高职院校是培养适应和引领现代产业发展的高素质应用型、复合型、创新型人才的必要途径，是高等教育支撑经济高质量发展的必然要求，是推动高校分类发展、特色发展的重要举措。在现代高职院校的建设过程中，要以新工科建设为基础，推进协调新工科与新农科、新医科、新文科的融合发展，建设原则包括育人为本、产业为要、产教融合、创新发展四个基本方面。因此，现代高职院校的办学导向，应当以现代产业为基本载体，多元探索校企合作模式，培养更多适应社会发展需求的综合型高职人才。在课程开发环节，应当注重行业、企业的深度参与，尤其是在教材编写和课程建设方面的深层次融入；同时，充分关注行业发展动态，实现教学内容的迭代更新。在此基础上，实现课程内容与行业标准、生产流程和项目开发的科学对接，坚持以学生动手实践能力培养为导向，最终达到提升学生产业认知水平、解决复杂问题能力的根本目的。

（二）提升企业层面参与的积极性

鉴于当前企业在现代高职院校建设方面参与的积极性不足以及课程开发体系不够完善的现状，在校企合作课程开发过程中，可以从以下方面着手提升企业参与的积极性。一是强化政策引导，提升宣传力度，使企业能够深入认识我国现代产业发展对企业可持续运营产生的影响，进一步提升企业对人才培养的重视程度，认识到高职创新人才培养的意义，明确参与校企合作课程开发的意义。二是搭建新型信息交互平台，为高职院校和企业之间的沟通奠定良好基础，确保各个主体之间能够保持信息畅通，充分满足企业在参与课程开发环节的情感交换需求，使双方能够逐步形成义务感、信任感，推动整体合作不断深化。三是注重合作过程中企业层面的效益实现，既包括企业层面预期的、合理的经济效益，又包括课程建设所能够达到的社会效益。四是探索课程开发模式的规范化要求，在确保企业参与合作的风险控制在最低水平的前提下，引导企业以多元化形式参与到合作平台中来，实现高职院校知识转移与企业获取经济利益的有机统一。

（三）创新课程建设体系

在现代高职院校建设背景下，校企合作课程开发是以现代职业为基点的，因此在前期组织中，必须确保课程体系设计的先进性，确保专业建设具有一定的引领作用。高职院校应在明确整体建设目标的基础上，整合理论基础较为接近的专业，搭建专业群课程体系。对于所有学生都需要接受的人文素质教育、思想政治教育等课程，可以由学校层面统一组织，适当优化与专业相关的内容。对于专业群内的基础理论课程，则可以覆盖相关专业，提升学生基本素养的培养水平。专业课程设置应当具有一定的灵活性，在完善科目体系的情形下，可以给予学生一定的专业选择权，确保学生在已经完成高职教育基础知识学习并对个人专业发展方向有深入了解的前提下，在专业群内选择最为合适的专业。

（四）加大团队建设力度

教师团队建设是课程建设的主体力量，在校企合作模式下，团队建设不能仅依赖于高校教师单一层面，而是要充分整合企业管理层面、科研机构等力量，强化对现代产业发展的研究，紧跟技术发展前沿，确保课程开发保持应有的领先地位。教师团队建设应当从高校、企业、科研机构多方面入手，以专职和兼职灵活结合的模式，注重理论素养和实践能力指导，构建灵活的运行机制。在团队管理方面，应当以现代人力资源管理理念为指导，采用层次分析法和德尔菲法相结合的模式，完善绩效评价体系，针对不同工作岗位，设定全面的绩效评价指标，合理确定指标权重，采用过程性考核与阶段性考核模式，对团队运行能力进行评价。基于评价结果，能够更为直接地发现团队建设的薄弱环节，并通过合理的人才引进和培养，对团队建设进行优化。

（五）完善课程开发保障条件

课程开发保障条件的完善，首先要注重产学研平台的建设发展，以高校和企业为主体，依照产业真实的运行环境搭建实践教学平台。在平台运行体系中，要能够全面融入企业生产标准化要求，优化生产流程组织，使学生能够真正得到适合自己的实践机会。其次，要做好设备支撑方面的保障。现代产业技术的发展离不开新型设备的支撑，这也是当前多数高职院校校企合作平台建设的薄弱环节。针对这方面的问题，一方面要强化政府层面的政策引导作用，采用项目引领、税收优惠等方式，引导企业加大这方面的投入力度，另一方面则需要强化社会资金引进，充分发挥高职教育深层次改革的有利契机，实现现代校企合作模式的多元化发展。

课程开发的流程可以分为专业市场调研、工作领域及职业资格分析、典型工作岗位及核心职业资格证书分析、课程体系开发、人才培养方案设计、科目课程开发等阶段。校企合作课程开发流程如图 4-3 所示。

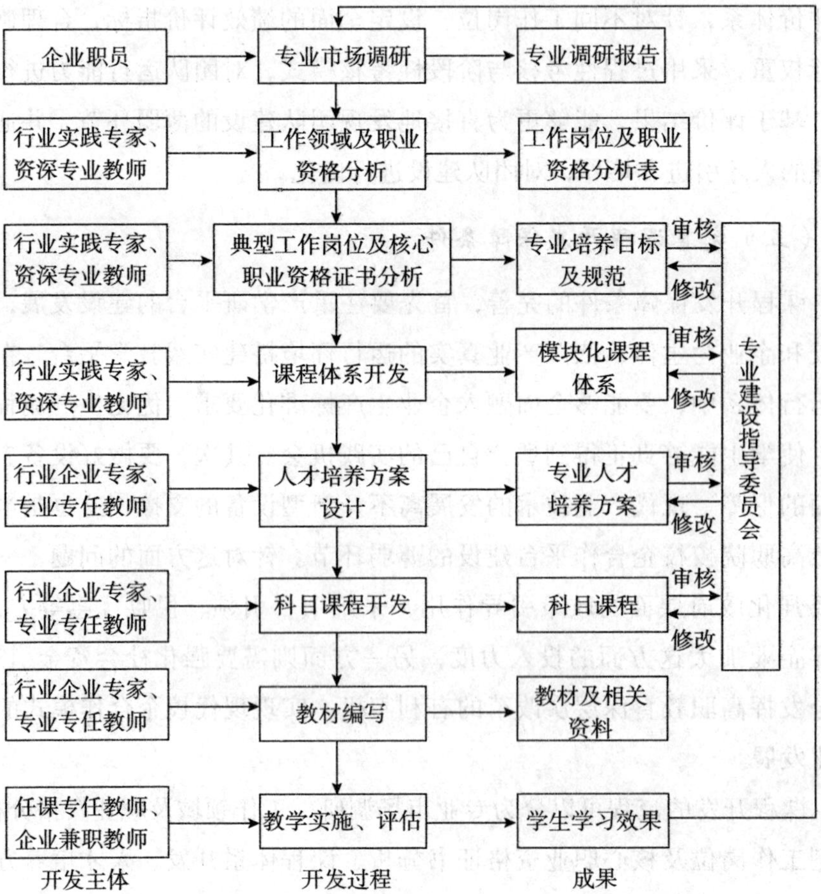

图 4-3　校企合作课程开发流程图

第五章　高职“双证融通”人才培养模式

第一节　双证融通的内涵与实施意义

一、双证融通的内涵

双证融通是通过学历证书与职业资格证书这两类证书内涵的衔接与对应，实现学历教育与职业资格培训的融通，实现“一教双证”。《中共中央关于建立社会主义市场经济体制若干问题的决定》指出：“要制定各种职业的资格标准和录用标准，实行学历文凭和职业资格两种证书制度。”

双证融通制度是在高职教育改革形势下应运而生的一种制度设计，是对传统高职教育的规范和调整。

首先，职业资格证书制度是落实就业准入制度、保证从业者素质的重要举措，是保证职业标准化和产品标准化的基础条件。《中华人民共和国劳动法》规定：“国家确定职业分类，对规定的职业制定职业技能标准，实行职业资格证书制度，由经备案的考核鉴定机构负责对劳动者实施职业技能考核鉴定。”《中华人民共和国职业教育法》规定：“实施职业教育应当根据实际需要，同国家制定的职业分类和职业等级标准相适应，实行学历证书、培训证书和职业资格证书制度。”就业问题是关系国计民生的重大问题，若缺乏法律保障就必然引起混乱，因此，应当从建设和谐社会的高度认识职业资格证书制度的重要性，保障职业资格鉴定工作的严肃性。

其次，实施职业资格证书制度是高职教育改革的内部制度保障。确保高职院校毕业生获得职业资格证书，达到相应的职业资格标准，就要改革传统的专业设置和课程设置，按照人力资源市场的需求确定培养目标和课程目标。实施职业资格证书制度，可以在一定程度上解决基础理论课比重过大、职业特色不鲜明的问题。

2014 年，上海市人力资源和社会保障局、上海市教育委员会联合出台的《关于本市开展“双证融通”试点工作的实施意见》提出，“双证融通”是指基于学历教育与职业资格培训共同的职业能力为本的教育培训要求，探索专业教学标准和职业技能标准的融通、教育课程评价方式和职业技能鉴定方式的融通，从而实现学历教育与职业资格培训的衔接贯通，实现职业资格证书和学历教育课程学分的转换互认。

由上可知，双证融通是一次全方位的教育教学改革，是建立现代职业教育体系的重要内容和构建国家资格框架体系的重要基础。双证融通从表面上看是学历证书与职业资格证书的对应，实质上是职业教育和职业培训的相关要求、标准、培养过程的融合在教育教学过程中的体现。双证融通改革重视“双证”，更注重“融通”；前者是形式和工具，后者则是内容和目标。

二、实施双证融通的意义

实施双证融通，可以将职业技能标准、培训过程、职业资格鉴定与专业教学标准、教学过程、教学考核环节融合，使学历证书和职业资格证书的获得过程统一。其意义体现在经济社会、教育改革、个人发展等诸多层面。

（一）经济社会意义

实施双证融通，可整合职业教育与职业培训资源，对接行业、企业主流技术和设备，培养出更多具有较强实战技能和较高职业素养的高技能人才，满足制造业转型升级和经济发展需要，缓解结构性就业矛盾，提升人力资源开发效率。

（二）教育改革意义

双证融通是一项全方位的教育教学改革，要求课程内容与职业标准对接、教学设备与行业设备对应、课程思政与素养培养结合、教学过程体现工作过程。因此，从教育改革角度看，实施双证融通就是利用证书衔接的政策引导，推动教育教学改革和政府、学校、行业、企业深度合作，提高人才培养质量。

（三）个人发展意义

实施双证融通改革，有利于学生的全面发展，有利于他们综合素质和职业能力的提高。[①]一方面，高教普及化阶段的高职学生以形象思维为主，对以行动导向方式为主的双证融通课程教学更易接受；另一方面，通过评价方式多元化、综合素养过程评价、教考分离等举措，能够促使学生重视课程学习，具备更扎实的知识和素养。

① 王会莉.高等职业院校实施双证融通的问题分析及对策[J].职业教育研究.2006(5)：16-17.

第二节　高职双证融通模式的专业课程设计

按照岗位职业能力和国家职业标准的共同要求，建设课程体系、一体化设计人才培养方案是高职双证融通人才培养改革的核心。在进行专业教学设计中，应根据双证融通改革总体要求，结合高职教育自身特点，坚持若干教学设计原则和设计理念。

一、高职双证融通模式的专业课程设计原则

（一）体现高职教育属性和人才培养目标

在高职教育领域开展双证融通改革，自然应体现高职类型上的“职业性”和层次上的“高教性”，前者是生存之本，后者是发展之路。因此，要牢记高职教育培养的是高素质技术技能型人才。在课程体系构建、课程设置和内容选取上，应注意对应高职教育的培养目标和高等教育内在要求，在体现双证融通改革共性要求的同时探索个性特色，也就是说，要注意与中职院校、成人高校中开展的同类双证融通改革保持既相联系又有差别的关系。

（二）遵循技术技能人才培养规律

双证融通人才培养模式改革要遵循技术技能人才培养的规律。技术技能人才成长的最大特点是在一定基础知识和文化之上，通过工作或生产实践逐步形成技术技能。具体来说，技术技能的获得同生产（工作）过程相关联，具有岗位实践性和养成性，表现在有具体的岗位指向性，在具体生产（工作）运行的过程中形成，并按照“实践—专业理论—实践”循环提升。此过程的内驱动是成长的动力源；就业导向是主要外驱

力；外驱动具有约束性和导向性。因此，应借助产教融合、校企合作，在真实的工作情境和工作任务中提升学生职业能力，以职业活动为依据，以职业能力为核心，按照工作过程系统化的要求安排课程顺序、选择课程内容，采用行动导向方式设计教学过程。同时，双证融通改革应既基于国家职业资格标准，又不拘泥于职业资格的要求。这是因为职业是动态发展的，而根据一时的职业要求转化为职业资格之后则是固化的，若完全以职业资格作为标准，职业教育课程将永远滞后于职业的发展。

（三）立足人的全面发展

2014 年召开的全国职业教育工作会议后发布的《国务院关于加快发展现代职业教育的决定》提出，职业教育要“服务经济社会发展和人的全面发展”。高职教育作为国民教育体系的重要组成部分，必须把立德树人、培养多样化人才放在优先考虑的位置。双证融通改革不仅要考虑打牢理论基础、提升技术技能、培养一技之长，使学生达到“双证书”教育要求，而且应通过思政课堂、职业素养训练、课程思政等途径，帮助学生牢固树立敬业守信、精益求精等职业精神，为学生的全面发展和可持续发展做好准备。同时，双证融通改革要充分认识到高职教育与普通高等教育面向对象的重要区别。高职教育面对的更多是以形象思维为主的学生，因此在课程体系设计中，应更加关注经验性（怎样做）和策略性（怎样做得更好）知识的编排和呈现，体现因材施教、全面育人的教育思想。

（四）贯穿职业素养的培养

职业素养是人们从事某种工作、专门业务或完成特定职责所具备的专业技能和职业操守的综合，一般包括职业道德、职业意识、职业行为习惯和职业技能等。职业素养包括显性素养和隐性素养两部分，其中职业隐性素养（又称职业基本素养）包括职业道德、职业意识、职业情感和职业态度等方面。职业隐性素养是每个学生进入职场所必备的基本素质。凭借职业隐性素养，学生可以在职场中获得职业知识和技能，实现知识和技能的迁移，实现可持续发展。与此同时，职业素养影响学生人格的完善和素质的全面提高。在双证融通课程体系中，要贯穿对学生职业素养的培养以及过程性的考核，探索学生职业素养的培养方式和评价方式，构建学生职业素养的培养体系。

二、高职双证融通模式的专业课程设计理念

（一）工作过程系统化

在双证融通改革中，在构建课程体系时，需要先进的课程设计理念和理论作为指导。目前国内职教界课程开发领域推广的有教育部职业技术教育中心研究所姜大源提出的“工作过程系统化”的课程开发范式。

这种方法的主体思想认为，工作过程是个体在企业中为完成一项工作任务并获得工作成果而进行的一个完整的工作程序，是一个综合的、时刻处于运动状态但结构相对固定的系统。课程开发要从实际工作和高职教育需要两个维度来设计。高职学生能力的培养遵循职业成长规律和认知学习规律，在从新手到专家、从简单到复杂的学习过程中，实现知识、技能和价值观的学习和融合。课程体系和课程标准的设计涵盖两个基本要素：课程内容的选择和课程内容的排序。课程内容的选择应以职业资格为基准，用前瞻性的眼光选择课程内容，以避免课程过度滞后于职业的发展。同时，课程内容的选择应注意两个方面：一是受众对象的智力特点，高职学生的形象思维特点更为突出；二是课程内容指向的基本范畴，课程内容应以过程性知识为主、陈述性知识为辅。课程内容的排序则要突破基于知识存储的学科体系的樊篱，采取基于知识应用的参照系。

工作过程系统化课程的开发路径与步骤如下：第一步是工作任务分析（典型工作筛选），即从专业相应工作岗位及岗位群的大量工作任务

中筛选出典型工作；第二步是行动领域归纳（典型工作整合），即根据能力复杂程度整合典型工作任务，形成行动领域；第三步是学习领域转换（课程体系构建），即根据职业成长及认知规律递进重构行动领域，转换为课程；第四步是学习情境设计（学习单元设计），即根据职业特征及完整思维细化学习领域为主题学习情境。

（二）职业标准体系层次化

在高职双证融通模式的专业课程设计中，除了运用教育界的先进课程开发理论，还有必要吸收职业培训专家的优秀思想，实现在课程设计理念上的融通。双证融通改革要求实现课程教学标准、教学过程、课程评价与职业技能标准、培训过程、技能鉴定的融通，强调课程内容与职业标准对接，因此，可在国家职业标准框架下进行有机结合。为此在课程开发中可引入原劳动部（1998 年，在原劳动部基础上组建劳动和社会保障部。2008 年，组建人力资源和社会保障部，将人事部、劳动和社会保障部的职责整合划入该部，不再保留人事部、劳动和社会保障部）“国家技能振兴战略”研究课题组陈宇等提出的“职业标准体系层次化”设想。

该设想认为，每一具体职业、工种和岗位需要一定数量的职业特定技能，它们总量最大、适用范围也最狭窄。每一行业又存在一定数量的共同适用的技能，即行业通用技能，数量上比职业特定技能少得多，但适用范围涵盖整个行业。在更大范围内，存在一些从事任何职业或行业都需要的、具有普遍适用性的技能，以及个体核心技能。

人力资源和社会保障部职业技能鉴定中心在此基础上提出跨行业的职业技能，指代不同行业共同需要的职业技能。这样，国家职业标准体系就由职业特定技能标准、行业通用技能标准、跨行业职业技能标准和核心技能标准构成。与此对应，职业能力也可分为特定能力、行业通用能力、跨行业职业能力和核心能力。基于此层次，高职院校可以以职业标准为导向，着眼学生职业生涯，构建分层次、一体化的职业能力框架，并据此设计课程体系框架。

三、高职双证融通模式的专业课程设计要点

（一）以深化高职教育课程改革为基础

双证融通改革的基础和落脚点，是基于工作过程的课程开发方法和以任务引领、情境教学等行动导向型教学模式为主要特征的双证融通课程改革。双证融通模式的课程设计，要以融通证书对应职业标准的工作内容、技能要求、相关知识和岗位（群）要求的职业能力为课程设置和内容选择的基本依据，按照工作过程系统化的课程开发要求完善专业课程设置，选取课程内容，确定合理的课程排序方式。高职院校应明确课程与职业资格证书内容的对应关系，将职业资格证书体现的知识、技能与职业素养等内容完全融合到各专业的日常教学过程中。

（二）以学历教育要求与职业资格培训要求的衔接贯通为框架

高职教育作为高等教育的组成部分，其教育目标和要求必须兼顾多方面的需求。高职教育培养的人才不仅要适应就业岗位（群）的当前工作任务，而且要适应其发展的工作要求和岗位（群）未来的工作任务，同时还要适应人的全面发展的需要。而职业资格培训更强调岗位的适应性和培训内容的针对性。因此，双证融通模式的课程设计，必须对课程体系和内容进行改革重组，将专业教学要求与职业技能标准有机融合，实现职业资格培训与学历教育的衔接贯通，在完成高职教育人才培养目标的同时，让学生达到相应职业技能的水平。

（三）以高水平的师资和实训条件保障为前提

双证融通教学方案的编制不仅要强化课程体系设计，而且要突出对教学实施条件的规范，以确保高职院校的教学质量能够达到职业资格培

训的质量要求。高职院校要从有效提高学生操作技能和综合素养的角度，切实安排“双师型”教师担任双证融通课程的理论和实践教学。同时，高职院校要加强实践教学条件建设，在实训中心建设、职业教育基础能力建设等方面予以重点支持，为实施双证融通提供设备保障；在体现行业先进性和主流性的同时，注意保持双证融通课程操作技能考核设施与社会化鉴定条件的一致性。

（四）以双证融通课程的教学实施与考核评价为关键

双证融通改革实现的关键环节是保障双证融通课程的教学质量，即确保考核评价结果与社会化职业技能鉴定结果等值。因此，双证融通改革在实施过程中应抓好对融通课程教学实施方案与考核方案两个关键环节的编制。高职院校可通过制订双证融通课程教学实施环节的细化规定和质量监控办法，确保职业资格证书体现的内容得到有效实施，并通过科学、严谨、合理的考核鉴定方案确保评价过程的规范性和评价结果的一致性。

四、高职双证融通模式的专业课程建设

（一）专业教学课程的设计思路

双证融通课程的设计思路如下：根据人才培养目标的要求，以提升学生的综合职业能力为目标，依据工作过程系统化的设计方法，从目标职业岗位群提取和筛选典型工作任务，结合国家、行业职业标准中的职业功能，归纳整合成行动领域，将实际工作任务按照技能培养规律和学生认知规律进行教学化处理，重构成学习领域（课程），重点做好双证融通课程的转换。在按分层化国家职业标准理念设计的课程体系框架下，将不同的课程根据职业能力类型和复杂程度合理排序，构成高职双证融通专业课程体系。做好双证融通课程的前后衔接和学生综合素养的培养。

（二）专业教学课程的体系构建

在构建高职双证融通课程体系过程中，描述任职资格的职业资格标准必然占据重要位置。职业资格既是专业课程内容选择的主要依据之一，又是构建课程体系框架的理论依据，也就是说，在课程设计中，对应分层化的国家职业标准体系，用分层化的职业能力目标体系引导知识体系，围绕“职业性”和“高等性”的融合，以多元整合的课程模式构建专业课程体系，拓宽技术技能人才培养的视野，尽力做到全方位地人才培养方案的设计。

可以将整个课程体系分为公共课与专业课两大类。其中，专业课可以分为职业平台课、职业方向课、职业拓展课。各类课程可分设必修与选修。从而在以双证融通课程为核心的课程体系框架中，将全部课程分为公共文化课和通识教育课、职业平台课、职业方向课和职业拓展课四类，来确定各类课程的功能定位。

专业课中的职业平台课是为构建行业通用能力而设的课程。职业方向课则对应于岗位职业特定能力，目的是使学生通过学习能够适应岗位典型工作任务的要求。职业拓展课分为横向拓展和纵向拓展两类：横向拓展对应营销、客服、质量管理等便于在行业间迁移的跨行业职业能力，纵向拓展是为了促进学生职业能力深化、综合应用能力增强而开设的课程。公共课包括公共文化课和通识教育课，除承担显性的基础理论和政治思想教育的功能外，还可以通过教学内容、方法和手段的转变，围绕数学应用、交流表达、革新创新、与人合作、解决问题、自我提高、外语应用、信息处理等职业核心能力培养要素，达到促进隐性职业素养提升的效果，促进学生综合职业能力的培养。当然，单凭公共课尚不足以满足职业核心能力培养的要求，还需结合以专业课为核心的，结合社团活动、校园环境建设、技能大赛等构成的立体化职业素养培养体系来共同完成。

（三）专业教学课程的具体设计

用构建好的体系框架设计双证融通人才培养模式下的课程体系的总体要求如下：一要准确把握高职学生的身心特征及学习特点，科学合理地安排课程。二要遵循技术技能人才成长与培养的规律，大胆改革创新，重点突破仅从学科体系角度衔接的传统。职业能力培养应按照由低级到中级再到高级的规律，技术技能培养应按照从简单到复杂、从单一到综合的规律，这样循序渐进地设置课程、编排内容。

课程设计具体原则如下所述。

1. 打牢理论基础，体现高教属性

公共文化课既是职业核心能力培养的重要环节，又是高职教育高教属性的体现。随着现代职教体系的完善和高职教育功能的多元化，必然会有更多学生进入本科院校深造，公共文化课的作用将显得愈发重要。同时，公共文化课又是促进数字、语言和信息技术运用等核心能力提升的重要载体。因此，为避免高职教育中职化、职业教育培训化，需要开设适合学生认知规律及学业基础、内容逐步深化的文化理论课程，并在课程建设中坚持做到：关注学生身心健康、常抓政治思想教育、夯实数学和信息技术基础、强化语言应用能力、知识学习与能力培养并重等。

2. 重视通识教育，提高全面素质

通识教育课的设置主要围绕艺术欣赏与审美、科学精神与体验、生态环境与人文关怀等方面展开，目的是使学生具备独立的思考能力、正确的审美观念、初步的艺术修养，以及对环境和生活的关注意识等。通识课程的设置，有利于促进学生全面素质的培养，体现高等教育以人为本、关注人的全面发展的功能。通过此类课程的熏陶，对于工程类专业的学生更有变技术为艺术、提升就业“附加值”和技能“保鲜期”的作用。高职院校在设置通识课程时可考虑与校园文化和办学特色有机结合。

3. 突出专业课程，强化能力培养

职业平台课与职业方向课等专业课程在课程体系中占有核心地位，是岗位职业能力培养的关键环节。

职业平台课要求覆盖从事某行业普遍需要的知识和技能，可通过下列方法确定具体课程：参照教育部发布的《高等职业学校专业教学标准》设定基本必修课程；依据“双证融通”课程衔接需要设立必要课程；结合岗位（群）职业能力的要求确定特色课程。

职业方向课与岗位工作任务和要求密切相关，与相关职业的职业标准直接对应。在“双证融通”改革下的课程体系中，职业方向课的核心无疑是“双证融通”课程。根据2015年《上海市高等职业教育“双证融通”人才培养改革试点实施办法》中的规定，“双证融通”课程的开发应依据相关职业（工种）的国家职业标准并结合岗位群职业能力的要求进行。这些课程的内容既要覆盖高级技能证书的核心内容，又要包括初、中级技能证书的基本内容。课程设计中可以把国际权威职业资格证书的内容、世界技能大赛的理念融入双证融通课程或相关课程，实现技能的梯度递进。同时，根据专业面向的目标岗位设置校本课程、特色课程等。

4. 关注拓展课程，发展学生专长

设置纵向拓展课程的目的是深化专业学习，突出专业方向，凸显综合化、实战性的特色；设置横向拓展课程则是为了拓宽学习领域，促进就业创业。在根据职业能力或就业岗位需要设置课程时，可以用专业选修课系列（即我国台湾地区院校的“学程”）的形式，采用完全学分制的院校可借鉴我国台湾地区院校，用课程地图的形式可视化地表现出各门课程之间的内在联系，使学生根据职业规划和自身需要自主选择。学工部门和专业教研室要做好职业倾向测评和选修课程的辅导工作，引导学生选择与目标岗位类别对应的拓展岗位。

第三节 高职双证融通模式下人才培养方案的编制

在完成高职双证融通专业课程体系构建后，需要围绕专业人才培养目标，以双证融通课程为核心，根据国家职业标准的工作内容、技能要求和相关知识确定课程核心内容，明确师资队伍和实践教学要求，编制完成专业人才培养方案。

一、双证融通模式下人才培养方案的基本内容

双证融通模式下人才培养方案的主要内容包括：专业名称与专业代码、招生对象、学制与学历、培养目标与人才规格、就业岗位与对应的职业资格证书、课程体系（包括设计思路、课程结构、双证融通课程）、教学进程表、保障条件（师资配备、校内外实训基地等）、专业课程介绍和院校自行规定的内容等。课程实施建议、考核评价方式等内容，可在每门双证融通课程的标准和考核方案中阐述。

双证融通模式下人才培养方案要突出证书与课程融通的结合环节，要求写明融通的职业资格证书、双证融通课程和课程配备的师资、实践条件等。特别是在双证融通课程部分，要求通过列表的方式阐明这些课程的名称、对接的主要工作任务、教学载体和完成任务过程所需要的主要技能等。该表格是专业人才培养方案的重要内容和双证融通课程教学方案的制订依据。其中的课程名称（学习领域）一般与国家职业标准的职业功能基本对应，对接的主要工作任务要求为筛选后的典型工作任务，教学载体（设备、服务、语言应用等）体现主流技术，技能要求为完成这些任务需要的必备技能。

二、双证融通模式下人才培养方案的编制要点

（一）就业岗位与职业资格证书确定

明确专业面向的岗位群，是专业人才培养方案编制的前提。确定就业岗位时主要考虑以下几个方面。

第一，高职教育的性质与层次。选择符合人才培养目标并与专科层次高职教育相适应的岗位。第二，经济社会发展需要。根据地区产业规划、企业分布、同类专业开设情况，确定符合企业需求和适合学生就业意愿的岗位。第三，学生的职业生涯发展。确定的岗位要具有一定的前瞻性，应包括学生就业若干年内可能达到的发展岗位和延伸岗位。

在合理就业岗位选择的基础上，确定符合人才培养目标、社会认可度较高、证书体系较完整、与专业教学条件相适应的国家职业资格证书，以实施双证融通。同时，注意在融通高级职业技能的同时，兼顾初、中级技能的培养，以体现技能提升的规律性。

（二）专业人才定位与人才培养目标确定

双证融通模式下的专业人才定位，除要与现代职业教育的人才培养目标一致、与目标岗位群对人才的要求吻合、顺应世界职业教育改革的潮流外，还特别强调与对应职业资格等级的定位相对应。

例如，国家职业资格等级对高级技能的一般定位如下：能熟练运用基本技能和专门技能完成较复杂的工作，包括完成部分非常规性的工作；能够独立处理工作中出现的问题；能指导他人进行工作或协助培训一般操作人员。从中可以看出，为了使高职双证融通模式下培养的毕业生同时达到高级技能要求，需要其具备扎实的基本功和熟练的专业技能，能根据所学知识和方法分析较复杂的工作任务，具备对遇到的问题进行分析和解决的能力，具备一定的技术指导能力和沟通协调能力。由上可知，

这涵盖了对知识、技能和职业基本素养的多重要求。

专业人才定位需落实到专业人才培养目标中，通常从职业服务方向和社会职业角色两方面来考虑，采用“以符合人才培养定位为基本要求，以满足社会需要为现实依据，以针对职业岗位为基本特点”的确定原则。例如，在确定职业岗位时，需要选取适应经济发展需要、符合产业发展布局、适应专业人才定位、有利于学生生涯发展、教学资源有保障的岗位群；并通过调研和职业能力分析，根据与专业人才定位的适应度，确定就业岗位、延伸岗位和发展岗位。

（三）双证融通课程确定

双证融通课程是指课程内容覆盖融通的国家职业资格证书高级核心内容和初、中级基本内容，体现高职教育特点，能有效实现专业教学与国家职业标准融合的课程。一般为专业核心课程，课程门数为 4 至 5 门，采用任务引领、情境教学等行动导向型教学模式实施。双证融通课程的确定，是双证融通改革的关键环节，通常以依据国家职业标准的职业功能划分而得的证书为基础，结合专业建设特色，吸收职业岗位中的新技术、新工艺，并参考国际职业资格证书、技能竞赛的项目和内容来确定。需要注意的是，不能在课程体系外另外设置双证融通课程，也不能在现有课程体系中简单选择几门课程作为双证融通课程。

双证融通改革的落脚点是以任务引领、情境教学等行动导向型教学模式为主要特征的双证融通课程改革。因此，高职院校要以融通证书对应职业标准的工作内容、技能要求、相关知识和岗位（群）要求的职业能力为内容选择基本依据，将职业资格证书体现的知识、技能与职业素养等内容融入专业日常教学过程中。

（四）职业素养培养目标确定

高职教育作为高等教育的一部分，注重人的全面发展的需求，培养的人才不仅要适应岗位的当前需要，而且要适应发展的要求和承担未来的任务，这些必须靠较强的职业素养来支撑。职业素养是职业能力的外在表现，包含职业技能、职业道德、职业意识、职业行为习惯等方面。排除职业技能后的职业基本素养决定学生的职业生涯发展。

职业基本素养是在从事职业中体现出来的，反映职业精神、社会能力、方法能力、行为习惯等较稳定的人格特征。职业基本素养的培养要采用全过程、立体化的培养体系开展。在人才培养方案中，全过程、立体化的培养体系可以在以下几个层面上体现出来。首先，关于人才培养规格的描述，要用具有专业特色的要求和语言提出毕业生应具有的职业基本素养，避免泛化、空洞化。其次，要通过合理的课程保障职业素养培养目标的实现。例如，上海科学技术职业学院机电一体化技术专业设置了“职业素养与就业教育”通识教育课程、嵌入了专业教学的“职业素养综合训练”课程、“大学生创业基础”慕课课程、“创意专题制作”实作课程，同时为每门双证融通课程设置了“职业素养培养要点”，融入课程教学和考核之中。

第六章　高职跨境电子商务人才培养路径

第一节　新发展阶段对跨境电子商务人才的需求

一、跨境电子商务人才需求结构

2015 年以来，我国出台了若干促进跨境电子商务健康发展的文件。国家政策的支持，加上海内外市场的广阔，使我国跨境电子商务获得良好的发展机遇。然而，庞大的电子商务交易量和人才紧缺之间的矛盾，已经在很大程度上制约了跨境电子商务的进一步发展。根据 2015 年阿里研究院联合对外经济贸易大学国际商务研究中心发布的《中国跨境电商人才研究报告》，85.9% 的企业认为跨境电子商务人才缺口严重存在，并且小微企业对电子商务专业人才需求相对较多。复合型跨境电子商务人才的培养是跨境电子商务行业发展的迫切需求。对于高职院校而言，培养适应企业发展需求的复合型跨境电子商务人才迫在眉睫。

根据调研可知，目前跨境电子商务企业的人员涉及的岗位主要为管理类、商务类和技术类岗位。其中，管理类岗位包括营销策划总监 / 经理、运营经理 / 主管、物流经理 / 主管等；商务类岗位包括国际市场推广专员、营销专员、客服专员、海外仓专员等；技术类岗位包括网站开发专员、UI 设计师、网络编辑等。

从外贸出口企业的人员岗位结构情况看，商务类岗位人员数量明显高于管理类岗位、技术类岗位；在商务类岗位中，市场推广专员、客服专 员、营销专员的需求位列前三位，其后分别是运营专员、仓库管理员、海外仓专员等；在管理类岗位中，运营主管、营销策划总监、客服主管、物流主管排在前几位；在技术类岗位中，网站开发专员需求量最大，其次是网络编辑、UI 设计师。

外贸进出口企业的人员岗位结构与上述情况基本一致，整体呈现出商务类岗位规模占比高于管理类岗位、技术类岗位的情况，同时在商务类岗位中，运营专员、营销专员岗位占比高于其他岗位。

上述特征恰好也符合国内跨境电子商务的发展情况——对营销、推广、运营人才的依赖度比较高，同时，尽管商务是主角，但跨境电子商务发展与网站开发专员、网络编辑等岗位同样分不开。

从岗位细化程度来看，跨境电子商务岗位越来越细化，以自建平台和依托第三方平台的企业为例来分析，其业务类岗位除包括外贸业务岗位、跨境零售业务岗位外，还包括供应链管理类岗位、运营类岗位、技术维护类岗位等。其中，供应链管理类岗位包括采购、仓储、物流、质量管理等方面的岗位，运营类岗位包括战略营销规划、市场推广、店铺运营等方面的岗位，技术维护类岗位包括网站技术、视觉美化等方面的岗位。

从目前跨境电子商务人才的学历层次分布来看，跨境电子商务企业普遍对从业人员的实践操作能力、语言水平等方面的要求较高，在整体人才需求中以本科和高职人员为主。

跨境电子商务是在全球化贸易背景下，由电子商务应用广度和深度的拓展而来的。基于此，电子商务专业以跨境电子商务专业方向的方式率先开展了人才培养的探索。随着跨境电子商务的深入发展，该领域还涉及交易、支付、物流、通关、退税、结汇等诸多方面的人才培养创新，原有由电子商务专业衍生的跨境电子商务专业方向已不能完全适应新环境下跨境电子商务的内涵与发展，因此，对跨境电子商务人才培养的思考，不能只局限在电子商务平台的交易环节，而要从整个跨境贸易的链条来思考跨境电子商务人才结构。综合分析产业业态、岗位群和典型职业活动来看，原有电子商务专业的跨境电子商务专业方向已具备独立设置成跨境贸易电子商务的条件和基础。同时，跨境电子商务的发展急需国际贸易类专业新增跨境贸易商务谈判、跨境贸易市场采购等专业或培养方向，急需报关类专业新增跨境贸易关务等专业或培养方向，急需物流类专业新增跨境贸易供应链管理、跨境贸易物流等专业或培养方向，这样才能逐步形成一个较为完善、能支撑产业发展的跨境电子商务人才培养体系。因此，跨境电子商务人才培养需要国际贸易、报关、物流、电子商务等专业共同行动。

二、跨境电子商务人才核心技能需求

跨境电子商务人才需要具备外语能力、网络销售能力、网络创业能力等能力，此外还应具备职业道德和法治意识。

（一）外语能力

顾名思义，跨境电子商务是不同国家之间的电子商务贸易，这就对从业人才的外语能力了有非常高的要求。从业人员只有具备熟练的外语表达能力，才能够将企业的产品向各个国家的合作方或者客户表达出来，同时从业人员需要了解跨境电子商务平台的运用要求、推广要求、产品优化要求等，从而将外语能力和专业技能结合到一起，提升产品的搜索量与销售量，运用扎实的外语基础获取更多跨境电子商务合作途径和销售渠道。

（二）网络销售能力

与传统的产品营销不同，跨境电子商务贸易产品多在网站平台营销，所以网络销售能力也是跨境电子商务人才的核心技能之一。从业人员需要在掌握传统外贸人才的商务谈判、进出口通关技能的同时，能够借助互联网技术和大数据技术了解市场需求，以此为依据完善选品和制作产品的工作，保证运营策略与产品市场需求相适应，有效提高产品类目的客单价、转化率、成交金额、丰富度等核心指标，同时，从业人员应能够对网站产品的销售进行跟踪分析，将结果转化为数据形式，加以总结归纳，促使销售手段和规则不断优化，提升网站用户活跃度和用户数量，通过多样化的网站运营活动提高产品销售业绩。

（三）网络创业能力

网络创业能力包括网站运营能力、在线售后服务能力、网站推广能力、物流与风控能力、网络信息技术开发和应用能力等。

此外，由于近年来跨境电子商务的犯罪行为频发，这也给跨境电子商务人才培养敲响了警钟。为了杜绝和减少跨境电子商务发展过程中不合法合规的现象，从业人员必须具备良好的职业素养和法治意识，这是人才核心技能之一。是否具备这种核心技能，不仅关乎于人才的核心竞争力和个人发展，而且会影响行业的发展和人民财产的安全。

三、跨境电子商务人才培养迫在眉睫

“互联网 +”时代的到来，影响并改变着传统行业的各个方面，信息化、网络化的发展使国际贸易愈加频繁。跨境电子商务的“互联网 + 外贸”的模式符合国家政策导向，具有广阔的发展前景。也正因如此，跨境电子商务近年来在我国发展迅速，像网易考拉海购、奥买家全球购等跨境电子商务平台纷纷涌现。

跨境电子商务在快速发展的同时，也逐渐开始凸显出各种各样的问题，如物流问题、支付安全问题、人才培养问题等，尤其是跨境电子商务人才缺口非常大，目前已经逐渐成为制约跨境电子商务稳步发展的一个重要原因。

（一）跨境电子商务企业偏好复合型人才

跨境电子商务领域内的企业更加偏好复合型人才。既需要人才懂理论知识、跨文化沟通知识、询盘复盘技巧、营销技巧等，又需要人才了解物流与支付、新媒体策略、数据分析等，总体来说，跨境电子商务对从业人员的要求很高。

在跨境电子商务蓬勃发展的背景下，跨境电子商务人才缺口已经成为影响企业发展的一大瓶颈。相关调查统计显示，超过 6 成的跨境电子商务企业都急需人才输送，供需之间已经出现了很大缺口。尤其是专注跨境领域创新生态圈的电子商务企业，人才需求更大。

据了解，尽管每年高校都会为跨境电子商务企业输送大量专业对口的应届毕业生，但是由于许多高校课程更注重理论教学，很多学生仅仅在实验室内简单完成几次电子商务操作练习而已，这使他们无法把理论和实践相结合，实际运用操作能力缺乏，难以满足企业的需求。

（二）人才问题已成为跨境电子商务企业的一大挑战

跨境电子商务正成为数字经济新时代全球经济增长的新引擎。近十年来，中国跨境电子商务一直保持 20% ～ 30% 左右的高速增长，并集成带动了产业转型升级和数字新基建等扩展性产业，发展潜力巨大。目前，中国在跨境电子商务市场规模、创新活跃度、数字化应用等衡量指标中居全球首位，具有很强的国际竞争力。外贸作为拉动经济增长的“三驾马车”之一，2021 年货物与服务净出口拉动 GDP 增长 1.7 个百分点，对 GDP 增长贡献率达到 20.9%。2020 年我国跨境电子商务进出口规模为 1.62 万亿元人民币，同比增长 25.7%；2021 年我国跨境电子商务进出口规模为1.92万亿元人民币，同比增长18.6%；2022年我国跨境电子商务进出口规模为2.11万亿元人民币，同比增长9.8%。跨境电子商务对保障人民生活水平、维护社会秩序、促进就业发挥了重要作用。

目前，各层次跨境电子商务人才缺乏，已成为制约跨境电子商务及相关产业发展的瓶颈。我国《“十四五”电子商务发展规划》主要指标显示，2020年电子商务相关从业人数为6015万，2025年预计将达到7000万，5年内电子商务人才缺口985万。据有关机构调查分析，截至2021年底，全国跨境电子商务人才缺口在600万左右。根据网经社电子商务研究中心发布的《2021年度中国电子商务人才状况调查报告》，团队人才问题已经连续多年成为电子商务企业面临的第一大挑战；中国服务贸易协会在调研中也发现，造成企业发展压力的最主要因素中，团队人才问题占65.35%，远高于市场竞争和供应链等因素，人员招聘压力连续多年排第一。同时，跨境电子商务人才培养与企业用人需要存在一定差距。有关单位研究表明，在电子商务人才培养需要着重解决的问题中，实践性教学环节占74.26%，学生职业素质教育占64.36%，更新教学体系与产业同步占31.68%，企业与高校合作协同育人占29.70%。可见，企业希望学生具有实践经验和职业素养。

第二节　高职跨境电子商务复合型人才培养

一、高职跨境电子商务专业建设现状

要想满足跨境电子商务的发展需求，离不开跨境电子商务人才力量的支持。现如今，国家大多数高职院校已经设置了专门的跨境电子商务专业课程，加大了对这一专业人才的培养力度。然而，在实际的专业教学中，往往只是将电子商务平台课程增设进国际贸易专业体系内，或者

将英语课程增设进电子商务专业体系内，导致课程体系缺少合理性，学生对专业理论知识的学习比较多，实践训练很少，专业解决问题的能力不足，接触的专业知识局限在教材内容中，学习视野不全面，因此专业人才培养质量无法适应社会发展需求。目前，在我国高职院校跨境电子商务专业建设方面，并没有一个公认、标准的模型。

大部分高职院校的跨境电子商务人才培养从以下四个层次加以开展。首先是网络硬件层教学，要求学生掌握计算机、路由器、交换机、服务器等计算机和网络设备的原理及功能，了解并熟悉局域网方面理论知识和基本技能，掌握一定的网络管理、维护、安装和设计能力。其次是电子商务实施的软件层教学，要求学生掌握电子商务系统、安全系统、数据库系统的选择，了解服务器端操作系统的基本情况和使用功能，包括维护、调试和安装等相关方面。再次是电子商务应用层教学。这一层次的内容主要包括 Photoshop、Dreamweaver 等图像处理和网页设计方面的技能，此外，要求学生精通 CGI、PHP、ASP、JSP 其中一种开发工具，具备独立开发后台的能力，要求学生精通 Access、SQL Server 数据库软件，具备独立完成数据库开发的能力。该层次还包括一些商业逻辑知识的教学。最后是电子商务运营层教学。这一层次的主要内容包括网站产品的销售、物流、贸易、市场、客户服务等相关方面，要求学生了解并掌握网络营销比较常用、有效的方法，通过实践教学具有一定的电子商务运行的各个环节的操作经验。

目前，社会对跨境电子商务人才的需求尤为迫切，与此同时，对人才质量和专业水平的要求也比较高。在此背景下，高职院校要正确分析跨境电子商务人才培养的不足之处，了解社会对人才核心技能的需求，有针对性地改革创新课程体系和教学模式，才能够切实解决人才供求的矛盾问题。

二、高职跨境电子商务复合型人才的培养路径

跨境电子商务需要的是复合型人才，需要懂理论、有社会实践经验的复合型人才。在人才培养路径方面，高职跨境电子商务人才培养需要国家层面、学校层面和个人层面的协同发力。

（一）国家层面

2018年11月5日，首届中国国际进口博览会在上海开幕。习近平主席出席开幕式并发表了题为《共建创新包容的开放型世界经济》的主旨演讲。讲话指出："中国将进一步降低关税，提升通关便利化水平，削减进口环节制度性成本，加快跨境电子商务等新业态新模式发展。"

2022年，商务部印发了《关于用好服务贸易创新发展引导基金 支持贸易新业态新模式发展的通知》，明确指出"支持构建适应跨境电商发展的配套服务体系"。

跨境电子商务产业链涉及国内和境外诸多环节，要面对不同国家和地区的文化、消费习惯、产业和监管政策等方面的差异，要应对更多的经济波动干扰、社会文化干扰、国内外市场供需变化、跨境物流干扰、国际贸易摩擦和法律法规漏洞等复杂不确定性。由于跨境电子商务既要做好全球供应链、全球市场，又要符合各国政策监管要求，以及为消费者提供专业、高效、有价值的服务与体验，因此对人才的要求，既要有国际化视野与能力，又要有专业深度，还要有跨界整合创新与领导力，即精通"技术+专业+管理"的高数字、高素质的"双高"人才。

同时，跨境电子商务是指不同关境的交易主体，通过电子商务平台完成货物与服务跨境交易交付，即通过电子商务平台、国际物流、国际金融、国际知识产权等相关贸易服务，实现不同关境买家和卖家之间货物与服务的交易与交付。跨境电子商务是由传统货物贸易转向以服务贸易为主、两贸融合发展的国际贸易新业态。跨境电子商务的核心是服务

业与服务贸易，只有完成跨境营销服务、跨境平台服务、国际物流服务、国际金融服务和国际合规服务等一系列服务贸易工作，货物贸易才能真正实现。

国家层面可以通过制定以企业需要为导向的职业新标准、探索产教融合共同育人新机制、开展以国内为主的国际国内双试点、发挥行业组织的优势与力量等措施，来推动跨境电子商务人才培养。

1. 制定以企业需要为导向的职业新标准

2022 年，中共中央办公厅、国务院办公厅印发《关于加强新时代高技能人才队伍建设的意见》，明确指出："健全职业标准体系和评价制度。健全符合我国国情的现代职业分类体系，完善新职业信息发布制度。完善由国家职业标准、行业企业评价规范、专项职业能力考核规范等构成的多层次、相互衔接的职业标准体系。探索开展技能人员职业标准国际互通、证书国际互认工作，各地可建立境外技能人员职业资格认可清单制度。健全以职业资格评价、职业技能等级认定和专项职业能力考核等为主要内容的技能人才评价机制。完善以职业能力为导向、以工作业绩为重点，注重工匠精神培育和职业道德养成的技能人才评价体系，推动职业技能评价与终身职业技能培训制度相适应，与使用、待遇相衔接。深化职业资格制度改革，完善职业资格目录，实行动态调整。围绕新业态、新技术和劳务品牌、地方特色产业、非物质文化遗产传承项目等，加大专项职业能力考核项目开发力度。"

设立跨境电子商务相关的新职业来推动职业教育，有利于培养并选拔优秀的从业人员。拥有国际视野与国际化能力，兼具数字技术知识和互联网思维，同时具有国际商务运营与管理能力的"双高"复合型人才，能够为跨境电子商务及相关产业可持续发展提供长期动力，不仅能够推动产业发展、带动相关投资，而且能够使中国的行业人才标准、中国教育教学体系在国际上得到推广。中国跨境电子商务国际竞争优势明显，设立跨境电子商务相关新职业有利于标准国际化、衔接国际认证，扭转中国长期在国际认证方面的被动地位。

目前，全国高校开设的跨境电子商务专业，其教学大纲、教学模式、知识要点、技能练习等缺乏一个行业标准的“参照”，而这一标准又必须是建立在企业选人、育人、考核真实场景中的、从实践中总结出来的，而不是来自纯学术研究。中国服务贸易协会在自2015年以来与国际组织共同培养跨境电子商务人才的实践中，提出了培养“双高”人才的倡议，并与人力资源方面的专家进一步完善系统，提出了十大通用能力、三个维度的岗位胜任力、领导力、数字化力和可持续发展五个能力指标，同时指出：包括跨境电子商务行业人才在内的“双高”人才培养，应该从过去符合工业时代的，注重广博知识面、专业深度的“T”型人才模式，全面转为数字服务经济新时代的，注重广博知识面、专业深度、跨界整合、技术融合、深厚人文素养的“工”型人才新模式。

2.探索产教融合共同育人新机制

产教融合是国家鼓励、企业与教育机构一直在探索的共同育人新模式。但在实际操作中，企业与教育机构的诉求和着力点并不一致，企业希望短平快、希望人才多专多能、追求少投入大产出，而教育机构重教学、重质量、希望按照人才培养规律来办学。可由第三方整合各方资源形成解决方案，如采取购买教育服务方式，或直接建设专业教学公共服务平台等。目前中国服务贸易协会在多年国际援助培训的基础上，总结出“政行学用”多方参与的模式，即以行业人才标准委员会制定的行业标准为参照，以教学质量委员会开发的教学内容、教学平台和认证的教学师资为依托，协调行业协会与跨境电子商务会员企业开放内部测试或真实平台技能实操，与地方政府共建校外教学与产业孵化基地，从而形成跨境电子商务人才培养闭环新模式。该模式免费向高校放开教学资源，重点解决高校“双师型”师资建设、教学内容与产业同步问题，以及学生实操仿真平台体验感差和学生实习实训就业等问题。

3. 开展以国内为主的国际国内双试点

当前，跨境电子商务人才培养受到全球的关注。目前美国有多所顶级院校开设电子商务课程，但多为数字商务、数字营销、分析类等细分领域；英国设置了电子商务、市场营销、国际谈判等专业开展教学，并且以商学校居多，人才聚焦点比较强，缺少系统化、专门从事跨境商务教育和培训的机构。跨境电子商务是中国国际竞争优势明显的领域，国内众多院校开设相关专业，国家通过一系列政策支持产业发展与人才培养。2022 年 3 月至 7 月，中国服务贸易协会与亚洲开发投资银行、中亚区域经济合作学校针对中亚国家大学生开设了历时 4 个月的跨境电子商务线上课程，累计有 3000 多名大学生参加学习。设立跨境电子商务相关新职业，有利于将理论形成完备、系统的跨境电子商务教育“中国方案”开放给其他国家，既能解决各国年轻人学习技能的问题，也能缓解我国跨境电子商务人才不足的窘境。

4. 发挥行业组织的优势与力量

行业组织能够对行业规律、逻辑、发展趋势进行提炼和总结，探索行业标准、行业模型，以此来指导和训练学员思维发展、分析与解决问题的能力，提高学员对行业的认知水平。跨境电子商务相关新职业的研究、新标准的制定，以及相关人才的培养，应充分发挥我国行业组织的作用。目前，美国从立法上明确了行业组织参与职业教育的权利、途径与方案，要求行业协会依靠自身影响力吸引利益相关者参与教育改革，并通过制定技能标准参与职业教育；加拿大鼓励行业协会提出校企合作意向规划，推进校企合作；德国要求充分发挥行业协会的主导作用，发挥其全体企业代表的权威性，作为连接企业和学校的纽带，协调企业和学校的关系，搭建产教融合的平台，打造高水平实训基地，实现信息共享，坚持问题导向，让企业充分参与职业教育。我国跨境电子商务也应在行业组织的支持下更快地发展。

（二）学校层面

跨境电子商务人才需要复合型知识，高职院校应当整合相关专业资源，建立跨境电子商务人才培养的课程体系，着重培养跨境电子商务复合型人才。

高职院校还应当做好师资方面的保障，支持教师深造和开展科学研究，同时做好硬件方面的建设工作。

此外，高职院校在校企合作过程中，应做好学生保障工作，可以联合企业建立协同工作机制，以保障校企合作的深入实施。

（三）个人层面

学生应从职业需求出发，做好个人规划，学好专业课程，把握实践机会，努力提升能力。同时，学生应关注行业最新资讯，了解行业企业动态，为进入工作岗位做好心理准备。

第三节　基于双元制的高职跨境电子商务人才培养

双元制是源于德国的一种职业培训模式。

在德国，一些年轻人并不把读大学作为学习目标。约六成的学生会在初中毕业时选择接受职业教育。每届初中生毕业时，都可以参加双选活动。在活动中，学生寻找合适的企业和岗位，企业寻找心仪的准员工。经过双选后，学生便进入职业学校和企业的联合培养中。他们每周有一两天在学校上课，其余时间到企业实习并领取报酬。2 年到 3 年半后，大多数合格毕业生正式进入实习企业工作。这种企业、学校联合开展职业教育的方式被称为“双元制”。

在双元制培养体系中，学校承担 30% 的培养任务，授课以理论知识课、公共课、道德情操课、体育课等为主。企业则承担70%的培养任务，主要培养学生的动手操作能力和基本技能。双元制教育将学生所学与企业所需紧密联系在一起，使学生和企业有了更多的交流，彼此认同感很深，同时，学生也能够接触生产第一线、学习实用技能，从而大大提高了其就业适应能力。

在我国，一些高职院校也与企业合作开展双元制人才培养。学生或者每隔一段时间去企业学习，或者最后一年在企业全职实习。

本节将以应用型本科为例，对基于双元制的高职跨境电子商务人才培养进行研究。

一、应用型本科定位与跨境电子商务相关岗位的要求

为适应社会需求，部分专科毕业生会选择继续深造。为满足广大学生需要，国家教育行政部门专门设置了应用型本科，为在读专科生提供学习机会。应用型本科教育属于较高层次的技术教育，是我国高职教育中的重要组成部分。它是相对于普通本科和高职专科而言的，它既不同于一般四年制的普通本科，也不同于专科层次的高职。

（一）应用型本科的定位

目前国际上专业人才类型分为学术型、工程应用型、创业型、技术应用型、技能型五种，分别由学术教育、工程教育、创新应用教育、技术教育、技能教育培养，层次各不同。实际上，有些教育类型之间的界限难以完全分开。目前我国大多数本科高校培养的是工程与技术融合的复合应用型人才，应用型高职本科实际上属于职业教育，是培养适应生产、建设、管理、服务第一线需要的高素质技术应用型本科人才。普通本科培养的是学科型、学术型、研究型人才，应用型本科则侧重于技术应用能力培养。应用型本科与高职专科的区别在于学科的基础知识、专业知识的宽窄，技术与技能的强弱。应用型本科开设的课程模块有专业学科基础、专业技术课程、专业技术实践课程、职业素质课程等。

（二）应用型本科电子商务专业人才培养设置

电子商务专业是一个集合了商贸知识和外语及计算机工具应用的多学科专业。电子商务是信息化时代的现代服务业，集信息流、物资流、资金流、人才流于一体。电子商务需求的人才类型一般包括互联网技术型人才、“互联网＋贸易”人才、战略型电子商务管理人才等。应用型本科电子商务专业人才培养的主要设置如下。

①人才培养目标：培养具备良好的思想道德和职业素质，能掌握现代商务知识与外语口语实务、计算机和网络应用技术，能从事网络营销、商务运营、网络管理和网站建设活动的应用型本科技术人才。

②人才类型：具有一定的本科基础理论知识、较高的职业素养的技术应用型人才。

③人才特质：具有一定本科基础理论知识，具有国际贸易营销、外语口语、计算机网络、金融等方面的复合知识；具有较强的技术应用能力和组织能力；善于解决实际问题；具有较高的职业素养。

（三）应用型本科跨境电子商务相关岗位的要求

应用型本科跨境电子商务相关岗位包括：网站建设与管理员、跨境电子商务平台运营专员、跨境电子商务平台运营助理、选品采购运营专员、库存分析专员、跨境电子商务推广专员、英语翻译、平面设计师/美工、物流专员、跨境电子商务摄影师、海外营销专员、质检员、（出口）认证工程师/认证专员、采购助理/采购跟单、运营主管/经理、仓库系统操作员等。应用型本科跨境电子商务相关岗位的职业能力与职责要求示例如表 6-1 所示。

表 6-1 应用型本科跨境电子商务相关岗位的职业能力与职责要求示例

岗位	职业能力与职责要求示例
网站建设与管理员	①熟悉 HTML、CSS、XML、JavaScript、PHP 等知识； ②熟悉网页标准、搜索引擎优化；能基于 Shopex、Ecshop、Discuz 等做开源系统的二次开发； ③能熟练应用 Flash、Photoshop、Dreamweaver 与 Fireworks 软件功能； ④能进行网站规划和项目分析、方案制订； ⑤网页美工创作设计和网站编辑工作； ⑥网站技术维护工作，能维护网络安全，熟悉 TCP/IP 技术； ⑦能完成网站栏目的策划和更新、维护与专题制作。
跨境电子商务平台运营专员	①管理与维护跨境电子商务平台账号，负责产品推广、发布、上架、信息更新，优化关键词； ②负责市场调查及竞争对手状况分析，制订推广计划； ③解决各种客户问题，包括咨询、售后、处理投诉等，预防可能出现的争议，妥善解决各种已出现的争议，最大限度地维护公司利益； ④根据销售计划，与团队协作完成销售任务； ⑤处理网络店铺客户订单，并跟踪订单进展状况，确保订单的按时完成； ⑥完善店铺的政策与制度，尽量保持店铺的好评率和良好的信用度。
跨境电子商务平台运营助理	①协助运营人员管理与维护跨境电子商务平台账号，负责产品推广、发布、上架、信息更新，优化关键词； ②跨境电子商务平台的日常操作； ③解决各种客户问题，包括咨询、售后、处理投诉等，预防可能出现的争议，妥善解决各种已出现的争议，最大限度地维护公司利益； ④根据销售计划，与团队协作完成销售任务； ⑤处理网络店铺客户订单，并跟踪订单进展状况，确保订单的按时完成； ⑥落实店铺的政策与制度，尽量保持店铺的好评率和良好的信用度。

续表

岗位	职业能力与职责要求示例
选品采购运营专员	①精通采购流程、采购谈判技巧； ②配合产品团队需求，完成产品的询价、采购及物流等相关工作； ③调查、分析和评估目标市场，确定采购时机； ④根据产品的供需状况进行分析和研究，制订市场供需和价格趋势预测跟踪分析表； ⑤能独立进行验厂。
库存分析专员	①协助库存分析主管进行库存盘点； ②独立进行盘点差异分析； ③对影响库存的各个环节（销售出库、过账及时性、库存调整等）进行监控； ④提供库存分析组日报、周报、月报重要的资料。
跨境电子商务推广专员	①根据公司的销售战略，制订跨境电子商务店铺产品营销推广计划； ②对推广的产品具备有效的判断，及时跟进推广效果，并对推广效果进行评估和完善； ③从营销角度参与公司主推产品，并将其打造成爆款，提高销量与品牌形象； ④通过国外视频网站、博客、论坛、社交网站、朋友圈、搜索引擎等进行推广营销； ⑤关注和查看推广产品在跨境电子商务平台的销量及排名情况，并及时做出相应的调整； ⑥有丰富的跨境电子商务运营经验，能协助制订跨境电子商务平台的整体运营策略、推广策略，提高店铺点击率、浏览量和转化率。
英语翻译	①配合运营推广人员编写各推广活动的文案（中英版）； ②翻译公司产品的宣传资料和产品说明书资料； ③上级分配的其他工作。

续表

岗位	职业能力与职责要求示例
平面设计师 / 美工	①负责按照公司要求及品牌发展规划，对公司网络店铺、产品等设计类项目进行创意设计； ②负责设计类项目的优化工作； ③有较强的审美能力，有独立开发设计思维，有较强的创意观点，对色彩的表达能力突出； ④根据公司及部门需求完成其他相关设计工作。
物流专员	①根据配送计划制作出口报关文件和进口报关文件； ②协调仓储部同事根据配送计划完成装箱打包工作； ③负责物流供应商订舱、派车安排，确保货物顺利发出； ④负责物流在途跟踪，海外仓到货预报，运输异常处理 ⑤负责物流费用核对及申请支付工作。
跨境电子商务摄影师	①产品图片拍摄：负责产品各角度图片拍摄；负责产品场景图片拍摄；负责产品模特图片拍摄。 ②修图：负责选定需要使用的图片进行修图。 ③产品视频拍摄：产品使用视频拍摄；创意视频拍摄。 ④公司活动图片及视频拍摄。 ⑤其他方面的拍摄需求。
海外营销专员	①负责产品的海外市场营销推广工作； ②根据不同市场和不同渠道的特点，制订相应的营销推广策略； ③侧重并负责 Google 和 Bing 等海外主流搜索引擎的付费推广和广告优化。
质检员	①负责公司采购订单的质量检测； ②对国外退货和投诉进行分析及产品检测； ③及时发现不良品，协助供应商进行改善，并汇报上级。

续表

岗位	职业能力与职责要求示例
（出口）认证工程师 / 认证专员	①优化公司认证管理及申请等相关流程，确保认证相关工作的专业性和规范性； ②结合产品规划和开发需求，分析评估相关国家最新认证标准和要求，确保产品符合目标国的法律法规； ③检查供应商或第三方提供认证的合规性和有效性，确保拟出口产品认证齐全且合法合规； ④根据需求组织落实产品测试，以及认证的收集、申请及进度管理等相关事务； ⑤指导产品、采购、物流等部门严格按认证要求进行产品的开发、采购和出口； ⑥建立并管理产品认证资料库，落实认证资料的审核、归档与管理。
采购助理 / 采购跟单	①负责供应商基本资料的整理，ERP 信息更新及维护； ②根据采购计划，制作采购订单及采购合同； ③分析采购交货风险，及时把握各部门、各产品的生产能力及供应商的生产状况，确保按时交货，如有问题，应能够及早发现并提出有效对策； ④每月与供应商核对账目，确保账款无差错。
运营主管 / 经理	①目标管理：根据公司中长期目标规划制订公司发展战略、运营指标、年度经营计划并组织实施，推动并确保营业指标的顺利完成； ②流程和制度管理：根据公司发展规划，组织对流程和制度进行优化和再造，建立和健全公司的运营体系； ③经营分析：公司经营数据统计分析，发现问题并组织改善； ④项目管理：公司级或跨部门项目的规划、组织、推动与落实； ⑤其他方面：调查公司在经营管理上存在的问题并就实际情况提出具体可行方案；策划推进及组织协调公司运营计划，进行计划发展跟踪和策略调整，持续提升运营水平。
仓库系统操作员	①销售平台订单打印，配货打包，扫描称重，通知物流商发货； ②对每天的来货核对数量，质检，上架； ③仓库整理工作：库存管理（盘点、严格按照规定进行出入库等），6S 工作，运单整理等； ④定期对在库物料进行盘点，提供盘点数据，编制盘点报表。

续表

岗位	职业能力与职责要求示例
外贸电子商务员	①具有良好的外语口语表达能力，商务谈判公关推销和项目英文书写能力； ②熟悉互联网营销及特点，熟悉电子商务操作，具备网络营销经验； ③能利用网络收集，分析处理商贸信息、有熟练的计算机使用能力。

除上述要求外，相关从业人员还要具备良好的思想道德品质和身体素质。

二、应用型本科跨境电子商务专业办学策略

（一）组建电子商务产业学校，创建“园区校”

应用型本科学校可以联合企业、科研机构、物流园区等组建电子商务产业学校，形成“园区校”的形式，使“行—企—校—研”合作机制长效运行，以达到利益共享、人才共享、共同发展的目标。可从管理、运行和保障三个方面建立合作机制，吸引企业积极参与创建。

（二）产教深度融合，促进专业与行业协同发展

1. 建立校企长效运作机制

推动应用型本科教育校企合作体制、机制的创新，这是合作能否持久、有效的关键。可以以市场为导向，以学校和企业为双主体，以实体产业为实训基地，建立双聘教师队伍，校企双方共培职业技术，共树职业精神，共担学生就业，推行校企互惠互利、共同发展。

2. 在技术与文化方面实现对接

学校可利用人才优势、技术研发优势为企业员工学历提升和技术技能提升培训，为企业转型升级排忧解难，并与企业一起共建技术标准。这些措施能够促进行业的发展，同时会反过来促进校内专业的发展。学

校可定期举行校企对接会、电子商务发展动态会、论坛，引入电子商务企业文化，促进国际主流商贸文化、企业文化、校园文化的深度融合。

3. 建立技术创新和转化平台

校企可联合制定科技创新体制、机制，建立企业技术支撑平台，为企业发展提供人才、技术支撑，如建立科技创新平台、产学研发中心、科技成果转化促进中心等，以此为抓手，全面推进产学研的长效合作，以协同创新为导向，走出一条“科技引领—产教融合—技术转化”共同发展的路径。

4. 建立教师双聘机制

学校应建设复合型的师资团队，可聘用行业或企业工程技术人员兼任实践课。同时，学校可以让教师带学生到企业顶岗实习锻炼，了解电子商务运营过程，提高教师的实践教学能力。

（三）按产业链岗位群建立专业课程模块和实训平台

没有特色化的课程设置，就无法构建起专业的核心竞争力。国内电子商务专业大多设在经管学院、商贸学院、财经学院，有的设在了信息工程学院。由于定位不同，人才培养方案的核心课程大不一样。应用型本科教育应根据职业岗位群知识、技术需求建立课程体系模块。

1. 按岗位群构建课程体系

电子商务专业是一个以现代管理学和经济学理论知识为基础，以外语、计算机为工具，依托商务、物流、网络、营销等相关知识，教授电子商务系统分析、实施和运营方面知识的宽知识面的专业。应用型本科教育要以岗位能力为核心构建岗位群职业化课程体系，电子商务专业可选方向有网络营销方向、网站设计方向、综合管理方向等。在一些国家，电子商务专业的一、二年级按大专业方向培养，三年级开始按不同的岗位群专业方向培养（含技术技能），四年级统一轮岗实习。其培养模式以职业需求为导向，以实践能力为重点，以网络营销方向为主攻方向。这种培养方法有利于学生的知识面拓宽、综合素质的提高。

2. 按产业链构建专业课程模块

应用型本科的课程体系实行专业学科课程、技术学科课程、技术实践课程（培养应用能力）、技能实训课程（培养动手能力）。学校要根据职业岗位群知识、技术需求构建人才培养方案，要突出技术型、实用型的产业链课程模块。

3. 按技术应用搭建实训平台

可依托于产业链，实施“以项目为牵引，以任务为驱动”的校企协同合作机制，搭建实训平台。如搭建物流集成创新研发推广平台。

（四）以全真项目训练学生的创新创业能力

1. 以全真项目引导创业

学校可设立科研创业基金，通过第三方平台，如园区实体店、亚马逊网店等，建立以创业项目主导的实践体系，探索小组创业教学、项目化教学、分组式研发等教学内容，着力构建应用型本科技术技能人才的全真创新创业教学体系。

2. 以全真运作培养学生创新创业能力

学校可以用体验式实习、顶岗实习、轮岗实践的方式，让学生亲身实践。通过循序渐进的“基础应用—综合应用—高级应用”三大教学层次实战训练，开拓学生综合技能，延展学生知识，提高学生创新能力，最终实现教与学、学与练、课内教学与课外教学、校内教学与校外教学的四结合。

(五)创新“双元制”人才培养方法

1. 构建开放的教学体系，打造“双元育人”模式

“双元育人”模式，是一种学校、行业、企业以入股资本为绑绳，抱团合作，推进机制共商、过程共管、人才共育、利益共获、成果共享、责任共担的新育人模式。“双元育人”要想实现校企优势互补，达到双赢，首先要整合四大课堂：第一课堂，夯实本科理论基础；第二课堂，拓展专业能力；第三课堂，强化实践；第四课堂，全方位的轮岗实习。通过四大课堂将课程教学、实习实训、技术服务、生产经营全面融合，来提高学生的实际技术应用能力和综合素质。在实践的安排上，可在二年级下学期安排 3 个月进入商务园区开展体验式实习（本阶段不收取报酬），在四年级安排 1 年在园区轮岗实习和创业训练（本阶段同工同酬）。让学生在园区经历网络接入与系统设置、商务外贸谈判等系列实战操作，这种做法不仅可以大大提高学生的实践技能和职业素养，而且会激发企业参与人才培养的积极性。

2. 主动融入新型产业链，构建立体多元的校企合作机制

当前我国正处于互联网、大数据时代，对于跨境电子商务人才培养，学校要紧贴行业、企业和市场，构建立体多元的校企合作机制。

①成立由行业主导的专业建设委员会，制订人才培养方案，建立基于行业标准的实践教学体系，开展职业认证，建立第三方考核评价机制和标准。②开展双考核，实行毕业双证制。③师资互聘，建设复合型、交叉型的师资团队，推行学生培养与员工培训一体化。④以电子商务的岗位群知识需求建立模块化课程体系，以职业能力和职业素质要求构建课程章节和内容。⑤校企共同开发实训教材，开发网络资源（包括大纲、实训指导书、电子教案、课件、职业标准、课程考核评价体系等）。⑥嫁接融入行业特色实体的校企园区，建设创新创业人才孵化基地（以实

体店为基础建立，节省投入），扶持大学生自主创业。⑦激励大学生参加全国性的电子商务学科竞赛，获奖项目直接嫁接转化服务于行业或企业。⑧主动融入新型产业链，在校企园区建立校内电子商务实体运营平台，将真实的电子商务运营融入人才培养全过程。

总之，应用型本科学校只有走办学主体的市场化道路，开放办学，校企深度融合，走“双元制”人才培养模式，同行业、企业开展多领域、多层次、多形式、全方位的合作，才能真正办好应用型本科教育。对其跨境电子商务专业来说也是如此。

第四节　高职跨境电子商务创新创业人才培养

创新是推动发展的重要力量。近几年，大众创业、万众创新范围不断扩大，并且在层次、深度方面都有所延伸。创新创业能够深化经济社会发展，促进新旧动能转换，带动经济结构优化；同时，在扩大就业、改善民生、实现机会公平和社会垂直流动方面，创新创业也能起到很好的推动作用。创新创业教育是符合我国经济、社会、民族发展的战略需求而形成的一种新型的教学思想和模式。在高职院校开展创新创业教育，是推动高职发展、深化教育教学、提升人才素质的重要举措。

一、高职跨境电子商务创新创业人才培养面临的困境

（一）缺乏对学生的创新创业意识培养

受传统教学方式的制约，学生的创新创业意识较为薄弱。在面临就业问题时，部分学生表现出“等、靠、要”的依赖性，没有创新创业欲望。在进入工作岗位后，很多学生往往也是按部就班，难以用创新思维解决工作难题。

（二）创新创业教育中的僵化与偏差

部分高职院校的创新创业教育模式僵化，跟不上时代的变化。还有的高职院校的创新创业教育出现偏差，导致学生对创业的风险认识不足。

（三）创新创业师资不足

目前，我国高职院校跨境电子商务专业师资力量不足，学生在创新创业层面受教育的力度不够，无法得到很好的专业能力的拓展与提升。

（四）创新创业实践平台建设不足

部分高职院校因缺少资金等原因，创新创业实践平台建设不足，使跨境电子商务专业教育无法满足当前的发展需求。这无疑为创新创业人才培养增加了阻碍。

二、高职跨境电子商务创新创业人才培养策略

针对跨境电子商务创新创业人才培养，高职院校应重点关注以下方面：全面贯彻创新创业的核心理念；完善创新创业人才培训计划；优化和融合各类能够促进跨境电子商务专业创新创业发展的优势资源，强化资源的综合与系统运用，推动创新创业的良性发展。

具体来说，一方面，以建立创新型企业骨干队伍，引导学生积极参加创新创业活动为重点，推进创新创业高效进行；另一方面，把触点放在统筹有利于推进创新创业的优势资源上，通过投入大量师资、总结创新创业的实践经验，以此来提升创新创业人才培养成效，改善跨境电子商务专业创新创业的环境与氛围。

对于创业课程，高职院校可以以跨境电子商务专业为导向开设创新创业课程，把涉及创业相关知识的课程作为核心教育内容。

对于创业实践平台，高职院校可选择人才培养孵化基地、实践培训中心、行业协会、创新创业技能大赛等。

为了推进跨境电子商务专业创新创业人才培养模式的成效，高职院校可对创新创业进行学分设置，推行学分考核机制，设立奖学金评比机制；为了提高跨境电子商务专业学生创新创业的灵活思维能力，可设置实践考核机构，引导学生把创新思维运用到实践中。

在人才培养过程中，高职院校可建立跨境电子商务专业创新创业的资料库，存入人才培养教学活动中的优秀课件、学生开展创新创业活动的经验教训以及创新创业档案等。

高职院校可以通过举办创新创业大赛、开展创业项目、发展实践基地等实践活动为校方树立“立信笃行”的“翘楚”形象，引入优质校外力量加入创新创业实践活动。

高职院校可借助创业类网站、微信公众号、短视频创作平台的宣传力量，对创新创业精神进行多方位的宣传，吸引更多有志之士加入创新创业的队伍中来。

高职院校可设立自主创新创业基金，并完善分配制度。通过合理的制度，解决学生创业资金短缺的困境。同时，多途径统筹安排资金运用，积极资助电子商务专业领域的创新创业项目的开展。

高职院校可设立针对创新创业导师和骨干教师的激励机制，激发教师的教学热情。可聘请“企业家创业模范”来指导学生的创新创业，加强对学生的培训。

另外，高职院校和企业要加强合作并建立相应的激励机制，要通过实施学习与实践相结合的方式，使创新创业获得相应的资源与保障。

总之，高职院校通过整合多方有效资源，充分挖掘创业人才，营造积极向上的良好创业氛围，激发学生创业热情，有利于以创新创业教育为导向带动创业及当地产业的蓬勃发展，为加快培育发展新动能、实现更充分就业和经济高质量发展提供坚实保障。

第七章　现当代多元背景下高职电子商务人才培养路径

第一节　新零售业态下高职电子商务人才培养

新零售，即企业以互联网为依托，通过运用大数据、人工智能等先进技术手段，对商品的生产、流通与销售过程进行升级改造，进而重塑业态结构与生态圈，并对线上服务、线下体验以及现代物流进行深度融合的零售新模式。

新零售时代的到来，不仅改变了人们的购物方式，而且提高了消费者的购物体验，让零售行业焕发出新的活力。同时，新零售还创造了许多新的职业岗位，高校对相关岗位的人才培养目前还不能满足社会需求，造成新零售人才的缺口。

一、零售业运营模式的演变

零售业的演变史就是商业的演变史。我国现代零售业的发展大体经历了以下几个发展阶段。

第一阶段是 20 世纪 80 年代，多个城市有了百货大楼，百货商店成为主流零售业态。

第二阶段是 20 世纪末，超市和连锁店出现，如沃尔玛、家乐福、大润发等超市，格力、联想、海尔等连锁门店。这是我国零售业态的成功转型。

以上两个阶段都属于传统线下零售。这种零售的优势使顾客拥有更直接、更真实的商品体验和购物体验；缺点则是依靠传统门店来销售，只能辐射周边地区，流通范围小。

第三阶段从 2009 年开始，受金融危机和电子商务自身发展的影响，很多经营线上零售的电子商务企业开始崭露头角，特别是 2012 年，受电子商务快速发展的影响，线下零售业增速首次出现下滑，线上零售发展迅速。电子商务的优势很多，包括时空优势、个性化优势和价格优势等，但缺点也很明显——用户无论购买什么，在收到快递之前都是电脑上的彩色像素，质量得不到保证。

第四阶段从 2016 年开始，随着新零售概念的提出，经营传统零售的线下企业、经营电子商务的企业和物流企业进行了全渠道整合，开辟了新零售时代。这个阶段属于线上线下整合的新零售，强调运用大数据、人工智能等先进手段，对商品的生产、销售与流通等环节进行升级改造，并对线上、线下及物流进行深度融合。这种零售模式既充分发挥了传统零售和线上零售的优点，又真正做到了以顾客为中心。这种模式将是未来很长一段时间内零售业的主要运营模式。

二、新零售业态对人才的需求呈现新特征

新零售时代的到来，不仅改变了人们的购物方式，而且也在不断提高消费者的购物体验。虽然新零售的快速发展对传统零售和电子商务行业产生了很大的冲击，但也带来了不少的发展机遇，让零售行业焕发出

新的活力。

新零售提供的发展机遇首先体现在人才需求方面，随着零售行业转型升级，企业提供了许多新的职业岗位，如新零售运营专员、新零售产品经理、新零售会员运营总监、数字化运营副总裁和流程 IT 专员等。虽然岗位类别依然是运营、产品等内容，但是岗位对人才的软、硬实力都有了更加具体的要求，如数据性思维、逻辑性思维、互联网思维、勇于创新和 O2O 经验等成为岗位招聘的关键要素。在未来较长时间内，大中型零售企业都需要大数据作为支撑，以客户体验为中心，打造基于人、货、场的社群生态，从而与用户建立深度连接。这些零售企业的人才需求也在逐渐从“劳动密集型”向“人才密集型”转变，企业招聘的一些岗位也都具有新零售特征：以市场营销岗位为例，现在的市场营销岗位要对新媒体传播有很深入的了解，熟悉社会化营销，并且要对数据非常敏感，擅长产品数据分析，能够构建以用户为中心的大数据营销能力，制订营销策略，推动业务发展；以品牌经理岗位为例，除传统的岗位要求外，现在的品牌经理还要具备线上线下品牌策划、研究用户行为习惯、理解线上线下融合和数据运营等能力。

三、新零售业态下高职院校电子商务专业人才培养中存在的问题

新零售业态下需求的人才需要高校培养来支撑，而电子商务人才是需求的人才中重要的代表之一。现仅从高职院校电子商务专业出发，分析新零售相关人才培养中存在的一些问题。

目前，各高职院校基本依据了电子商务企业的需求来进行专业课程的设置，培养运营、开发、美工、编辑等人才。对比新零售企业的实际需求可看出，各高职院校的专业课程设置中纳入了传统岗位所需要的基本技能，但离新零售业态的需求还有差距，主要体现在以下几个方面。

（一）人才培养目标滞后

2009 至 2016 年间，我国电子商务出现井喷式发展，对客服、美工及运营等人才的需求非常迫切。很多高职院校为了对接企业需求，都设置了电子商务专业，旨在培养企业急需的岗位人才。从 2016 年新零售概念提出到 2019 年新零售时代到来，出现了新的人才需求，而很多高职院校并没有反应过来，电子商务专业人才培养目标还停留在过去的定位上，相对滞后。

（二）课程体系设置不完善

课程体系的设置就是专业教学计划安排表的制订，它是人才培养方案中最核心的部分。课程体系的设置决定了学生在校期间整个专业开设的课程和顺序，以及培养哪方面的能力。目前大多数高职院校的专业课程体系由公共课、专业基础课、专业核心课和专业实训课几部分组成，其中电子商务专业的专业基础课、专业核心课和专业实训课都是围绕电子商务客服、网店运营和电子商务美工等岗位展开的，并没有开设数据思维、数据分析和大数据营销等新零售方面的课程。

（三）实践经历匮乏

很多高职院校的电子商务专业都有阶段性实训，但这个实训时间较短，一般为 1 到 2 周左右，最长也不会超过 1 个月。企业一般不会接收这种短期实训的学生，即使接纳，也是物流、客服等相对容易上手的岗位。换言之，在电子商务美工、数据分析、大数据和店铺运营等技术含量比较高的岗位上，学生在校期间很难拥有相应的实践经历，而企业又希望招聘的是一些有工作经验的员工，所以，对于想要从事新零售技术工作的学生来说，被选择从事此类工作的可能性较小。

（四）师资能力不匹配

新零售是在传统零售和电子商务基础上发展起来的一种新的零售方

式，从提出到兴起也就两三年时间，发展速度非常快。当很多电子商务专业的教师还在研究新零售的概念和这种模式是否有未来的时候，它就已经红遍全国各地了。所以，很多教师都没有相关工作经验或者专业经历，再加上前几年电子商务专业的火爆让很多教师一直在应对新课，对于新零售相关的知识和技能并没有精力进行深入研究，也就无法开设新零售相关课程，经验更是无从谈起了。

四、新零售业态下高职院校电子商务专业人才培养策略

随着新零售近几年的快速发展，对新零售的人才需求越来越多。各高职院校电子商务专业想要匹配新零售人才的需求，就需要从新零售角度出发，对人才培养目标、课程体系设置、实习实训安排和师资培养等进行改革，具体策略如下。

（一）校企合作共定适应新零售发展的专业人才培养目标

高职院校要培养适应新零售发展的电子商务专业人才，首先，要与新零售企业共同探讨培养新零售人才的思路。其次，要充分发挥校企双方主体作用，共同制定适应新零售发展的电子商务专业人才培养目标和培养方案。最后，利用新零售和电子商务主要岗位群之间的层进关系，采取分层次分阶段人才培养，让学生依次达到初级岗位、中级岗位以至高级岗位要求，最终实现新零售高层次对口就业。

（二）以新零售为载体重构课程体系

按照职业教育国家教学标准，高职院校专业设置要与产业需求对接，那么，专业课程体系设置也要以企业相关岗位需求对接，开设的课程要直接对接到相应岗位操作能力的培养。高职院校作为人才培养单位，新零售企业作为用人单位，两者应当合力围绕新零售这个载体重构课程体系，开设和开发相关课程，培养学生适应未来就业的基本能力。具体可

根据新零售职业岗位要求，分方向开设与之相对应的新零售专业核心课程，同时开设一些相应的实训课程，让学生以学徒身份进入企业，通过企业和学校的联合培养，实现分方向能力拓展。这样一来，既提高了学生就业能力，又形成了以新零售为载体的课程体系。

（三）校企合作共建适应新零售发展的实践教学体系

在新零售时代，实践教学体系更加重要，因此电子商务专业必须要进一步加强实践教学体系建设。首先，要对实践教学计划进行改革。目前各高职院校所安排的实践教学时间较短，学生很难在这么短的时间内完成实践能力的提升，因此各高职院校必须修改实践教学计划。其次，学校要加强与企业之间的横向合作，与企业合作共建适应新零售发展的实训基地，让学生在真实的企业中、真正的岗位上通过实践拓展专业技能，从而增加实践的深度、广度以及经验积累，以满足具体工作对实践能力的具体需求。

（四）校企合作共育新零售教学团队

对于教学团队的培养来说，除了高职院校要重视，行业、企业也要引起重视。因为师资团队的教学能力直接影响学生专业能力的培养，进而影响学生未来的岗位工作能力，所以行业、企业应当积极有效地参与师资能力的培养，让教师及时把握行业动态和企业岗位要求。对于新零售人才的培养，要充分发挥高职院校和企业的优势，通过构建“学校教师＋企业专家”联合培养模式，来对学生进行培养。其中，学校教师负责专业理论知识和专业基础能力的培养，企业专家负责实践业务能力和岗位能力的培养，从而全面提高人才培养能力。同时，在联合培养中，学校教师还能够以企业真实案例和真实项目进行教学，从而提高教学效果；企业专家也能通过交流提高自己的专业理论知识和表达水平。

综上所述，新零售是未来几年世界零售业的发展趋势，高职院校要充分把握机会，加大对新零售人才的培养，进一步促进我国零售业更好更快地发展。另外，做好新零售人才培养不仅是满足新零售发展的需要，而且是电子商务内在发展的需求。新零售会重构生产、销售、流通的各个环节，构建全新的生态圈，形成线上服务、线下体验及现代物流深度融合的零售新模式。现阶段我国高职院校电子商务专业人才培养与新零售人才需求还有一段距离，高职院校需对此加强探索。

第二节　数字经济背景下高职电子商务人才培养

一、研究数字经济背景下高职电子商务专业人才培养的意义

我国数字经济规模稳居世界第二，已经成为推动经济增长的主要引擎之一。《中国数字经济发展报告（2022 年）》显示，2021 年中国数字经济规模达到 45.5 万亿元，占 GDP 比重接近四成。做强做优做大数字经济，推动数字中国建设迈上新的台阶，是构筑国家竞争新优势的有力支撑。

随着数字经济的到来，社会对高职院校电子商务专业人才的综合素养的要求越来越高，随之而来的是，对高职院校电子商务专业的教学要求也越来越高。

为适应数字经济带来的挑战，深入推进电子商务课程与行业互动，促进课程建设工作提质增效，进一步提高质量，构建技术技能人才培育高地，高职院校应当实施课程转化更新，重塑电子商务学科教学生态，建立数字经济背景下完整的电子商务人才培养机制。

学科转化的提升重点是符合地方支柱企业、战略创新型企业及未来企业的发展要求，紧跟新科技、新业态、新产品、新模式，抢先筹建与未来电子商务企业发展相对应的新型学科，注重发展与战略创新型产业发展相对应的学科，大力发展与地方支柱产业相对应的新学科。

因此，研究当前数字经济背景下的高职院校电子商务专业人才培养，对于电子商务专业如何结合当下数字经济的发展要求开展教学，以及当前数字经济背景下电子商务专业人才培养机制如何改革创新，都有着重大的理论与现实意义。

二、数字经济背景下电子商务人才需求旺盛

2021年5月26日，网经社电子商务研究中心与赢动教育共同发布了《2020年度中国电子商务人才状况调查报告》。报告表明，在被调研公司中，在导致企业巨大发展压力的最主要原因中，管理团队用人问题占72.45%，尽管每年有数十万电子商务专业毕业生进入就业市场，但很多企业依然存在招聘质量不理想的情况，且招聘难度较大；在急需人才类型上，51.02%的企业急需网站传统运营人才，47.96%的企业急需新媒体、内容创作、社群方向人才，46.94%的企业急需主播、网红达人方向人才，39.8%的企业急需客服、地推、网销等方向人才，22.45%的企业急需专业数据分析与应用人才。

同时，根据网经社电子商务研究中心发布的《2021年度中国电子商务人才状况调查报告》，团队人才问题已经连续8年成为电子商务企业面临的第一大挑战；中国服务贸易协会在调研中也发现，造成企业发展压力最主要的因素中，团队人才问题，远高于市场竞争和供应链等因素。

各项数据表明，企业电子商务人才缺口很大，招聘需求强烈。

三、数字经济背景下电子商务人才培养面临的问题

（一）没有完善的培养理论体系

目前，企业电子商务专业人才缺口很大，特别需要优秀的电子商务专业人才。但是，目前高职院校电子商务专业人才培养机制与电子商务

企业现实的人才需求不能充分匹配。由于电子商务产业发展时间还不长，其本身的理论知识框架还没有健全，同时因为电子商务自身的产业特性，其信息的数据更新速率也很快，这些造成了现在高职院校电子商务专业人才培养理论体系不够完善。所以，全国高职院校目前都还未能建立完善的电子商务人才培养制度。

（二）教师科技创新文化素养和实践创新能力欠缺

随着数字经济的蓬勃发展，数字技术正在持续地促进着电子商务企业生产、经营、管理模式的转变。因此，高职院校电子商务专业教师不但要持续更新自己的知识，而且要及时了解这些数字技术，使自身不断增强培育电子商务专业实用型人才的实力。但是，在受传统教育培养出来的高职电子商务专业教师中，不少人对数字技术的运用并不得心应手，且自身的创新素养又有不足之处，这就势必会影响高职电子商务专业中创新型电子商务人员的培育。

电子商务专业知识的真正掌握离不开实践，这就需要高职院校电子商务专业的教师尽量多地到企业中去进行学习，积累经验。而由于目前高职院校电子商务专业教师工作内容繁杂、学时工作量较大，因此，尽管教师希望主动增加自身的企业实践经验，但迫于工作业余时间较少，导致教师进行企业实践的时间很少。另外，由于部分高职院校电子商务专业教师进行企业实践只是流于形式，导致教师的实际能力并不理想，亟须进一步提升。与此同时，除了缺乏较全面的电子商务培训理论体系作为课程指导和教育理论的基础，高职院校还面临着电子商务专业教师短缺的现状，已有教师的知识架构也满足不了电子商务高速发展的需求，从而也就无法教授与电子商务企业的现实发展需要相匹配的理论知识与实践技能。

（三）信息技术运用不足

在数字经济背景下，信息技术必定要贯穿到高职院校电子商务专业的教学当中。但是在实际案例中，信息技术在高职院校电子商务专业的教学里使用得较少。尽管高职院校不断地推进学习通课堂、仿真虚拟实训软件等应用，可对这些信息技术的使用并不充分。此外，在运用信息技术推进教学时，存在无法结合学生的学习规律、爱好，难以满足专业教学要求的情况。因此，信息技术的实践使用效果并不理想。

四、数字经济背景下高职院校电子商务专业人才培养机制的创新

（一）改革课程内容体系

在数字经济背景下，电子商务和许多学科领域有着密切的联系，包括物流、财经、法学、会计学、管理学、市场营销、计算机等。在电子商务专业课程的设置上，应明确定位，避免大而全的教育模式，对各个学科之间的内容加以融入，并使之互相密切起来，同时避免出现重复交叉的问题。对此，在课程的设置上，可以选择核心内容与专项特色相结合的方式。例如，在大一大二时期，开设电子商务概论、管理学基础、大学英语、网络营销、摄影与图形图像处理、电子商务网站建设与管理等相关课程。这一阶段的课程体系应夯实学生的理论基础，培养学生的基础能力，让学生能够全面掌握与电子商务相关的理论知识。在大三大四时期，通过选修课程的方式开设专项课程，如新媒体营销、电子商务平台运营、短视频营销等，学生可以根据自己的特长、爱好、创新创业需求来选择选修课方向，并通过学校与企业之间的合作获得实践操作的机会，从而通过产学研合作深刻理解所学内容，在真实的岗位中锻炼出各项能力。在这一阶段，在岗位实践中，学生能较为全面地了解数字技术给企业带来的变化，提前适应岗位的需求。

（二）提升教师专业素养与实践能力

教师作为教学的重要参与者，其专业知识水平与技能水平均会对人

才培养产生直接影响。要培养适应社会需求的技术技能型电子商务人才，需要建设一支高素质专业化创新型教师队伍。高职院校可通过以下措施提升教师在电子商务方面的专业素养与实践能力。

首先，组织开展入企实践。高职院校电子商务专业与企业存在密切联系，学校可以组织教师利用寒暑假或其他比较空闲的时间去电子商务企业进行跟岗、顶岗实践活动，让教师切切实实地掌握职业技能，更加熟悉电子商务行业最新的数字技术，如大数据、云计算、VR 等。同时，入企实践还可以帮助教师获取企业的实际案例素材等信息，进一步培养自己的实践创新能力。

其次，组织开展讲座交流活动。高职院校应结合电子商务专业的特点和教师的实际情况，通过邀请行业、企业专家来校进行座谈交流，让教师有效地掌握数字经济背景下电子商务企业的技术发展情况，增强电子商务专业知识储备和业务素质。

再次，打造数字化环境。高职院校可运用数字技术打造智慧校园，来为教师提高信息素养创设环境。

最后，鼓励参与培训与比赛。高职院校应鼓励教师通过参与培训、参加信息化技术比赛来提升自身的专业能力。

高职院校可通过提高物质激励、非物质激励等方式促进上述措施的实施，同时可通过引进外部优秀人才等方式对团队产生带动作用。

（三）鼓励学生参与竞赛活动

在数字经济背景下的电子商务教学中，可以引入以赛促学的教学模式。为了培养综合素质过硬的电子商务人才，从国家到省市，我国有很多电子商务竞赛活动，如“巴渝工匠杯”高等职业院校学生技能大赛电子商务赛项、全国乡村振兴职业技能大赛电子商务师赛项、“博导前程杯”全国电子商务运营技能竞赛等，竞赛内容都是与数字经济息息相关的内容。在学生掌握了必备的理论知识后，教师应鼓励他们参与各种电子商务竞赛活动，通过竞赛来锻炼其团队意识、实践技能。

在以赛促学模式中，教师要全程参与，为学生提供帮助和辅导，不断夯实学生的综合能力。同时，教师可以用竞赛案例内容作为真实项目的方式来设置“案例库”，搜集与之相关的案例、材料，将教学标准、竞赛内容纳入其中，让学生可以随时随地选择真实案例来学习、巩固。而要达到这一目标，需要紧密依托电子商务教研室，发挥教师团队的协作作用，精心选择题目与案例内容，尽可能突出案例内容的真实性和权威性。案例库的应用，能够让学生清晰知晓各级竞赛的要求、规则；在案例库的使用过程中，由教师带领学生挖掘竞赛的内涵与价值，可以帮助学生顺利在竞赛中取得优异的成绩。

（四）积极创新校企合作模式

师生共同参与企业的经营，为区域内的中小企业服务。不管是在校内的实习实训环节还是在企业顶岗实习环节，高职电子商务专业都应采用师生共同服务企业的模式参与到实践教学中。电子商务专业的实践性是很强的，校企合作的人才模式将直接影响该专业实践课程体系实施的效果。只有教师与学生共同参与企业经营，做真实的企业项目，让企业融入高职教育的教学环节中去，才能真正达到校企融通。

高职教育要为区域经济服务。高职院校应根据自身的办学实际和优势，适应区域经济产业结构的调整和经济增长方式的转变，发挥高职教育服务区域经济的功能，建设既适应发展又具有行业特色的专业结构体系。因此，专业的设置和方向的确定要注意动态性，及时根据市场进行调整。电子商务专业也是如此。

综上所述，在数字经济背景下，电子商务企业有了更多的转型契机，与此同时，也对高职院校电子商务专业人才的综合素质能力提出了新的要求。在电子商务专业的人才培养模式上，要以数字经济时代的发展要求作为出发点，明确教育目标，重构教学内容，实施校企合作、赛教融合的新教学模式，从理论、实践等多个方面入手，努力培育出实践经验丰富、职业素养精良的复合型电子商务人才。

第三节　乡村振兴背景下电子商务人才培养

一、乡村振兴背景下高职电子商务人才培养

在全面建成小康社会之后，我国开启了全面建设社会主义现代化国家新征程，“三农”工作重心从脱贫攻坚转向全面推进乡村振兴。乡村振兴，关键是产业要振兴。只有引导和支持农民立足本地资源打造稳固的产业基础，让乡村实现“自我造血”，多渠道增加农民收入，乡村振兴才有充沛的内生动力。

根据第50次《中国互联网络发展状况统计报告》，截至2022年6月，我国农村网民规模达2.93亿。根据第51次《中国互联网络发展状况统计报告》，截至2022年12月，我国网民规模达10.67亿，互联网普及率达75.6%，其中农村网民规模为3.08亿。我国农村地区在线教育和互联网医疗用户分别占农村网民整体的31.8%和21.5%。

《中国数字乡村发展报告（2022年）》显示，全国农村网络零售额2022年已达2.17万亿元；截至2022年8月，互联网地图新增乡村地名达414.2万条；2021年返乡入乡创业人员达1120万人，其中一半以上采用了互联网技术；截至2022年6月，农村地区网络支付用户规模达到2.27亿；截至2022年9月，所有省份、85%的地市、69%的区县已建立区域全民健康信息平台。该报告称，乡村新业态新模式不断涌现，农村电子商务继续保持乡村数字经济“领头羊”地位。

电子商务给农村经济的发展带来了巨大改变，“互联网+”新业态、新模式不但增加了农民收入，而且拓宽了农村产业渠道，进而增强了农

村地区的自我造血功能。而农村电子商务人才成为在乡村振兴背景下农村电子商务进一步发展不可或缺的要素。

（一）高职院校服务乡村振兴的意义

职业教育可以在乡村振兴的多个领域发挥作用。

一是"产业富农"的经济功能。职业教育可以通过直接对接乡村主导产业，发挥激活农村产业活力的作用，从而推动产业转型升级和产业链迭代提升，提高乡村发展的质量和效益。

二是"人才助农"的教育功能。农村既是职业院校重要生源地，又是人才的就业与创业地。以职业教育培养更多年富力强、能够扎根农村、懂现代农业的多能型、专业型人才，既可以实现人才就业，又可以为乡村发展和稳定提供强大内生动力。

三是"科创兴农"的技术功能。职业院校可以加大在农业科技创新上的学科建设和产教对接，把产教融合中形成的技术成果和应用性科研成果转化为直接生产力。特别是在数字经济时代，科技能为农业发展提供强大动力。

四是"文化强农"的治理功能。高质量的职业教育有利于培育具有现代农业特色的新型农业、乡土文化记忆的新型农村、现代文化观念的新型农民，推进乡村治理，助力乡村文化振兴。

高职院校作为职业教育的重要组成部分，应不断改进人才培养模式，培养更多农村电子商务人才，弥补农村电子商务人才缺口。这对于乡村振兴背景下的农村电子商务发展有着重要价值和意义。

（二）乡村振兴背景下高职电子商务人才培养的实施重点

随着农村电子商务的迅速发展，社会对农村电子商务人才的需求尤为紧迫，对高校电子商务专业来说，如何结合农村电子商务发展规律，制定合理有效的人才培养模式，培养出更多优秀的电子商务人才服务于农村电子商务发展，成为推进乡村振兴战略实施的重要内容之一。对高职电子商务专业来说也是如此。在农村电子商务人才培养过程中，高职院校应做好以下重点工作。

1. 明确人才培养目标

目前，在乡村振兴战略的大时代背景下，随着农村电子商务的迅速发展，高职院校电子商务人才培养目标需要适时调整，让其具备更多的涉农特性，以更好地服务于农村电子商务发展。因此，培养农村电子商务人才，需要高职院校自身高度重视，在人才培养方案制订过程中以专业实际设置情况与办学条件为基础，结合区域经济、产业发展的需求，关注农村电子商务人才的培养并积极参与其中，明确人才培养目标，提升专业发展内涵。

2. 改进专业课程设置

专业课程设置是对本专业人才培养、教育教学实施进程的总体安排，是专业人才培养模式的具体体现。高职院校人才培养的目标主要是，将学生培养成在国家现代化建设过程中社会和产业所需的高素质、高技能人才。对农村电子商务人才培养来说，高职院校应以乡村振兴战略为背景构建课程体系。

首先，高职院校应注重课程建设的实践性。学校需以岗位能力标准为基础，以对学生的能力培养为目标主线来搭建课程体系，设置与农村电子商务有关的课程，有针对性地结合农村电子商务所需专业知识、专业技能设置有益学生能力提升的课程，为对农村电子商务感兴趣的学生提供学习和交流平台。以湖南大众传媒职业技术学院为例，为了更好地适应岗位需求，注重课程设置的实践性，电子商务专业成立了由教授、专家与企业高管构成的专业建设指导委员会，让正常教学更具有实践意义。其次，高职院校可将特色农产品项目引入课程体系。项目的引进可以让学生增加对农产品的认知，更深入地理解农产品，也有利于形成农产品特色区域品牌。例如，湖南大众传媒职业技术学院电子商务专业为使“直播营销”课程更好地支持乡村振兴，引入了长沙县高桥镇农产品直播项目，让学生在实践中理解和掌握直播技术，取得了良好的效果。

3. 深化人才培养模式改革

高职教育“产教融合”的概念，旨在使工学结合、校企合作成为一个完整递进的体系，将产教融合贯穿人才开发全过程，从而形成政府、企业、学校、行业、社会协同推进的工作格局。产教融合也成为推进高职教育发展的重要手段。在乡村振兴战略背景下，依托校内外实训基地和校企合作企业，运用现代学徒制教学模式，主动深入地服务于农村电子商务发展的需要，形成“与农村经济互动，与行业企业共赢”的办学特色，是高职院校应当坚持的发展方向，也是高职院校必须深入思考和下力气推动改进的重要方面。例如，湖南大众传媒职业技术学院电子商务专业与湖南星火丰城科技发展有限公司实施校企“双主体”协同育人、“产业运营 + 产教融合 + 人才培育”电子商务人才培养模式，双方达成校企合作学生认知实训、社会实践专业实训等校内外实训合作，星火丰城通过该公司投资入驻的“搜农坊”农业电子商务平台提供技能强化训练、项目资源入校、企业实训等多种方式，来帮助校方加强电子商务专业学生对农村电子商务的认识与理解，掌握相关的技能，从而达到为农村电子商务发展培养人才的目的。

4. 引入多元考核机制

高职教育必须始终遵循职业教育规律，以服务求支持，以贡献求发展，以实际用人需求为中心。因此，乡村振兴战略背景下的高职院校电子商务专业的课程考核也必须设置与农村电子商务发展相适应的课程，减少传统考试的形式，建立多元考核机制。

首先，建立“以赛促学”评价机制。对于高职电子商务专业核心课程的考核，可采用“以赛促学”的方式来开展：鼓励学生参加各类相关技能比赛，并将比赛成绩纳入期末考核体系内；引导学生参加各类与农村电子商务相关的创新创业项目，将项目和实践课程统一纳入考核通道。例如，湖南大众传媒职业技术学院电子商务专业教师鼓励学生参加湖南省“互联网 +”大学生创新创业大赛，在该比赛项目中获得优胜的同学的期末考核成绩被评定为优秀。

其次，实行“双导师”评价机制。在校企合作“双主体”协同育人的人才培养模式下，以真实农村电子商务项目贯穿整个教学过程，开展“理论 + 实操”“项目 + 导师”的教学形式，实行“双导师”评价机制，通过学校教师与企业导师对学生理论知识学习与岗位技能实操的全方位考核，增强学生学习自主能动性，实现学生能力与岗位需求的无缝对接。例如，湖南大众传媒职业技术学院电子商务专业与湖南星火丰城科技发展有限公司合作，引入“双导师”课程考核机制，实现以需促学、以学促教。

最后，重视“形成性考核”。高职教育教学要以实际情况为基础，强调学生学习过程的参与度，以及学生的知识和能力掌握程度，将相应课程的考核重点放在平时的实践过程中，突出阶段性成果。例如，“网店装修与设计”课程涵盖了多个学习情境，每个学习情境由多个单项训练构成，授课教师可引导学生在学期初选定熟悉的农产品，通过对课程知识点的教学，让学生将知识点应用在农产品图片处理与网店装修设计上，通过过程性的项目积累的业绩整理完成期末的考核。通过在学习过程中实践，能提高学生对知识和技能的深入了解。通过课程学习过程中项目实施的全程参与，能提升学生对专业的理解，促进学生职业素养的养成。

电子商务人才是“互联网 +”时代乡村振兴战略的第一资源。面对农村电子商务人才的缺口问题，要加快构建现代职业教育体系，优化高职院校电子商务专业人才培养模式，培养适应农业农村发展的高素质技术技能人才，才能让职业教育和乡村振兴发展精准契合，畅通院校与市场的“绿色通道”，才能持续为乡村振兴注入人才“活水”，为助力乡村振兴提质增效。

二、“互联网 + 现代农业”背景下高职电子商务人才培养

党的二十大明确提出：“从现在起，中国共产党的中心任务就是团结带领全国各族人民全面建成社会主义现代化强国、实现第二个百年奋斗目标，以中国式现代化全面推进中华民族伟大复兴。”农业农村现代化是解决发展不平衡不充分问题的重要举措，是全面建设社会主义现代化国家的重大任务之一，在中国式现代化进程中有着举足轻重的地位。习近平总书记强调：“全面建设社会主义现代化国家，最艰巨最繁重的任务仍然在农村。要全面学习贯彻党的二十大精神，坚持农业农村优先发展，发扬延安精神和红旗渠精神，巩固拓展脱贫攻坚成果，全面推进乡村振兴，为实现农业农村现代化而不懈奋斗。”

“互联网 + 现代农业”新模式为我国农业的生产、经营、销售带来巨大变革。中国农业产品的“互联网 +”模式已经进入迅猛发展的阶段，但俗话说“樱桃好吃树难栽”，互联网技术在农业、农村、农民中的实际应用还存在不少现实障碍。其中最主要的障碍之一就是农村电子商务专业人才缺乏。

2020 年 6 月 10 日，中国农业大学智慧电商研究院发布《2020 中国农村电商人才现状与发展报告》，报告显示，未来 5 年农产品电子商务人才缺口将逐年上升至 350 万。国内面临如此大的农村电子商务人才缺口，亟须补充大量对农业农产品经营非常了解的农村电子商务高技能人才。在此背景下，迫切需要国内高职院校加大教学投入力度，打造出更多具有“互联网 + 现代农业”意识，能够胜任各种农产品电子商务经营工作需要，并具有国际视野的优秀农村电子商务人才。为此，高职院校要着力提高农村电子商务实用人才培养质量，通过创新电子商务实训手段，构建高效合理的人才培养模式，建立高水准人才培养体系和高素质师资队伍，培养出与农业发展相适应的、既有发展后劲又能快速融入各农业电子商务岗位的高适应性人才。

（一）农村电子商务人才业务能力需求特征

针对农业农村的电子商务人才培养，应当使培养对象了解农产品生产经营的全过程。这是农村电子商务人才培养的必备内容。农村电子商务人才包括战略类人才、管理类人才、技术类人才、营销类人才等诸多方面。现仅从经营这一重要角度来分析农村电子商务人才业务能力需求特征。作为农产品的经营者，如果对经营的产品都不了解，谈何经营，所以，农村电子商经营人员对具体的农产品要非常熟悉。

首先，农村电子商务经营人员应从农产品的货源入手，寻找优质的农产品货源，辨别农产品质量。

其次，农村电子商务经营人员要加强对产品的包装设计和宣传，打造农产品的品牌知名度。俗话说“货卖一张皮”，即使再好的产品，若不具有好的包装设计，也很难具有市场竞争力。相反，同样的产品，包装设计美观实用多会带来更多的利润。例如，国内有一个知名品牌的矿泉水，同样的水，只是换了包装——设计者在瓶嘴处增加了运动功能设计的出水方式，其售价就比普通设计的瓶装水贵了将近一倍，而这款产品很受消费者的欢迎。所以，产品的包装设计至关重要。农村电子商务经营人员应结合当地实际，并根据农产品特点，针对农产品的包装、设计、推广以及售后服务制订方案。同时，经营人员还要加强与消费群体的有效沟通，及时了解市场动态，并及时做出适当的调整。

再次，对粮食类农作物来说，产品的数量和规模较大，所以在生产经营上，要求农村电子商务经营人员对农产品的销售数据具有统筹分析的能力，要及时获知出库存、生产效率、销售量等各类经营数据。

最后，产品的经营离不开物流运输，抓好物流运输，尽可能地降低成本，是至关重要的，因此，农村电子商务经营人员要具有对农产品收货、物流流通等全面协调的能力。

总之，农村电子商务人才培养目标的制定，除了要满足电子商务相关能力的需求，还要满足农业生产经营相关能力的要求，只有将这些要素的内涵加以全面考虑，才能制定出符合实际需要的人才规格。

（二）农村电子商务人才培养的实施过程

在确定了明确的农村电子商务人才培养规格后，如何去实施教育过程，对人才培养的最终效果非常重要。以往在一些高职院校中，经常会出现这样一种现象：学校在定制人才培养规格时很重视，进行了多方的调研，但是在具体实施教育过程时，缺乏对人才培养目标的有力支持，甚至出现了偏差，导致最终培养出来的人才不能适应具体工作需要。因此，高职院校对于人才培养实施的教育过程更应该深入探讨、严格把关、精准实施。教育的过程主要包含四个要素：课程、学生、教师、教育教学手段。对于这四个方面高职院校都要重视，不能忽略任一方面。学生是教育培养的主体，教师要充分发挥教育对学生的引领作用，采取有效的教育教学手段，对学生需要掌握的各项技能通过专业设置的课程逐一地进行培养。

1. 设置合理的课程结构

目前，高职院校农村电子商务人才培养存在这些问题：课程设置结构不合理，教学内容存在盲目性，没有经过详细的调研就确定课程体系，课程体系缺乏对培养目标的支持、与农业教学内容的需求严重脱节。这样将导致农村电子商务课程体系以及培养体系不完善，满足不了日益增长的农村电子商务教学需求。

高职院校农村电子商务人才培养需要兼顾两方面的培养需求：一是能够出了校门就能无缝对接岗位，适应工作要求，二是能和现有农民电子商务短期培训后的人员不同，具有更专业的农村电子商务方面的发展潜力。这就要求高职院校在农村电子商务人才培养的教育过程中，不仅要注重课程体系设计的合理性，而且要重视培养学生的实践工作能力和后续的职业发展能力。因此，高职院校农村电子商务人才培养要从知识、技能、观念培养等各个方面进行综合培训，可以具有针对性地以“农业

+电子商务”课程为核心，以网络电子商务实操类课程为辅，通过增加农村电子商务实训实践活动，开展有效而扎实的农村电子商务基础训练和基本技能训练，构建以学科知识和专业技能为主线的人才培养体系。

2. 注重学生能力提高，加强学生就业观念培养

高职院校在课程建设上不能只注重技术内容，而忽略学生主体的观念培养。在高职院校中就有一些这样的学生——他们入学选专业是随便选的，学习之后也不是为了找专业对口的工作，只为了有一纸文凭。所以，为了避免专业人才的流失和教学资源的浪费，同时秉持对学生负责的态度，高职院校在招生和教学期间，就应该注重对学生进行专业的认知和就业长远规划的宣传和教育。学校可以通过积极开展农业相关的座谈会、校内外农业生产型实训基地的实践、农村电子商务企业的顶岗实习等相关的实践活动，促使学生对未来的就业岗位产生精准的直观认识，使学生就业观念得到改善，从而对自身未来就业的发展目标以及发展方向有所明确，使就业质量得到提升。

3. 促进教师将体验更好地融入课程教学

课程要素的内涵性、课程内容实施效果的好坏，与教师的授课方式、方法是否得当有密切关联。如果教师本身对农村电子商务行业发展趋势、运行操作认识了解不深入，对其专业发展方向和岗位需求认识不明确，那么教师就不能在授课过程中带给学生更好的技能体验。可以说，教师在教学活动中的作用至关重要。

优化师资队伍、提升电子商务师资队伍的整体前沿水平是提升农村电子商务人才培养质量的关键措施之一。首先，教师要对农村电子商务专业培养的学生核心能力，以及课程定位和特点进行深入了解和学习，要对农村电子商务系统知识、课程体系设计、课程研发、授课技能、培训管理以及农村电子商务发展新模式和农产品上行新思路等方面全面提升。其次，要拓宽师资培训的方法和途径。教师的培训应侧重深入农业、

电子商务平台开展实践学习，从实践中学习和锻炼，提高对农村电子商务的认知。再次，高职院校可以通过拟建农村电子商务师资培养实践平台，使平台具备模拟农村电子商务业务流程、学习农村电子商务案例、交流教学资源等功能的方式，提升教师专业素养和教学能力。最后，为了更好地培养学生的实践实战能力，高职院校可以聘任具有丰富农村电子商务实践经验的专业人士作为兼职教师，这样能够弥补在校教师实践经验不足导致的教学受限的欠缺，校内校外教师联合教学互为补充，促进教学效果的提升。

教师应当对学生培养的方法和原则、不同学生教学情况进行需求分析，对农村电子商务运营、电子商务体系创新等内容进行深入学习、交流、研讨与实践，从而深入认识农村电子商务这个领域。教师应当在深入了解的基础上，根据自身的核心优势对自己进行定位，明确未来突破与主攻的领域及方向，同时掌握课程开发、授课技巧等技能。这样教师在课堂教学中就会有充足的专业知识和实践技巧的准备，进行教学设计时不会只关注知识本身，使实践技能和专业知识充分融合，给课堂教学带来更完善的、更加活跃的课堂体验，学生接受专业学习的效果会有很大的提升。

4. 注重课程设计，改善、提高课程授课效果

教师通过授课将知识和技能传授给学生。良好的教学不仅需要教师做好充足的专业认知准备，而且需要教师注重讲授方法和教学设计。有些教师自认为已经掌握了足够多的专业技能，但是在教学中不注重教学设计，授课从头讲到尾，却没注意到学生思想早已溜号，这样一言堂的教学模式是不能取得理想教学效果的。农村电子商务人才培养的课程教学体系要注重理论与实践相结合，可以采用分享案例式、小组实践式等教学方法，多一些学生体验和互动，科学合理地设计课程。

教师要想上好课，必须重视课程设计能力的提高。成熟优质的课程设计，要注重学生的主体地位，以提高学生的技能和知识水平为目标。

教师一定要在教学中留有互动时间、设置适当的提问时间和适合的方式，还可以分享资料和创造模拟互动的环境。另外，课后要有跟踪、回访的机制，课程设计之前要有调查和研究的环节，这可以对教学效果改善起到一定的促进作用。

（三）农村电子商务人才评估制度设计

人才培养质量评估是对高职院校培养出来的人才是否符合实际工作需要的主要评判标准。传统的考核多采用闭卷考试方式，笔试形式多，理论考核多，技能操作实践考核少，终结性考试多，过程考核不足，对学生职业能力的考核不足，导致学生上课记笔记、课后抄笔记、考核背笔记、考后基本忘记，不能适应岗位对人才的需求，因此应增加应用、创新知识的考核，增加知识、能力体系的考核。对于职业人才能力的评估应该找寻一个更加合理的评估体系，不能以一张试卷来判定学生的学习效果。另外，对学生知识、能力的考核，不一定要在课程结束后进行，可以采取过程性考核，贯穿于课程当中，这样可以及时、准确地了解学生是否达到了课程要求的培养目标，反映出学生真正的学习状态。因此所有课程可根据课程本身的特点、性质来设置考核方式，如平时测试、作业测评、课外阅读、社会实践、期末考核等。可以设置包括多种类别的考核制度以强化学生的课外学习，如项目实训、作业、课堂实训、作品、调查报告、实践教学、社会调查、职业素养、职业道德、课堂表现及参考阅读等考核方式，来提高学生的专业基本能力和综合素质。

高职院校要培养的学生应该是既掌握扎实的专业知识又具有满足工作需求的实践能力的人才，因此，对于学生培养质量的评估，就要针对这两个方面共同进行科学合理的考核。考核的方式和方法应该不拘一格，可以多种多样，其中对学生的实践能力的考核应该是考核的重中之重的内容。因此，高职院校农村电子商务人才的考核可以采取如下三种方式。

①结合农村电子商务平台设计能够实操的考核项目，充分掌握和了解学生农村电子商务能力的实践情况。

②通过“技能 + 证书”的考核方式，鼓励学生取得专业相关的技能认证证书，为学生今后就业增加砝码。

③提倡学生积极参加创新创业活动，使学生在创新创业活动中获得更高的能力提升，为今后的就业打造更好的基础。

总之，高职院校农村电子商务人才培养是一个具有行业针对性的电子商务人才培养过程。高职院校在制订人才培养策略时，应该充分考虑电子商务与农业行业的有机结合，人才培养的规格一定要符合实际的农村电子商务能力需求，不能闭门造车，要深入农业行业当中，结合实际需要制订方案，优化和提升教师队伍对农业行业的认知。同时，高职院校应该科学合理地对学生掌握的知识和具备的能力进行准确评估，不拘于形式，以真正培养出适应实际需要的农村电子商务人才，来推动和加速农业电子经济的快速发展。

第四节　创新创业背景下高职电子商务人才培养

2015 年，《国务院办公厅关于深化高等学校创新创业教育改革的实施意见》指出：“深化高等学校创新创业教育改革，是国家实施创新驱动发展战略、促进经济提质增效升级的迫切需要，是推进高等教育综合改革、促进高校毕业生更高质量创业就业的重要举措。党的十八大对创新创业人才培养做出重要部署，国务院对加强创新创业教育提出明确要求。近年来，高校创新创业教育不断加强，取得了积极进展，对提高高等教育质量、促进学生全面发展、推动毕业生创业就业、服务国家现代化建设发挥了重要作用。但也存在一些不容忽视的突出问题，主要是一些地方和高校重视不够，创新创业教育理念滞后，与专业教育结合不紧，与实践脱节；教师开展创新创业教育的意识和能力欠缺，教学方式方法单一，针对性实效性不强；实践平台短缺，指导帮扶不到位，创新创业教育体系亟待健全。”为了使我国能够更好地发展电子商务事业，高职院校应加强对电子商务专业的学生展开创新创业教育，并积极改变、改善电子商务专业的创新创业教育，进而为社会培养出更多电子商务专业的创业人才，增强我国电子商务事业的发展。

一、高职院校电子商务创新创业人才培养的重要性

对于高职院校而言，创新创业教育在其中占据着重要的地位。创新主要是指对一个事物或一项技术等展开再次改造或发明创造的过程，而创业指的是通过对社会资源展开一定的整合来建立一个新企业的行为。总而言之，创新工作看重的是其结果是否得到高效的体现，而创业看重的是企业所带来的经济效益。创业工作建立在较强的创业精神上，同时创业工作还需要建立在创新的基础上，及时抓住机遇，对社会资源展开更高效的整合，进而使企业得到有效的创新或变革。创新教育，指的是对学生的创新思维与创新意识展开具体的培养，进而能够培养出更多的创新型人才，服务于社会经济的发展。进入 21 世纪后，越来越多大学生毕业后选择创业，甚至存在部分大学生在校期间就已经开始创业的现象，由此可见，创新创业在高校教育中不容忽视。作为高等教育的重要组成部分，高职院校应充分发挥自身的优势，对知识的创新进行有效推动，积极引导学生参与到创新创业教育中。高职院校可通过对学生展开创业精神以及人文素养的培养，加强学生的创新创业意识。同时，电子商务在中国的发展已经超过 20 年，发生过多次商业模式的创新，对创新型人才有着很大的需求，电子商务相关工作的高强度性，也对人才的吃苦精神等创业者素质有着较高的要求。因此说，高职院校开展创新创业教育对于培养创新创业型电子商务人才而言，具有重要的意义。

二、高职院校电子商务创新创业人才培养的措施

（一）培养学生的创新创业精神

对大学生进行创新创业精神的培养，必须建立在实用的基础上，通过对学生的潜力进行挖掘，充分激发学生的创新创业意识。加强对学生创业精神的培养，能够使学生对创业的现状与前景具备一定的了解，还可以有效提高学生的创业经验，加强学生的创业能力，促进学生的人脉推广。创新创业教育，除对我国经济发展具有很大推动作用外，也能够进一步拓展教育的领域，这对于培养学生的创新创业意识、精神而言具有非常重要的意义，能够无形地推动学生创新创业精神的发展，从而积极参与到创新创业中去。基于此，创新创业教育才能在“互联网 +”时代背景下，为社会提供更多有效人才，促进电子商务事业发展。

（二）开展创新创业教育应具备一定的针对性

高职院校开展创新创业教育的目的是，培养学生养成良好的创业素质、创业精神。对高职院校电子商务专业而言，高职院校应对传统的创新创业教育观念进行更新，并与电子商务专业展开有效的结合。换言之，高职院校在开展创新创业教育过程中，只有具备一定的针对性，才能使学生得到创业素质提升，同时使学生充分了解创新创业教育的重要内涵，对自身的创业观念能够客观认知。所以，高职院校在开展创新创业教育时，除需要自身教育观念进行有效的变革与创新外，还需要具备一定的专业针对性。

（三）为创业学生提供有效的资源整合

在现代社会发展中，对于大学生创业而言，资源整合是十分重要的。一般来说，资源主要以教师、用人单位以及学校校友等资源为主。大学生在创业过程中，具备了这些资源就能使大学生的创业之路更为顺畅、

减少坎坷，并且这对于学生创业的成功率也具有一定的正向作用，通过对这些资源进行有效的整合，能够加强大学生的创业成功率。

①教师资源。学生开展创新创业活动与社会上的其他人士开展创业具有较大的差异性。大学生开展创新创业活动主要是为了使自身所学到的知识、技能得到有效的利用与发挥。大学生在开展创新创业活动时，教师通常会依据自身的经验对学生给予有效的指导，以使学生更好地开展活动。

②学校校友资源。一般来说，大学生如果能够获取一些创业成功的校友的资源或指点等，就能够在创业中少走弯路，吸取经验教训，从而使创业道路得到健康的发展。

③用人单位资源。这种资源不仅能够有效解决学生毕业面临的就业问题，而且能够有效帮助学生的创业意向。例如，在学生毕业前，适当地安排学生到一些企业开展实习，使学生能够在实习过程中熟悉企业的生产过程、掌握一些解决问题的方法。学生通过实习会知道，在校期间所学习到的理论知识与实际工作是有所区别的，从而对实践能力和创业意向有了更准确的评估。所以说，通过这一方式能够为大学生开展创业的成功率带来有效的提高。

（四）积极为创业学生搭建创新创业平台

高职院校可为大学生搭建创新创业的平台，以有效促进大学生开展自身的创业梦，需要注意的是，搭建的创业平台应具备以下几方面的作用。

①交流作用。创业平台应具备交流作用，可为有创业意向的大学生提供一个能够进行思想交流以及讨论的地方。

②培训作用。学校或教师定期对学生开展创业方面的相关培训，使学生的创业意识逐渐得到加强，从而激发学生的创业精神。

③服务作用。教师可通过头脑风暴等形式，积极引导学生对自身所

学习的专业进行问题探讨，以提出创造性解决方案。

④提高针对性的作用。学校应积极与企业展开合作，并将企业的创新需求及时更新，使学生能够及时掌握创新信息，并有针对性地展开创新创业，这样一来，不仅能够使学生掌握更多的创业知识，而且可避免出现创业盲目性的现象。

总而言之，随着时代的发展，一些大学生为了能够体现自身的能力，并将自身所学到的知识与技能回报社会，会选择创新创业。高校作为人才培养的摇篮，创新创业的孵化器，应把创新创业教育摆在重要位置，不断推进创新创业教育工作向前发展。这既是新发展阶段赋予高等教育的崭新课题，也是国家实施创新驱动发展战略、促进经济提质增效升级的迫切需要，还是培养大学生创新精神、创业意识与创新创业能力和实践本领的重要途径，更是推进高等教育综合改革、促进高校毕业生更高质量创业就业的重要举措。具体到高职院校电子商务专业来说，高职院校在对电子商务专业学生开展创新创业教育过程中，应充分以全新的观念作为理论内核，加强电子商务专业学生创新创业意识的培养，从而培养出既具备较强创新创业精神又具备较高综合素养的人才，进而推动高职院校创新创业教育的发展，为社会提供更多创新创业人才，同时也为社会经济发展提供有效支持。

第五节　1+X 证书制度下高职电子商务人才培养

在新发展阶段，职业教育站上了新起点。2019 年，《国家职业教育改革实施方案》以及《关于在院校实施“学历证书 + 若干职业技能等级证书”制度试点方案》颁布实施，探索 1+X 证书制度成为职教改革的重要举措。1+X 证书制度的推行实施，推动了国内职业教育全方位高质量发展。随着全球电子商务和数字经济的快速发展，物联网、大数据、云计算、人工智能等新兴数字技术服务逐渐成熟，带动就业结构优化升级，进而使电子商务人才需求激增。高职电子商务专业可构建基于1+X证书制度的体系化教学内容和人才培养模式，使人才培养更具针对性、适应性、灵活性。

一、关于1+X证书制度

1+X证书制度的出台为探索研究技术技能人才培养提供了参考。1+X证书制度中的“1”代表学历证书，“X”代表职业技能等级证书，但1+X证书制度的内涵远远不止于“双证书”。“双证书”制度普遍存在单一性、封闭性，而1+X证书制度具有多元性、开放性，不是将学历证书和职业资格证书进行简单结合，而是在基础上强化、在主体上拓展。

1+X证书制度将职业技能等级标准与专业教学标准相衔接，将培训内容与专业教学内容相结合，互通学历证书与职业技能等级证书，统筹评价技能考核与课程考试，充分体现了政府、行业、企业、学校协同育人长效机制。政府部门对人才培养方向进行宏观调控，提供政策等方面的支持；行业、企业围绕1+X职业技能等级证书，开发教材与配套学习资源，组织师资培训，建设证书考试平台与综合服务平台，考核颁证；学校积极开展1+X证书制度试点工作，结合相关专业人才培养方案课程体系、实训项目、师资配备等实际情况，将职业技能等级证书标准融入人才培养方案，强化学生岗位技能培养，促进学生就业和素质提升。

二、基于1+X证书制度的人才培养模式改革的思考

1+X证书制度强调的是学历和技能的并重，所以在人才培养实践中需要基于学历和技能做具体的教学培养和规划。基于此，基于1+X证书制度的人才培养模式改革需要考虑以下内容。

首先，需要明确学历和技能的关系。在人才培养模式改革中，学历

和技能的关系确定与具体的人才培养模式制定有显著的关系。例如，如果在学历和技能关系确定中认为学历比技能重要，那么在人才培养实践中，重点会放在学历通关方面，对于技能的提升会放松，这样一来，学生的技能培养会无法满足企业实际需要。反之，学生拿学历会变得较为困难。基于此，将学历和技能确定为平等关系，对于人才模式改革方向确定意义重大。

其次，需要明确学历教学和技能教学的具体方法。基于现实的思考可知，学历教学和技能教学的具体方向与内容是不一致的，所以在教学实践中，采用的教学方法应当是不同的。针对学历教学和技能教学的具体特点以及要求，分别制订科学可行的教学方法，这是 1 + X 证书制度下人才培养模式改革需要重点考虑的内容。

最后，需要建立专业技能领域里 X 所涵盖的主要内容。对于高职院校电子商务专业来说，电子商务是一个日新月异的领域，基于电子商务而形成的专业技能在广度和深度上都处于不断更新发展的状态。因此，高职院校应紧密结合当下电子商务领域对技能人才的需求状况，基于政府部门的指导意见以及行业组织的相关执行标准，建立电子商务专业技能教学建设中 X 技能教学框架。

三、高职电子商务专业推行 1+X 证书制度的必要性

（一）“三教”改革的重要推手

《国家职业教育改革实施方案》中提出了教师、教材、教法“三教”改革的任务，其根本落脚点在于培养适应行业、企业发展需求的复合型高素质技术技能人才。1+X 证书制度是培养复合型高素质技术技能人才的重要举措，其推行依托政府、行业、企业、学校的深度参与，是一项需要全面部署与统筹安排的系统性工程。然而，目前不少高职院校仍然存在使用老教法、老教材“唱新戏”的现象，在就业紧张的大环境下，

很多学生为了增加职场竞争力，盲目考证，重数量而不重质量，影响了人才培养质量。

1+X 证书制度的推行，为高职院校引入企业一线员工开展讲座、与企业开展联合授课、开展远程直播教学、培养“双师型”师资团队提供了契机。教师可以在教学过程中引入 1+X 职业技能教学，采用线上线下相融合的新教法，选用内容扎实、形态新颖的教材，挖掘岗位知识技能诉求，充分借助具有先进性和仿真性的实训教学平台开展数字化教学，引入企业项目以及真实数据案例，为学生提供集职业认知、职业判断、业务处理、实务操作、评价反馈为一体的实训教学，从而提升学生的综合职业能力，从根本上解决“实训难”“实习难”的问题。由此可知，1+X 证书制度成为“三教”改革的重要抓手。

（二）专业课程中知识、能力、素质协同培养的内在需求

相比于普通教育，职业教育中的教育功能与职业功能具有同等重要的地位。在中国特色社会主义教育发展道路中，职业院校必须把立德树人作为根本任务，“培养什么人、怎样培养人、为谁培养人”是贯穿职业教育始终的问题。从“思政课程”到“课程思政”的建设，要求强化专业课程育人导向，深化和推进专业课程德育渗透教学改革目标，建立思政课与专业课构成的思想政治理论教学课程体系。部分专业课教师只注重对学生进行专业知识和能力的培养，在思想上和行动上不够重视“课程思政”，政治理论学习不透彻，主动性不足，在教学中缺乏不断创新的意识。1+X 证书制度考核为专业课教师思政育人水平的提升提供了载体，有助于专业课教师把职业素养和考核标准融入课堂教学，深度挖掘课程思政元素，实现知识、能力、素质的协同培养，从而提高人才培养的质量。

（三）电子商务专业教师实践能力水平提高的内在需求

随着数字技术应用和创新发展，电子商务迎来了新的发展机遇。作

为新兴专业，电子商务专业的特殊性、综合性使课程设置非常繁杂，对于教师的专业知识技能要求较高——教师要同时具备计算机信息技术能力和商务管理运营知识等。然而，目前很多高职院校电子商务专业教师是从相关专业转岗或兼任而来的，没有经历系统全面的电子商务专业学习，并且企业实践经验不足。要促进电子商务高质量发展离不开高技术技能型人才，而要达到补充人才缺口、提升人才能力水平的目的，离不开专业教师实践能力水平的提升。

四、1+X 证书制度下高职电子商务专业人才培养模式改革措施

（一）引入企业真实项目

高职院校可以以 1+X 职业技能等级证书对应的产业链对学生的能力要求为依据，联合企业共同明确人才培养目标，开展基于现代学徒制的人才培养模式改革创新。高职院校通过引入企业项目任务，营造企业工作情境，有计划、有组织地让教师和学生共同参与真实项目运营，安排不同学生扮演产业链上不同环节不同岗位上的员工，构建起基于真实项目运营的“三阶段、三身份”的现代学徒制人才培养模式——在学生的“学校学生”与“企业学徒”双重身份之间增加“校内学徒”这一身份，实现“学校学生—校内学徒—企业学徒”的渐进式培养。

（二）课证融通，优化课程设置

高职院校应明确证书与课程、教学任务之间的关系，利用工作过程导向的理念、思路和方法来重构课程模式。应以企业典型工作任务为主导，构筑知识与能力匹配的模型，在确保课程与岗位能力对应、模型与典型工作任务对应、知识点与技能点对应的基础上，建立工学结合课程体系。可借助混合式理实一体化教学平台提供对应知识点的资源库、对应技能点的实训库，并提供知识点和技能点匹配设计，来帮助学生完成

从知识到技能的转换。

某高职院校电子商务专业实施了 1+X 电子商务数据分析职业技能等级证书制度，根据职业技能等级标准和专业教学标准要求，积极安排教师参与师资培训，并将证书培训内容有机融入电子商务专业人才培养方案。该校新开设“商务运营数据分析”课程，通过对原有项目安排进行课时调整，引入市场、运营、产品等维度的数据采集与处理方案撰写等考证实战项目任务，提升考证任务课时占比，以达到融通需求，统筹教学组织与实施的目的。通过该课程的学习，学生提升了调查方案设计、数据资料收集、整理、分析的能力，熟悉了电子商务数据分析所需的知识、技术、方法和工具，为学生从事大数据应用技术相关岗位工作打下了良好的基础。

（三）开展校企联合授课，培养“双师型”高素质师资团队

高职院校应以学生能力培养为核心，积极引入 1+X 试点合作企业师资，通过聘用合作企业专家担任学校企业导师，建立基于专任教师和企业导师各展所长、合作育人的联合授课模式。在具体实施中，高职院校可联合合作企业将职业技能等级标准与专业教学标准进行衔接，系统梳理课程体系，分析各门课程的特点；根据课程对实践教学的依赖性，结合课程之间的逻辑性和连续性，将课程划分为纯理论类、轻实践类、理实结合类、重实践类四大类课程，对应建立学校专任教师单独授课、企业导师远程联合授课、企业导师定期入校联合授课、企业导师全程驻校联合授课四种授课模式；通过不同授课模式的科学搭配，深入贯彻适应不同特点课程的教学方法的运用，使以学生为主体的教学模式彻底落地实施。

高职院校应在校企合作的基础上，以“双师”素质教师要求为标准，建立“双师”素质教师培养机制和动态考核机制，加强“双师”素质教师培养的过程管理。高职院校应鼓励教师参加 1+X 证书制度相关培训并

取得证书，支持教师到校外实训基地或企业学习实践、参与课题研究和校本教材建设、参加各类技能大赛活动，从而使教师及时掌握电子商务专业发展的前沿知识与技能，进而更好地对学生进行培养。

（四）以 1+X 证书考核为载体深化教学

高职院校应运用开放思维，广泛借鉴国内外先进教学模式，引入项目式教学、案例式教学、互动式教学、角色扮演式教学、小组式教学、翻转式教学等多种形式的教学方式，构建以学生为主体、知识传授和能力培养并重的立体教学模式。同时，高职院校可巧借 1+X 证书考核实施课程思政，充分挖掘证书内容中蕴含的课程思政元素，提高专业课程的育人导向作用。如何把学生吸引到教学中来，将思政元素融入课程教学之中是关键问题。教师在教学过程中，应注重思政德育内容的渗透，将教书与育人相结合。电子商务教师在引入案例时，可将思政元素融入案例教学中。教师自身要加强思政内容的学习，发掘课程思政元素，着力培养学生的爱国主义精神、团结协作精神、创新精神、基础文明素养、社会责任感和初步实践能力等，提高学生综合素质。

（五）开发数字化教材

高职院校应合理考虑岗位细分和岗位迁移对电子商务人才培养所提出的差异性技能要求以及学生职业发展的偏好要求，依托企业资源，深化校企合作，依据行业岗位群技能标准，开发数字化教材，同时同步开发传统纸质教材。在教材内容的选取上，高职院校应充分考虑 1+X 证书考核内容，选取符合企业实际需要、紧跟相关领域发展趋势的教学内容，同时科学分配理论和实践教学部分，使二者相互支撑，体现现代教育思想，促进学生全面发展。在教材内容的呈现形式上，可充分运用信息技术，将图像、音频、视频、动画等多媒体教学资源，以二维码形式植入教材，展示于相应的知识点附近，让学生借助于移动设备扫码即可观看。在教学结构安排上，可按照学中做、做中学的原则进行教学设计，实现学生与多媒体资源之间自然丰富的人机交互，提升学生的沉浸感、参与度和资源粘合度。

综上所述，推行 1+X 证书制度，对于深化产教融合、推动高职电子商务专业人才培养模式改革具有重要意义，可通过引入企业真实项目、优化课程设置、培养“双师型”高素质师资团队、以 1+X 证书考核为载体深化教学、开发数字化教材等措施加以推进。

第六节　基于 5G 技术的高职电子商务人才培养

5G 技术的出现，推动了信息技术的创新，对各行各业产生了深远影响。电子商务依托互联网实现不断发展，随着 5G 时代的到来，电子商务势必发生巨大变化。2018 年，教育部印发的《教育信息化 2.0 行动计划》明确指出：“发挥技术优势，变革传统模式，推动新技术与教育教学的深度融合，真正实现从融合应用阶段迈入创新发展阶段，不仅实现常态化应用，更要达成全方位创新。”《2019 年教育信息化和网络安全工作要点》强调，要“加快推动教育信息化转段升级，积极推进‘互联网 + 教育’，坚持高质量发展，以教育信息化支撑和引领教育现代化”。5G 技术不仅影响着传统教育，而且影响着基于网络发展的新教育形式，可以说，5G 技术给包括高职院校在内的高校人才培养带来了深远影响。

5G 技术背景下高职电子商务人才培养需要注重以下几个方面。

一、转变教学理念，明确符合当代人才需求的教学目标

5G 技术的发展，加速了包括人工智能、大数据等新技术的应用，在此背景下，高职院校要培养出具有创造力、综合素质高、技能技术过硬的人才，前提一定是要转变原有的教学理念。在注重培育学生职业道德、提高学生职业素养的基础上，高职院校需要思考如何结合当前行业发展

和新技术变革开展教学。对高职院校电子商务专业来说，结合我国发展规划、职业教育改革实施方案等政策来看，传统课堂教学应适当弱化，转变为更具有实践性的虚拟仿真实训和校企合作基地实操，本着“以学生为主体，以能力为本位”的教学理念，培养“懂理论、强实战、高素质”的电子商务人才。同时，需要明确的是，教学目标的确定一定要结合行业的发展，行业是在变化的，因此教学目标并非一成不变，一定是与时俱进、顺应时代和岗位需要的。具体操作上，高职院校可以从学生的学情分析、企业行业调研、政策方针解读等维度进行思考，将专业课程的目标分解为知识目标、能力目标、素养目标三大目标。例如，在知识目标上，可以适当增加基于5G网络的电子商务直播技巧、分屏直播操作和虚拟直播间的搭建等课程；在能力目标上，可以开设企业实践课，挑选部分学生参与真实企业的工作；在素养目标上，可以通过分享前沿技术手段，如人工智能、区块链、物联网等，让学生在了解技术的同时提高爱国情怀。

二、教学内容与岗位对接，实现学生毕业即就业

随着5G网络的发展，电子商务的相关工作与内容也在不断更新变化。电子商务专业的教学内容要及时优化与更新，与时代接轨，与当前电子商务行业最前沿的技术相适应，以满足当代大学生学习的需要和未来工作的需要。因此，在5G技术背景下，高职院校应当结合当前电子商务工作岗位就业需求调整教学内容，以适应行业趋势的变化和工作内容的调整。这不仅要求高职院校电子商务专业在课程内容上及时更新专业理论知识、添加企业岗位培训和引入最新实训内容，还要求在优化教学内容时注意与5G等新兴技术相匹配的工作岗位对接，以实现电子商务专业学生真正做到毕业即就业。

教学内容的完善与优化，主要通过以下两个方面来实现。一方面，

深度开展校企合作，培育行业、企业需要的人才。高职院校电子商务人才培养工作，应当充分分析当前行业发展趋势、社会就业形势及企业用人标准，在此基础上进行教学内容的调整，不仅要优化专业基础课程的教学内容，而且要实时关注行业、企业的发展变化和当前企业面临的实际问题，培育能够为企业解决问题和适应岗位需求的优秀人才。另一方面，融入行业前沿技术，培育适应未来岗位的人才。在电子商务专业教学内容更新上，不仅要结合当前行业需求，还要考虑未来发展需要，可以在结合行业专家调研和国家大政方针的基础上，提前做出谋划，培育适应未来 3 至 5 年工作岗位的电子商务人才。例如，随着全国 5G 基站的不断建成，电子商务逐步向三四线城市渗透，未来农村将成为电子商务“渠道下沉”的重要战场。在教学内容的更新上可以结合这一特点，除了讲授传统电子商务行业应用，还可以适当添加农村电子商务等内容，以补充针对不同市场的电子商务选品策略。

三、创新教学模式，采用丰富多样的教学方法来辅助人才培养

高职院校在充分了解学生的学情与当前行业、企业发展需求的基础上，针对电子商务人才培养过程中的知识目标、能力目标与素养目标三大目标，结合 5G 技术在教学过程中的应用，可开展“理虚实证”一体化教学，如图 7-1 所示。

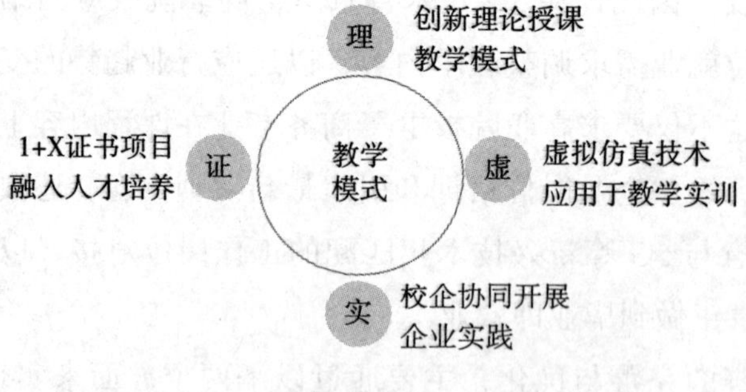

图 7-1　“理虚实证”一体化教学模式

（一）理——创新理论授课教学模式

高职院校可充分利用5G网络的高速率、低延时、泛在化等特点，采用形式和内容更为丰富的线上线下混合式教学模式，以“平台+资源+直播+互动”的方式来提高教学效果。5G网络可以实现内容的高速加载和视频的高清要求，提高学生学习效果。高职院校可创新采用“学习超市”的形式，让其中既有学生必看必学的内容又有选看选学的材料，从而为学生提供既丰富多彩又可个性化选择的网络服务。另外，高职院校可依托5G技术开展直播教学，针对教学内容的重点与难点可以集中讲解，针对个体的知识盲点可以进行个别辅导，从而提高教学效率。同时，为了帮助学生深入掌握技能，高职院校可采用双导师制，由企业导师讲解岗位实操和分享企业真实案例，提高学生认知。

（二）虚——虚拟仿真技术应用于教学实训

为提高学生的电子商务专业技能，在5G技术背景下，高职院校可以通过创新开发虚拟仿真实训系统，帮助学生对知识点进行掌握与实操——通过虚拟仿真系统进行“假做”，对接真实岗位需求，能够提高学生操作实践能力，帮助学生进一步掌握知识和技能。例如，在训练直播技巧时，“虚拟直播间”解决了学生无法真正进行直播带货的问题，在系统中可以通过平台选择、直播场景设置、活动贴纸、动画特效等模拟真实直播间，提高学生的直播实战能力。此外，教师可利用5G+AR技术，为学生提供与环境的交互，唤醒学生多重感官参与体验，增强其对真实环境的感知。

（三）实——校企协同开展企业实践

高职院校可通过校企合作真实项目开展“真做”，从而提高学生的自主学习能力、创新能力和交流合作能力。例如，让学生参与到企业真实选品、渠道选择及产品定价等业务中，培养学生的实践能力。又如，

5G网络使企业导师不用亲临现场也能通过直播形式参与教学，传授企业知识。这样一来，在企业导师讲授电子商务爆款产品打造知识点时，可以让学生结合知识点选择具备爆款潜力的产品，并运用所学知识“直播产品讲解五步法”进行直播营销打造爆款，同时企业导师进行指导教学，帮助学生提高职业技能。

（四）证——1+X证书项目融入人才培养

5G技术的发展，丰富了高职电子商务学生技能竞赛类别和1+X职业技能考证项目，以直播为例，5G网络背景在技能竞赛与1+X职业技能考证项目均有体现。高职院校电子商务人才培养，可组织学生参加高职电子商务专业技能大赛和1+X电子商务数据分析职业技能考证项目以及1+X直播电子商务职业技能考证项目。人才培养内容对接大学生技能竞赛和1+X职业技能等级证书，能够让学生在学会教学内容的同时，将所学知识运用到相关竞赛及1+X职业技能考证项目当中，从而为大学生就业提供支持，这既符合人才培养的时代性特征，又让学生掌握了相关技能。

5G技术加速了电子商务的发展，电子商务企业需要调整自身的业务结构和岗位工作才能适应新技术带来的变化。高职院校电子商务专业作为为企业输送电子商务人才的渠道之一，在开展人才培养工作时，应当顺应5G时代行业发展趋势，通过转变教学理念、明确教学目标、更新教学内容、创新教学方法等方式，培育符合行业发展、满足企业用人需求、适应时代发展的电子商务人才。换言之，在5G技术背景下，高职院校电子商务人才培养研究旨在为当前电子商务行业输送高质量人才，为电子商务行业的不断发展和中国经济的稳步提升提供有力支撑。

第八章　高职电子商务人才培养的教学改革措施

教学是人才培养的核心，是全面提高人才培养质量的根本。教学改革旨在促进教育进步，提高教学质量。从价值目标来看，高职教学改革价值取向的嬗变过程总体上是一个走向——人性化和现代化的过程，但因为对信息技术与课程整合的认识局限，也出现“矫枉过正”和“一哄而起”的问题，因此有必要依赖辩证思维，树立守正创新的理念，明确教学改革的价值取向，坚持立德树人的根本任务，以引导学生智慧生成为目标，持续改革教学结构、教学模式、学习生态和教学评价。

第一节　不断明确价值取向

教学改革是一项实践活动，和其他社会实践活动一样，会受到哲学思潮、意识形态以及社会价值体系的影响。价值取向引领着教学改革的走向，制约与影响其结果。因此，在教学改革行动之前，需要分析其价值取向，解读其根本内蕴，合理选择教学改革取向，以利于更好地推进教学改革实践。

一、价值取向的内蕴

马克思指出，价值是从人们对待满足他们需要的外界物的关系中产生的，是人们所利用的并表现了对人的需要的关系的物的属性。[①②] 教育哲学研究者认为，价值是人的需要与满足需要的对象之间的关系，是主客体之间的一种现实关系，价值不单纯是客体属性，也不单纯是主体需要，而是客体属性与主体需要之间的现实关系。[③] 虽然，对教育价值的定义众说纷纭，但是，以能否满足受教育者需要作为对象，可以说是一种主导性的观点。

袁贵仁认为，价值取向就是人们在一定场合以一定方式采取一定行动的价值倾向。[④] 汝信指出，价值取向是指某一个人所信奉的而且对其行为有影响的价值标准。[⑤] 马志政等人提出，价值取向是在价值选择过程中决定采取的方向。[⑥] 笔者认为，价值取向作为价值在社会作用中的具体体现，意味着价值标准所取的方向。从本体论的角度看，价值取向体现的是一种价值的指向性。因而，价值取向意指一定主体基于某种价值观在处置各种关系、矛盾、冲突时所持的基本价值立场、价值态度以及所彰显出来的价值倾向性，是主体的认知结构、兴趣与行为等的综合体现。

价值取向具有存在的广泛性和影响的重要性这两大明显特征。价值取向是人类惯常的存在方式之一，是人类活动的显著特点，主体的经济活动、政治运筹、政治参与、理论思考、学术探究、艺术创作等都有其

① 中共中央马克思恩格斯列宁斯大林著作编译局．马克思恩格斯全集（第19卷）[M]．中共中央马克思恩格斯列宁斯大林著作编译局，译．北京：人民出版社，2003.

② 中共中央马克思恩格斯列宁斯大林著作编译局．马克思恩格斯全集（第26卷）[M]．中共中央马克思恩格斯列宁斯大林著作编译局，译．北京：人民出版社，2009.

③ 瞿葆奎．教育基本理论之研究:1978～1995[M]．福州：福建教育出版社，1998.

④ 袁贵仁．价值学引论[M]．北京：北京师范大学出版社，1991.

⑤ 汝信．社会科学新辞典[M]．重庆：重庆出版社，1988.

⑥ 马志政等．哲学价值论纲要[M]．杭州：杭州大学出版社，1991.

价值取向。价值取向是主观精神现象，对主体内外的作用和影响都非常大，决定着实践主体的思维方式、行为方式，统领着其整个价值观念系统，左右着其他诸元素。同时，从价值取向自身来看，价值取向具有目的取向和工具取向两个层面。目的取向是主体存在和发展的最终追求，体现主体的价值观，具有绝对目的、意义；工具取向是主体某一具体行为。

二、教学改革价值取向的内蕴

基于教育教学质量提升的需要，学校和教师在教学改革过程中所表现出来的意向或倾向，叫作教学改革价值取向。当学校和教师因为教学改革的需要，同时面临多种教学改革方案（包括理念、模式、方法、手段等）时，需要依托于一定价值观的指导，同时结合自身的实际需要或利益，倾向或选择某一种方案。因此，从价值取向主体来看，教学改革取向是学校和教师对于教学理念、模式、方法与手段的取舍，是具有较强个性化倾向的价值选择行为，片面性、偏差性在一定范围内将长期存在。

由于缺乏理性、严谨的精神指引，在一些情况下，学校和教师的教学改革价值取向不是在理性状态下做出的选择行为，而是在一定程度上的自主、独立的选择行为，因此存在较强的经验和个性色彩。大多数情况下，学校和教师的价值选择往往都会受到社会流行趋势、他人已有经验的影响。因此，目标理想性、主体差异性和社会制约性是教学改革价值取向的现实写照。

①目标理想性。学校和教师在观念形态上希望教学改革能够实现哪些价值需求，是教学改革价值取向的理想“应然”状态。但由于受到周围客观环境、自身条件等诸多因素的限制，学校和教师在教学改革实践中无法遵循其所希望的理想“应然”状态，现实与理想会存在一定出入。

②主体差异性。教学改革价值取向总是与价值主体相联系的，具有明显的主体差异性。也就是说，不同学校、不同院系、不同教师之间的教学改革价值取向存在差异性。不同学校和院系，由于层次、类型不同，教学改革价值追求会呈现多元化的特点；不同教师，由于特殊的生活条件、生活阅历、生活态度，其兴趣爱好、价值追求也不一样，对教学改革的价值追求往往有不同的看法。

③社会制约性。教学改革不是学校和教师主观臆想的产物，并不能依赖于或完全依赖于其主观意志取向，会受到一定社会环境和客观条件的制约，也就意味着，教学改革的价值需求必须依赖于一定的客观外在条件。

三、职业教育教学改革价值取向的嬗变

职业教育作为一种跨界教育，是联系教育与经济社会非常密切的教育类型。我国职业教育起步较晚，真正的发展是在改革开放之后。改革开放以来，职业教育教学改革价值取向的嬗变具有以下四个方面的特征。

（一）由“社会”转向“个体”

在很长一段时间内，中等职业教育是我国职业教育的主体，也是其优先发展领域。1978 年，全国教育工作会议召开，会议强调，中等教育发展极不协调，教育结构不甚合理，中等职业教育远远落后于普通高中教育。因此，要实现国民经济恢复与发展，需要大力兴办中等职业学校、技工学校。此后，教育部按照此次会议的精神，积极推进中职教育改革试点工作。在 1978 年到 1995 年，国务院、教育部出台了一系列促进中职教育结构调整的政策文件，如《关于中等职业教育改革的报告》《关于加强与改进农村中等职业教育若干问题的通知》《大力发展中等职业技术教育的决定》等。这些文件不仅提出了中等职业教育结构改革的目标，而且提出了具体的教学改革要求。具体来说，教学总体目标的确定、课

程教学内容的设置、教学制度的制定等都需以社会为本位，这是基于人才培养的最终目标是培养社会主义事业接班人。

1991年，《国务院关于大力发展职业技术教育的决定》出台，文件对职业技术学校的布局、专业设置、教学内容和教学方法、实践性教学环节、职业技能训练等方面都做出了明确要求。在之后较长一段时间内，职业技术学校对专业、课程的实用性、应用性高度重视，以期增强和提升专业、课程的就业服务功能，从而导致课程及其教学沦为了学生短期就业的工具，忽视了文化传统、道德教育等，学生个人的全面可持续发展得不到保障。总体来看，由于职业教育的人才培养目标过于重视实用性、技能性，造成了课程、教学改革无法让学生实现全面发展，人文价值、精神价值在学校的教育教学改革中的地位逐渐削弱。在此期间，个人发展观、主体性教育观、人本主义教学观等教育理念伴随着职业教育的发展日渐彰显，“人之所以为人”等有关人本主义论题也开始出现，由此，越来越多的教育研究者开始意识到，“制器”不是教育的目的，“育人”才是教育的根本。所谓“育人”，就是要把个体的人培养成自由、全面、可持续性发展的人，能尽可能地发挥个体的优势与潜能，能让个体所发挥的才能最大化地贡献和服务于社会、国家的发展。因此，关注人、关注人的生命逐渐成为职业教育教学改革的发展方向。

从2005年开始，国家职业教育改革试验区先后在四川、广西、天津及三峡库区设立，职业教育改革发展思路逐渐清晰，职业教育办学思想逐步明晰，职业教育初步实现了三大转变：从政府直接管理向宏观引导转变、从计划培养向市场驱动转变、从学科本位向能力本位转变。此后，职业教育的教学改革方案，各种文件、政策、讲话均不同程度地强调“以学生个体发展为本”应成为教育教学的基本理念，个体之间的平等应成为教学制度改革设计的根本遵循，实现学生全面、自由、可持续性发展应成为教学改革的终极目标，实现学生的个性化培养应成为课程内容、课程体系、教学结构、教学模式等方面改革的主要目标。2019年，

《教育部关于职业院校专业人才培养方案制订与实施工作的指导意见》明确指出，“坚持育人为本，促进全面发展”是人才培养的基本原则之一，同时，“鼓励学生自主学习”“创新服务供给模式，服务学生终身学习”。

（二）由“专门”转向“复合”

自改革开放以来，一直到“十一五”期间，从国家陆续出台的教育方针、政策可以看出，加强专业性是我国职业教育教学改革的主要政策导向。在《国务院关于大力发展职业技术教育的决定》（1991年）、《国务院关于大力推进职业教育改革与发展的决定》（2002年）、《国务院关于大力发展职业教育的决定》（2005年）、《国务院关于加快发展现代职业教育的决定》（2014年）的职业教育政策文件中，对职业教育培养的定位分别为“培养高级操作人员”“培养实用人才”“培养高技能专门人才”“培养技术技能人才”。在国家一系列政策的指引下，职业教育逐步形成了以下特点：一是专业结构与“专业对口培养模式”相适应：二是课程体系力求专业化和实践性；三是课程开发以就业为导向；四是学生培养注重技能训练，弱化综合素质培养。

然而，我国职业教育课程体系存在的一些问题随着经济全球化和现代社会对复合型人才的新要求而逐渐暴露，过于强化专业的取向和做法遭到了质疑。我国职业教育理论界也开始深刻认识到，培养学生各项基本能力、素养、丰富情趣等，需要依托于反映人类集体智慧结晶的基本的知识、方法和观念等，这些内容涉及面广，而不仅仅聚焦在专业这个单一维度。很快，倡导“专业建设重视专业群、教学改革重视复合型”的理论思潮被掀起，而教育部和职业院校在各自领域开启了一些新举措。仅在2019年内，国家就密集出台了多个指导性文件，如《国家职业教育改革实施方案》《教育部财政部关于实施中国特色高水平高职院校和专业建设计划的意见》《教育部 关于职业院校专业人才培养方案制订与实施工作的指导意见》，这些文件推动着职业教育改革走向深水区，主要包括高水平高职院校建设、骨干专业（群）建设、专业人才培养方案修订等方面。职业院校的改革也紧随其后，不少学校提出了“厚基础、宽口径、重能力、求创新”的人才培养理念，将通识教育课程、专业交叉、课程体系调整、学分结构等作为学校人才培养改革的当务之急。

（三）由“精英”转向“大众”

长期以来，中职院校以对口升学为己任；高职院校以订单培养和竞赛种子选手为己任，将精英教育理念贯穿人才培养的始终。例如，在高职院校人才培养方案修订过程中立足“精英”；在教学改革过程中遵循“精英”培养模式；在课程体系优化过程中，注重课程的难度与深度，从学生的知识、能力、素养培养的角度，开设更有利于“精英化”人才培养的课程。然而，随着经济社会的发展，就业市场对人力资源的需求发生了变化，“精英”培养模式所培养的学生已经无法匹配就业市场，尤其当职业教育迎来大众化发展阶段时，“大众”教育乃大势所趋。社会各界也开始反思、批判，质疑“精英”培养模式，实用型、复合型、职业型技术技能人才的呼吁与需求与日俱增。

当前，“大众”培养模式已成为职业教育教学改革的主要方向，并已开始步入实践阶段。很多职业院校开始重视全体学生的共同发展，将更多大众思想融入课程的制度性设计中，强化职业知识和技能的学习，注重课程类型、方向的灵活多样性，加强课程的模块化重构，重视课程服务人群的广泛性、多样化。例如，根据不同层次、不同类型学生编制不同的课程教学方案；研发有效的远程教学网络课程，为有需求的学生提供；根据不同类型的学生开发不同的考核评价标准和方式；根据不同类型的学生设计不同层次的教学内容，紧紧围绕如何让学生掌握人生长期可持续发展所需要的基本知识、能力、素养、方法、规范等。

（四）由“手工”转向“智能”

很长一段时期以来，职业院校的教学模式都是以讲授为主的，“一根粉笔走天下，一个 PPT 贯始终”的现象是教师教学过程中的常态，严重缺乏互动、实操。直到 21 世纪，伴随着现代通信技术、互联网技术、计算机技术的高速发展，信息技术给教育领域带去了思想上的变革、技术上的加强，交互、协作、开放、生成、多元、创新等关键词逐步涌现出来，教学实施策略、教育技术观迎来了崭新的生命。紧随其后，以信息化教学为主要特色的新型教学模式开始崭露头角，传统教学模式在信息化教学这一现代教学理念的引领下，开始有了新的教学内涵、方法与手段。

教学信息化推动了教育创新，提高教学质量、深化教学改革的紧迫性与重要性也引起了教育部、各职业院校的重视。2010 年，教育部率先启动职业教育专业教学资源库项目建设，该项目拟建成 203 个职业教育专业教学资源库，覆盖高职 19 个专业大类，如此举措，对促进教学信息化水平的提升，促进职业教育教学理念、组织形式和教学内容的深刻变革，促进教育教学模式的创新，促进人才培养模式的变革都有着非同寻常的重要意义。高职院校作为教学改革的实施者，也开始不遗余力地开启了“智慧校园”“数字校园”的建设，依托网络技术、通信技术等现代信息技术，全面、规范、科学管理学校的教学、科研、管理等有关的所有信息资源，并用信息技术改造传统的教学管理系统、学生管理系统等，一场声势浩大的“数字化革命”悄然开启了。

时至今日，这场“数字化革命”还在延续，并有愈演愈烈之势。绝大多数职业院校都非常重视数字化学习与资源建设，不断完善信息化教学改革机制，倡导通过现代化教学手段的综合运用来提升课程教学质量；引导教师根据课程性质和特点恰当地运用新一代信息技术开展教学；努力开发网络课程，积极斥资建设智慧教室；倡导教师加强教育思想、教学最新理念、教育教学最新理论的学习力度，革新教师对信息技术、新时代背景下教师职业角色的认知，帮助教师从内心深处深刻认识到自身教学理念革新和转变的必然性与紧迫性；注重提升教师的信息化教学素养与能力，多频次开展信息技术在教学中的具体应用等相关的培训。一言以蔽之，低效的传统教学模式已然被时代淘汰，智能化、数字化、交互性、生成性的新型教学模式已经登上历史舞台，并成为主角。

四、职业教育教学改革价值取向的确立原则与确定方法

毫无疑问，如何确立教学改革价值取向是个见仁见智的问题，而由于置身于同一时代和社会条件，职业院校教学改革的价值追求普遍有共同之处，因此，可以探索其基本原则、机制和方法，以期消减和避免职业教育教学改革取向实践中的乱象，更好地引领职业院校教学改革步入健康、持续的发展轨道。

（一）职业教育教学改革价值取向的确立原则

教学改革价值取向不是非此即彼的问题，不能过于极端，需要在各种矛盾与冲突中找到一个平衡。也就是说，要始终秉持和合的思想，做到“和而不同”，并在“和而不同”的基础上，对现代信息技术背景下的多种教学改革价值取向进行“和合共建”。教学改革价值取向的最终目标是创造出一种“人类价值”。而要实现这一目标，需要始终把握住系统性、中和性、目的性、人本性、明晰性等原则。

1. 系统性原则

复杂性、多层次性、多元性都是教学改革价值取向的特点，因此，教学改革价值取向需要遵循系统性原则，最大限度发挥教育教学理念、价值观在其中的导向和引领作用。同时，教师作为教学改革的实施主体，要避免做出逆向而行、违心的价值取向，需要及时调整好自身的状态，及时排解自身的情境压力。一言以蔽之，合理的教学改革价值取向的确定，需要价值观念、学习者实际需求、实际情境等均达到一个最佳平衡状态。

2. 中和性原则

绝对的、唯一的、至极的形而上本体不是教学改革的价值目标、终极目标，否定多样、多极的“中心”或实体的统一性，也不是教学改革的价值目标、终极目标。确定教学改革的价值目标，需要置身于教育理论不断修正、补充与变换的时代，不能盲目地把某一种教育思想当作绝对的教条，需要强调以人为中心、以社会为基础，需要始终坚持专业性、基础性，需要充分结合夯实公共基础与拓宽专业基础。同时，无论是开放、接纳与呵护，还是扬弃、批判与警醒，职业教育教学都应顺应时代潮流的发展，同时坚持保持必要的追问与思考，总而言之，教学改革，路阻且长，任重而道远。

3. 目的性原则

要实现教学改革和谐发展的目标，需要学校、教师以追求价值目标的各个领域、各个层面的和谐为目标，需要在教学改革的实际行动中和谐共处。学校、教师在确立教学改革价值取向过程中，需要增强价值取向活动的目的性、需要注重整个价值取向过程中的价值观凸显，只有这样，才能让和合取向的预期目标得以圆满实现。

4. 人本性原则

以人为本是教学改革实践的关键，因为“人”才是教学改革活动的主体，只有坚持以人为本，才能将尽可能多的积极因素充分调动，并深度参与到教学改革的价值定位与实际谋划中。教学改革活动如果将“人”这一主体忽略或淡化，低层级的主体被束缚、整合到层级较高的主体，那么，这样的改革活动与其说是主体的，不如说是上级的，人本精神缺失，也容易带来价值取向结果的偏失。教学改革价值需要彰显主体的人本性，激发主体的能动性、创造性，进而为教学改革价值取向的要素、程度、进程确立主体保障。

5. 明晰性原则

教学改革受到价值取向的影响、制约，价值取向对教学改革有着很重要的导向和引领作用。如果教学改革的价值取向不够明晰，让人捉摸不定，这样的价值取向便失去了意义，没有起到引领作用，也没有让大多数人领会其主旨与要领。如此这般，在学校教学改革的具体实施过程中也会偏离既有轨道，甚至完全事与愿违。因此，定位明晰、鲜明、易于理解等都应该成为教学改革价值取向的基本遵循。

（二）职业教育教学改革价值取向的确定方法

在思想上深刻认识教学改革价值取向是前提，这样才可能有后面的教学改革方法。教学改革方法的确定不应是盲目的、随意的，需要不断总结、反思和寻求转变。

1. 由过于关注改革内容转向更多地关注改革方法

目前，关于教学改革内容的研究成果不计其数，如教学方法的改进、教学手段的优化等都是学者们关注的重点，但是，关于教学改革方法的研究屈指可数。也就是说，人们把注意力大多聚焦在“改什么”这一终极性、目的性问题上，而对于“如何改”这一过程性、手段性的问题鲜有人问津。事实上，“如何改”是“改什么”成功的必要前提。很多职业院校、教师都在被时代的洪流所裹挟着，当有人开始呼吁“提高实践能力和创新能力”时，大家就立刻跟进实践教学、创新教学与创新型人才培养的研讨，不知不觉将教学改革的基本问题、微观领域给彻底忽视，这不能不说是一种悲哀。面对变幻莫测、风起云涌的教学改革实践，学校和教师需要深入探讨教学改革“改什么”的问题，更需要重点关注教学改革“如何改”的问题。当大家开始重点关注教学改革方法时，研究者必然就开始关注教学改革的问题与价值、教学改革的历史与现状、教学改革的理论与实践，这样才能知其然更知其所以然，就能够在很大程度上避免发出想当然的指令，就能够真正推进教学改革走入深水区。

2. 由单一维度视角转向复合维度视角

影响大、改革主体多元、涉及面广、运作流程复杂等都是教学改革的典型特点，实践中基于单一维度去探讨教学改革显然不可取。教学改革中需要尽可能平衡多方利益诉求，从而充分调动各利益主体参与的积极性。教学改革的过程一般首先需要生成改革的需要与设想，其次是制订、推行和实施改革方案，最后是评价改革成效，其中的每一个环节都不容小觑，需要谨慎严谨的科学运作和专业化设计。尤其是随着教学改革的深入推进，改革主体的利益、权利、心理及文化等层面的问题必然会涉及。因此，教学改革仅仅基于单一的教育学视角显然失之偏颇。学校和教师可以基于理论层面、经验层面或方法论层面等多维视角去探讨，检视教学改革中的基本问题，虽然基于不同层面教学改革所产生的效能可能不一致，但可以确定的是，基于多维度视角去研讨教学改革中的基本问题，可以更深入、更全面地理性认识教学改革。

第二节　积极完善教学条件

教学条件是学习生态的重要组成部分。以往高职电子商务专业人才培养对物资设备和自然资源条件不够重视，缺乏物质生态环境的稳定保障和依托，制约了高质量的教学和创新型人才培养。现实中，物质生态环境是否平衡与协调，直接影响教学手段的运用和教学效能的提升。本节讨论智慧教室、生产性实训基地和创新创业孵化基地的建设，介绍它们如何实现物力资源最大效益的发挥。

一、智慧教室

智慧教室是指为教学活动提供智慧应用服务的教室空间及其软硬件

装备的总和，是在物联网、云计算、大数据等新兴信息技术的推动下，教室信息化建设的新形态。当前，高职院校智慧教室建设，主要是对传统演示型多媒体教室的优化改造，其基本思路是坚持以人为本，以建构主义和具身认知等为理论指导，同时在人机互动、环境心理学等相关理论和智能技术、人机交互等技术的支持下，充分发挥课堂组成各要素的作用，基于“教学法—空间—技术”框架一体的设计原则，突破原有多媒体教室过于依托单一技术所带来的限制，为师生创建更为灵活、更多用途的教学与学习空间，实现将新技术融入教育，改革教学模式，创造面向未来的互动教学环境。

（一）智慧教室基本框架

智慧教室框架指向的是为学生学习提供所需的智慧支持（包括学习空间与软硬件设施），以大数据技术为核心关联，实现教学资源的智慧整合、教学活动的智慧服务、教学过程的智慧记录与评价，建构以大数据空间为核心的“虚实结合”的创新型智慧教室。

1.虚拟空间

①资源空间。智慧教室资源空间可以为师生提供全面性和个性化的资源支持。在资源来源方面，资源空间基于云端，利用大数据、云计算等技术，为师生收集、处理和呈现所需的学习资源，以满足在智慧教室内开展多样化教学活动的要求。在资源内容方面，创新型智慧教室可以通过云端获取并组织个性化学习资源，既减轻了学生上、下学的书包压力，又能使学生获得更多、更优质的学习资源。此外，学生还可以上传个人学习笔记，共享学习资源。

②服务空间。新兴技术的蓬勃发展，使创新型智慧教室的服务空间成为为深度教学提供综合性教学支持的智慧软件系统。该空间包括智能控制系统、音视频系统、基于情景感知技术的智能感知系统、教学辅助系统、电子书包系统、虚拟现实环境系统、自适应系统以及其他能够支

持深度教学的子系统，比如，语音识别系统、手势控制系统等。服务空间分为三大端口，包括教师端、学生端与管理端，对不同端口的人员开放不同的权限。

③交互空间。研究显示，智慧教室内有效的教学交互会对深度学习产生显著的积极影响。借助互联网相关技术，智慧教室摆脱了空间限制，连接了虚实空间。与传统教室相比，面向深度学习的智慧教室内教学交互参与主体更多、范围更广、灵活性更强。交互空间使学生、家庭、教师、社会和其他主体可通过移动终端的连接进行互通互联，为深度学习的发生创造一个多主体的教学、交流空间。

④评价空间。面向深度学习的智慧教室的评价空间有两个重要特征：及时与全面。及时，是指评价空间在教学过程的数据收集过程中发现的问题，会及时生成课堂问题报告发送给教师端，帮助教师了解学生学习情况，调整教学策略，或直接提示学生进行自我补救行为；全面，是指评价空间可利用技术手段收集全面、有效的行为痕迹，生成教学分析报告，为评估教学效果与学习效果提供科学数据。评价空间根据师生数据，建立和储存学生成长档案与教师成长档案，管理、教师和学生三个端口具有查看指定部分内容的不同权限。

2. 物理空间

智慧教室空间构成离不开一个相对固定的物理空间，以提供与虚拟空间内的技术和系统相应的硬件配置。物理空间主要包括教室内外的各种智慧教学与管理设备。根据深度学习的教学需要，教室内的智慧教学设备包括以下几类：交互式电子白板，满足教学与交互的双重需求；控制面板，可依据传感器设备或人为操作，一键开关教室设备、智能调控教室光电与温度湿度环境；音视频设备，既可播放音视频，也可进行录课、视频会议等活动；活动讲台与活动桌椅，可根据教学交互需要自主调整摆放；教室外配备教学管理设备，管理人员可通过电脑远程集中监控教室，查看教室内的环境与设施使用报告、教学行为报告等，也可通过大数据显示屏直接查看，为教师进行研课、议课提供数据报告，助力教师专业发展。

3. 大数据空间

面向深度学习的智慧教室的大数据空间是连接智慧教室虚拟空间与物理空间的重要枢纽，也是联系贯通智慧教室的重要部分。大数据空间的一个重要作用就是形成教学数据，助力教学的开展。大数据空间可从虚实空间中采集、整合各类数据，发现教学问题，提供可行性解决方案，评估教学效果，具有提高教学质量、优化教育资源配置、科学辅助教学和实现深度学习等重要作用。课前，教师可利用大数据选取适合本班的教学内容与资源、教学方法与策略等。在教学过程中，教师可利用大数据选择适当的教学交互方式，并对学生学习行为进行跟踪、分析与诊断，教师可根据诊断结果及时调整教学内容与进度，实施差异化、个性化教学。课后，系统会自动生成教学录像，大数据空间会根据录像自动生成学习报告，教师可查看学生学习报告，继续进行课后教学补救。大数据空间还可以根据课堂数据进行深度学习评价，生成教师与学生的成长档案，供师生与管理人员查看。

（二）智慧教室的主要功能

在介绍了面向深度学习的智慧教室的功能建设总体框架之后，下面介绍一个面向深度学习的智慧教室的功能模型。该功能模型旨在打造以大数据为链接的集资源、服务、交互和评价于一体的创新型智慧教室。

1. 资源利用层

资源利用层是面向深度学习的智慧教室的第一个基础功能，主要包括四大功能。

①资源获取功能。教师可借助电子或实体资源进行备课工作，便捷地获取教学资料，选取适配的教学策略；学生可自主获取学习资源进行主动性学习。

②资源推送功能。系统根据课程内容与实时教学进度，利用大数据进行资源筛选和重组，为教学活动提供精准的信息资源；师生之间也可相互推送；也允许师生对资源内容进行编辑，以提高资源的利用率和适配度。

③资源共享功能。师生之间、生生之间可共享笔记，同屏播放资源。

④资源上传功能。学生可以上传个人学习笔记以及教师的电子板书，进行讨论与交流；上课形成的教学视频也可在教师审核后上传云端；另外，师生也可直接对获取到的资源进行收藏与标记，上传到个人学习空间，创建个人学习足迹。

2. 应用服务层

应用服务层是面向深度学习的智慧教室的第二个基础功能，主要是为深度学习提供教学支持，辅助教学管理。管理端主要针对教学管理工作，管理人员可通过应用服务层进行分类管理。师生端主要针对课堂教学，可根据实际教学需要使用所需系统。教学辅助功能可辅助教师智能备课，在课堂上为教师提供所需的虚拟教具，并根据学生实际学习情况智能调整教学内容或进度；视频会议功能可以远程互动，提高学生的社会性经验；录播课程可记录整个教学过程，形成优质教学资源；电子书包功能可为学生呈现数字化学习资源，可作为学生自主学习和协作学习的工具；虚拟现实功能是基于全息投影、AR 和 VR 等技术，为情境化学习、探究式学习等提供技术支持；智能感知功能可以感受学生学习状态，评估学生学习情况以及课堂教学预期效果；自适应功能能够采集课堂教学过程中的信息数据，根据师生的教学过程的动态变化，预测教学效果，为教学提供更加科学化的决策方式。另外，服务应用层也可对教室环境进行指挥控制，助力网络维护与设备维护工作。

3. 社区交互层

社区交互层是面向深度学习的智慧教室的第三个基础功能，主要包括保障良好的教学交互与建立学习社群功能。高质量的教学交互是实现深度学习的重要条件。教学交互借助无线网络技术和自适应交互系统技术，实现人机、师生、生生、师师等多主体的良性交互。建立学习社群的目标是借助移动设备，构建贯穿学生、家长、教师、社会人员的多主体交互网络，以实现相互促进，包括学生交流社群、教师交流社群和社会交流社群等。

4. 反馈评价层

反馈评价层是面向深度学习的智慧教室的特色部分，主要功能是进行课堂反馈与课后评价，并建立学生成长档案与教师成长档案。反馈评价层依据大数据采集课堂教学信息，及时评价学生深度学习情况，汇聚反馈数据，发现学生问题，帮助教师实现精准教学决策，并进行即时教学补救。课后生成学生深度学习的教学诊断报告，帮助教师关注学生的深度学习情况，进行个性化课后教学补救。这种教学补救可将诊断报告推送给学生个人，让学生自主进行学习补救，帮助深度学习更好实现。反馈评价层还能结合过程性评价与总结性评价，生成学生成长档案与教师成长档案，评估深度学习的实现情况。

5. 大数据层

大数据层是面向深度学习的智慧教室的核心部分，主要功能是大数据分析与大数据管理。大数据层重点关注智慧教室功能的整体性与效能性，串联并整合其他四个层面的数据信息。在大数据分析功能中，大数据层可进行数据采集、数据挖掘，并对数据进行分析，在教学过程中适时推送教学资源或推送问题反馈，并根据学生学习情况为教师提供科学性的教学决策，预测深度学习效果。大数据管理则是对人员、资源和过程等数据进行分类管理，并建立相应的数据库，为教学过程的不断发生提供更加精准的数据基础。以大数据空间为核心的“虚实结合”的智慧教室涵盖了深度学习教学内容呈现、教学过程支持、良性教学交互、过程性评价等功能，这些功能为师生教学提供大数据，并基于大数据优化教学决策，提高深度教学质量。各子模块相互关联、共生协调，为实现智慧教室内的深度学习提供所需的智慧支持。

（三）打造多类型教室

智慧教室形态多变、功能丰富。

1.互动教室

首先，互动教室桌椅均是可拼接、可移动的，而且融合多种类型，完全打破了传统教室固定桌椅的布局；其次，互动教室配置了手机互动系统、人机交互式显示设备等。基于此，师生教与学的过程中可以利用互动教室的软硬件，最大限度地实现师生互动、生生互动、人与资源的互动等。

2.多屏研讨教室

多屏研讨教室的教学空间拥有全新的教学形态。一是摒弃了传统教室的讲台，将讲台放置于多边形教室的中央，能够让教师在教学过程中更好地扮演导演与组织者的角色；二是手机互动系统、触摸一体机、多屏互动系统等智能设备的配备，能够让学生更好地开展小组研讨、分享、头脑风暴等教学活动。

3.多视窗互动教室

传统的教学内容演示方式，在多视窗互动教室里，被多视窗演示系统和超大屏显示设备所取代。多视窗演示系统可以优化教学内容的呈现方式，能让高难度的复杂问题多个维度地展示出来，能可视化地调度多种教学资源，能支撑复杂的教学过程，能对比展示多种教学资源，从而可以大幅提高学生的学习效果和学习兴趣。例如，该系统在医学类课程中可以让病变前后器官、组织、细胞的对比很好呈现出来，在艺术类课程中可以将同一首音乐基于不同的故事背景进行对比呈现。

4. 远程互动教室

在教室里配置远程互动系统、专业摄像机、组合教室大屏等，可以实现沉浸式互动环境的创设，实现多地域、多校区、多教室的教学资源共享。

5. 网络互动教室

网络互动教室依托于网络互动系统、高性能配置的教师机与学生机，能够实现强大的互动功能。首先是师生互动，教师机与学生机收发资料畅通无阻，且学生还能接受教师一对一的指导与学习反馈；其次是生生互动，学生之间可以相互展示学习资源；最后是人机交互，教师机与学生机都能快速响应各种指令，有利于在线测试、动画游戏等多种活动的开展。对于软件类、设计类的课程，引入这样的参与式、互动式教学，将大大提升学生学习兴趣及学习效果。

6. 专用研讨室

专用研讨室的最大特点是拥有若干个独立讨论区域，通过玻璃隔断将大教室分割而成，每个独立区域均配备了投屏系统、触摸一体机、书写板、活动桌椅等。专用研讨室环境，有利于师生课前课后学习研讨活动、学生创新创业活动、大型社团活动等的开展。

二、生产性实训基地

生产性实训基地对职业院校来说有着非同寻常的意义：一是可以大幅提高学校的办学水平、产教融合的程度；二是可以大力推进人才培养模式的创新与改革；三是可以解决高职院校实训基地建设经费不足、实践教学力度不够、校企合作流于形式、人才培养与产业发展需求脱节、社会服务能力欠缺等问题。学校与行业、企业加强合作，共建共享型生产性实训基地，能让学生在校期间就感受到真实的职业环境、体验到真实的职业岗位，有利于学生提高学习的主动性、好奇心，从而使学校的人才培养质量和办学水平得到进一步提升，为行业、企业提供更精准的人才服务。

（一）生产性实训基地的类型

职业院校生产性实训基地，可以按投资主体、建设场所、实现功能三种情况进行分类。

1. 按投资主体分类

学校自建、企业出资建设和校企共建是职业院校生产性实训基地按投资主体分类的三种类型。生产性实训基地完全由学校自建时，教学功能会尤其突出，也就是说，学校自建的生产性实训基地能够很好地满足教师教学需要。这是由学校的教学基因所决定的。但是，学校自建的生产性实训基地也存在一些学校难以解决的问题，如生产功能欠缺、投资成本高、技术更迭滞后、设备维护难且利用率低等。生产性实训基地完全由企业出资建设时，生产功能会更加突出，也就是说，企业出资建设的生产性实训基地能够很好地做到生产经营对接市场实际需求，产品升级与技术迭代快。这是由企业的生产经营基因所决定的。因此，学生能够在实训过程中了解行业的发展趋势和新技术。但是，这种方式同样存在一些矛盾和冲突，如如何平衡企业盈利性与学校公益性、企业生产与学校教学之间的矛盾等。生产性实训基地由校企共同出资建设时，会兼顾教学功能与生产功能，能够很好避免上述问题与矛盾冲突，是未来的主要发展方向。

2. 按建设场所分类

从建设场所来说，校内生产性实训基地和校外生产性实训基地是职业院校生产性实训基地的两种类型。校内生产性实训基地主要优势在于地域优势，因为将生产性实训基地建在校园内，所以能够很好地融合教学与生产。校外生产性实训基地的产生，是由于有些专业对生产性实训基地的环境、面积、投资费用等要求都很高，不适宜建在校内，需要建设以企业为依托的校外生产性实训基地。

3. 按实现功能分类

从实现功能来说，基于仿真操作的生产性实训基地与基于真实生产的生产性实训基地是职业院校生产性实训基地的两种类型。基于仿真操作的生产性实训基地是仿照企业的真实生产流程开发的仿真实操平台，能够全面呈现企业完整的生产过程，并让学生模拟各种操作。这样的仿真平台在一定程度上可以提高学生的职业技能，但是囿于平台真实性、竞争性，不能很好地培养学生的严谨、求真、务实的工作能力，也不能很好地培养学生的安全意识、环保意识及规范意识等职业素养。基于真实生产的生产性实训基地给学生提供了与现实生产相同的工作岗位，实现了“真题真做、实战训练”，更能增强学生的切身体验和技能获得感。

（二）共建共享生产性实训基地的必要性

1. 共建共享生产性实训基地是校企深度融合的载体

培养适应经济社会发展的高素质技术技能人才是职业教育的历史使命，这就对职业教育提出了要求——要求职业院校将办学建在产业链上，将专业设在产业上，将课程开在职业上，将技能练在岗位上。上述办学目标的实现离不开职业院校和企业的深度合作，离不开在人才培养的过程中全面融入产业对人才在技术技能、职业素养等方面的要求。校企共建共享生产性实训基地，能够有效实现专业对接产业、课程内容对接职业标准、教学过程对接生产过程，能够很好地满足职业教育内涵发展、产教融合的诉求。

2. 共建共享生产性实训基地是提升人才培养质量的有效途径

职业院校学生专业技能和职业素养的培养，需要借助于生产性实训基地提供的真实岗位体验、工作环境。究其原因，学生通过实际工作岗位的真实体验，能够直观地感受到该岗位所必须具备的能力，能够了解到企业采用的技术，能够体验到企业的真实工作环境与氛围，能够身临其境地感受到未来将要从事的工作岗位。这样的实践过程，对于提高学生专业技能、职业素养都大有裨益，能让学生明白自己未来需要什么样的职业岗位，从而可以大幅度提高人才培养质量，为企业提供更加稳定的、高质量的人才。

3.共建共享生产性实训基地是实现人才高效配置的必然要求

随着科学技术日新月异的发展与更迭，我国经济持续高速发展，目前已步入提质增效的新阶段，而产业结构的优化升级对人才也提出了新的需求。职业院校作为行业、企业高素质技术技能人才的输出供给方，如何让人才更好地适应行业的发展、企业的需求，已经成为当前职业教育亟须破解的难题。生产性实训基地整合了校企双方的优质资源，为难题破解提供了一种方案。一方面，高职院校教师可以为企业提供新兴技术研发、产品研发等服务，帮助企业提升市场竞争力；另一方面，生产性实训基地为学生提供了了解行业、企业、岗位的机会，学生通过在生产性实训基地的实习，能够更好地获得自身的个性发展，更明确自身定位，更明确未来的职业发展方向。校企合作共建共享生产性实训基地，能够为行业、企业的转型升级提供人才支撑，能够更好地实现人才在产业中的最优配置。

（三）共建共享生产性实训基地的策略

生产性、共享性、先进性应该成为职业院校校企合作共建生产性实训基地的基本原则，在双方共建共享过程中，校企合作模式、师资培养、体制机制、实践教学等方面都需要校企双方进行系统探索和实践。

1.多元主体，共建共享生产性实训基地

校企合作开展生产性实训基地建设大体分为以下几种模式：一是引企入校。职业院校需要创新多种方式吸引企业，一般来说，学校主要通过场地、技术，人才、学校品牌等方面吸引企业投资进驻学校。二是引人才入校。职业院校在引企入校的同时，还可以制定相关激励政策，将企业的高端技术技能型人才、领军人才引入学校，用以指导学生参与各类项目、开展各类活动，并用精湛的技艺、高尚的人格感染学生、激发学生。三是在校外建设生产性实训基地。部分生产性实训基地对场地面积、设施设备都有着较高的要求，学校需要企业投入场地和设备，也就是说，学校投入部分资金或生产设备与企业共同建设校外生产性实训基地。

生产性实训基地对于职业院校来说有着不可替代的作用：一是可以让学生能够在校期间接触到真实的工作环境和工作岗位，能够让学生的专业技能、职业素养得到全面提升；二是学校发挥自身和企业的优势，实现了双方资源的有效利用，大大降低了学校的资金压力，同时，学校作为校企合作的主体，能够实时监控、保障学生在生产性实训基地的实习效果，高效率、低投入、实境化的建设目标得以实现。

2. 多措并举，保障生产性实训基地的良性运行

健全的制度保障是生产性实训基地良性运行的前提，因此，学校需要重视顶层设计，校企协同创新体制机制，从功能定位、建设方案、企业文化融入等方面切实做好规划，为实训基地的长期可持续发展提供全方位的制度与政策保障。同时，校企双方成立理事会也是必不可少的。理事会相当于一个协调、决策和议事机构，能够指导实训基地建设，保障实训基地生产、教学、技术研发、社会服务等有序运行。另外，由于实训基地的有序运转离不开良好的政策环境与制度保障，因此校企双方需要签署相关协议，制定相关制度，保障和约束校企双方的权利，明确校企双方的职责与义务。

3. 多维并行，建设知行合一的实践体系

生产性实训基地集生产职能和教学职能于一身，为学生技能的提升与知识的应用提供了一个很好的平台。职业院校校企合作共建生产性实

训基地的实践教学模式可以按照以下五个结合进行：行业标准结合教学标准、兼职教师结合专任教师、生产项目结合教学项目、企业管理结合实习管理、企业评价结合教学考核。职业院校将适应专业发展需要的实践教学体系构建在生产性实训基地上，便于最大限度地实现教学与生产、教学课堂与生产场所、技能培养与岗位体验等方面的有效并行，从而使以人为本的办学理念得到充分体现。

4. 多元互聘，构建专兼结合的师资团队

学生的技能培养既需要有生产性实训基地顶尖的设施设备、前沿的生产技术等作为硬件保障，也需要有一批责任心强、理论功底深厚、业务水平高超的师资队伍作为软件保障。因此，职业院校校企合作共建生产性实训基地需要高度重视师资队伍建设。具体来说，师资队伍建设可以采取以下几种方式：一是通 过挂职锻炼，培育专任教师的实际业务水平，定期选派教师深度参与企业的岗位任职、科技研发、技术服务等；二是通过兼职互聘、柔性引进等方式，引进行业、企业的技术能手、技艺工匠等，使他们将宝贵的生产经验、精湛的技艺、奉献精神、工匠精神等融入教学，传承给校内学生。只有创新采用多种形式整体提升师资队伍素质，才能更好地培养学生的实践技能和职业素养。

三、创新创业孵化基地

要培养学生的创新创业能力，既要让学生学习创业知识、掌握创业技能，又要让学生进行创业模拟实践。创新创业的“基因”需经过“孵化”，“孵化”的场所可以是课堂、宿舍，或者是实验室、实训中心，或者是餐厅门口、体育场馆休息区，或者是大学生活动中心、人才培养模式创新实验区，或者是政府举办的创业园、科技园、动漫产业园。实践表明，最有效的孵化场所是创新创业孵化基地。创新创业孵化基地可以分为校内基地和校外基地两大类，按照建设和运作的模式可归纳为工作室模式、参赛牵引模式、模拟对抗模式、平台交流模式、项目驱动模式、订单介入模式等。这些模式的运用构成了既结合学校实际又具有可操作性同时具有长效作用的运行机制。

（一）工作室模式

在传统意义上，工作室指艺术家的音乐创作室、绘画创作室、摄影创作室等。在创业管理学中，工作室有着不一样的意义——它代表着一个组织和环境，是由一个人或几个人、一个机构或几个机构所建立的。工作室模式是大学生创业孵化校内基地的一种特有模式，是指高校结合专业的特点，在专业学校、专业研究机构成立工作室，或以科研课题为单位成立工作室，组织学生开展创业演练和创业实践。在工作室模式中，学校免费提供场地，学生在工作室内设计并实施创业项目。工作室模式的大学生创业校内孵化基地的运行以产业需求为依据，结合学校专业设置和办学条件的实际情况，以某个专业为平台，独立成立工作室，或将多个专业跨学科联合创建平台，创设联合工作室，为在校大学生提供创业服务。这种创新模式，在一定程度上可以降低成本、提高成功率。

（二）参赛牵引模式

参照国际成功经验，高职院校可通过积极组织大学生参与各种类别的创新创业大赛来培养学生的创新创业能力。高职院校在建设大学生校内创新创业孵化基地机制的时候应紧紧围绕参赛来建设，也就是说，高职院校的创新创业部门或教学管理部门，从学生参赛的准备阶段、参赛的具体过程到最终参赛成果的创业项目转化阶段，应有一套完整的运行机制。具体来说，在参赛的准备阶段，着力培养大学生的创业决策能力、市场需求分析能力；在参赛的具体过程中，侧重培养学生的策划能力、团队精神、遵纪守法意识、供应链管控等各种综合运用各种专业知识、创业知识的能力；在最终参赛成果的创业项目转化阶段，鼓励学生在日常生活和工作中灵活融入自己的创意设计，创新产品，并积极促进创业成果的实际转化与应用。

（三）模拟对抗模式

创业教育是一个长期发展、循序渐进的过程，当前大多数高职院校的创业教育还处于初级阶段。基于客观实际，“模拟对抗模式”在高职院校中应运而生，该模式模仿了军事领域中红军对抗蓝军、沙盘推演的做法。具体来说，高职院校通过团组织和大学生活动中心，组织学生在校内开展模拟创业，训练学生的创新创业能力。在具体实施过程中，需要将学生分成多个创业小组，在创业设计方案论证会上，一部分小组的学生充当“客户”的角色，另一部分小组的学生充当“设计者”的角色，设计者需要深刻理解客户的具体要求，制作设计方案，并恰到好处地解读设计创意，最大限度地获取“客户”信任与认可。

（四）平台交流模式

平台交流模式是指高职院校搭建虚拟或真实的服务平台，为大学生提供有效的项目推荐服务、交流指导，其主要作用是解决大学生从业信息积累不足、信息获取途径有限、经验不足等问题。平台交流模式有利于行业、企业、社会创业专家提供创业信息供给、创业具体指导，疏通堵点，解决痛点，助力学生创业。

（五）项目驱动模式

创新创业项目可以作为提升学生创新创业能力的突破口和重要抓手。具体做法是，各大高职院校在校内创设一大批创新创业项目，由指导教师带领学生深度开展项目，当项目经历了落地、生根、发芽、开花、结果等孵化过程之后，校内孵化的企业可以在学生毕业时，和学生共同走入社会，从而可以帮助更多人就业，真正实现“以创业带动就业”。

（六）订单介入模式

高职院校在学校内部创设人才培养模式创新试验区或创新创业孵化基地，并将经济技术开发区、高新技术开发区的资源对接于技术密集型、知识密集型产业与现代服务业企业的项目，学生根据项目的实际需求，充分发挥自身的潜力与才华，研发、制作新工艺、新产品。

第三节　科学引导智慧生成

一、智慧生成是教育的核心价值

“智慧”一词的起源不是很明确。《牛津英语词典》指出，“智慧”一词大概源于日耳曼族语言，在古英语中常被使用。《大不列颠百科全书》称“智慧”这一概念最先始于公元前3000年左右的古埃及文字记载中。虽然词语起源并不明确，但可以肯定的是，古今中外的人们渴望智慧，对于“何谓智慧”“如何获得智慧”进行着不断探究。

（一）智慧的释义

迄今为止，“智慧”没有学界公认的解释。关于“智慧”的释义，《辞海》中的解释是“对事物认识、辨析、判断处理和发明创造的能力”，《现代汉语词典》中的解释是“辨析判断、发明创造的能力”，《韦伯斯特新世界词典》中的解释是“基于知识、经验、理解等的正确判断和采取最佳行动的能力”，《牛津高阶英汉双解词典》中的解释是“一种对于有关人生和行为的问题能够做出正确判断的能力；在目标与手段的选择中表现出判断的公正合理；对于什么是正确或适宜的能够做出真实判断，并有意采取相应的行动；具有感知和采用最佳方法和途径去实现目标的能力；其主要特点是审慎、认知判断能力强”。下面本书对“智慧”的要素和关键进行梳理，以呈现“智慧”的内涵。

通常认为，知识、思维和人格是智慧的三要素。知识和思维比较好理解，这里的“人格”包括心理学和伦理学意义上的“人格”，指修养品质。《论语·卫灵公篇》记载：“子曰：‘知及之，仁不能守之，虽得之，必失之；知及之，仁能守之，不庄以莅之，则民不敬；知及之，仁能守之，庄以莅之，动之不以礼，未善也。’”将孔子的这段话翻译一下，意思是说，“靠聪明才智得到它，仁德不能守住它，那么即使得到了，也一定会丧失。靠聪明才智得到它，仁德能够守住它，但不以庄重的态度来行使职权，那么民众就不会敬畏。靠聪明才智得到它，用仁德保持它，能以庄重的态度来行使职权，如果不能按照礼来动员，也是不完善的”。亚里士多德认为，智慧可以分为形上智慧和实践智慧两种，并认为“理论”是用来把握事物的原因和原理，而“实践”主要是强调人的道德行为。[①]苏格拉底在教师的基础上深入分析，提出“德性是实践智慧的形式”。可以看出，亚里士多德和苏格拉底都认为，没有德性的人是不可能具有实践智慧的，唯有通过实践才能使人具有真正的德性。因此可以说，智慧的人不仅要具备知识和思维能力，而且要具备良好的品质。

安东尼对智慧要素进行归类，认为包括要素四类智慧：第一类是包括认知、反思、判断、分辨、推理等在内的思维理论；第二类包括事实性和程序性的知识，如问题解决、计划以及决策等方面的知识与技能；第三类包括理解人的本性、认识与处理不确定性、理解错误信念、理解和处理生活实际问题的知识和技能；第四类是包括正直、守信、勇气、公平、自制、慈善、正义、忏悔、谦虚、谨慎、尊重、理解等在内的品质。[②]因此可以说，智慧包含基于整体感知、直觉把握形成的知性智慧，基于理论思考、规律认识形成的理性智慧，基于职业感、道德感、人际

① 亚里士多德．形而上学[M]．吴寿彭，译．北京：商务印书馆，1959：092.

② LIEW A. DIKIW: data, information, knowledge, intelligence, wisdom and their interrelationships [J]. Business nanagement dynamics, 2013 (4): 49 -62.

交往形成的情感智慧，以及基于个体经验积累、实践感悟与反思形成的实践智慧。

（二）智慧的人文意蕴

在对“智慧”的众多阐释中，都显性或隐性地传递着“人文”。“人文”是偏正词组，其核心是“人”，因此，“人文”是重视“人”的文化，是一种思想观念，是以人为本的思想，是对生命关爱的情怀，集中体现了重视人、尊重人、关心人、爱护人。

在安东尼对智慧要素的归类中，第三类和第四类凸显了智慧元素的丰富人文蕴涵。可以说，没有人文滋养，就无所谓智慧。巴尔特斯和施陶丁格认为，智慧是人类最重要的积极人格特质之一，是实现美好生活的重要资源，是建构幸福人生的关键因素，它为人生中诸如怎样获得有意义和幸福的生活等问题提供洞察与指导。[①]罗伯特认为，智慧能够将我们导向幸福人生，通过智慧发现通往幸福人生的路径。[②]舒马赫认为，当前的整个人类处于道德危机之中，不是因为我们不懂科技，而是因为我们缺乏智慧，破坏性地运用了科技。西塞罗认为，智慧的功能是区分善恶。

在智慧的人文意蕴中，“和谐”是其中重要的一点。人们通常认为，和谐是一种配合适当、协调的状态，与多元、宽容、和平、开放、发展等有着“本源”关系。和谐是对立事物之间在一定的条件下，具体、动态、辩证的统一，是不同事物之间相辅相成、共同发展的关系，是一种平衡的状态。智慧涉及个体自身、个体与他人以及个体与环境之间的平衡。美国耶鲁大学教授斯腾伯格明确强调，智慧的首要特征是“平衡”，

---

① BALTES P B, STAUDINGER U M. Wisdom: a metaheuristic （pragmatic） to orchestrate mind and virtue toward excellence [J]. American psychologist, 2000 (55)：122 - 136.

② ROBERT J S. A balance theory of wisdom [J]. Review of general psychology, 1998 (2)： 347 - 365.

即通过平衡个人内部、人之间和个人外部的利益，在适应环境、塑造环境和选择环境三者中取得平衡，以获取公共利益的过程。因此，人们要具备相应的知识、良好的思维，并在将智力、创造力和知识运用于所在生态世界的利益时，才是智慧的。高尚的人格对于一个智慧的人来说是不可或缺的，人只有知识、思维、人格达到和谐状态时，才是真正的智慧。

（三）智慧教育是智慧生成的途径

英国哲学家罗素曾经说过，每一个人皆有智慧的潜质，智慧教育是引导人智慧生成的教育。这里的教育包括学校教育、家庭教育、社会教育，涉及正式的教育形式和非正式的教育形式。我国教育家张楚廷认为，大学里，90% 的教育蕴含于教学之中，如果把传授知识和训练技能作为教学的唯一任务，这种认识过于狭隘，教学不仅是传授知识，还包括培养智力和“心力”。①

智慧教育能够引导学生智慧生成，能够促进“个人知识”发展，能够始终关注人文，能够帮助学生获得幸福生活。与灌输所谓的智慧理论不同，智慧教育引导学生的知识习得、人格养成、思维训练，从而使学生个人智慧生成。总结来说，一是智慧教育引导学生自主分析处理学习资料，从而使信息内化于心；二是智慧教育帮助学生在体验、互动、探索、建构中生成个人知识，从而使知识结构得到完善，心理得到充实，思维能力得到提升；三是智慧是在“理解真知、正确判断和恰当实施”的过程中潜移默化生成的；四是智慧教育让学生吸收、运用和拓展知识的能力得到提升，思维能力也得到提升，“从善”的意识也得到提升。

DIKW 模型（见图 8-1）表示了数据（Data）、信息（Information）、知识（Knowledge）、智慧（ Wisdom）元素的关系：数据是一无所知（Know Nothing），信息是知道“是什么”（Know What），知识是知道“如

① 张楚廷．教学论纲 [M]. 北京：高等教育出版社， 2008：139.

何”（Know How），智慧是知道“为什么”（Know Why）。许多人知道“做什么”，相当一部分专业人士知道“如何做”，但只有智慧的人才知道“为什么能做，或不能做”。人们通过认识智慧与数据、信息、知识、能力的区别和联系，才能把握智慧的生成。

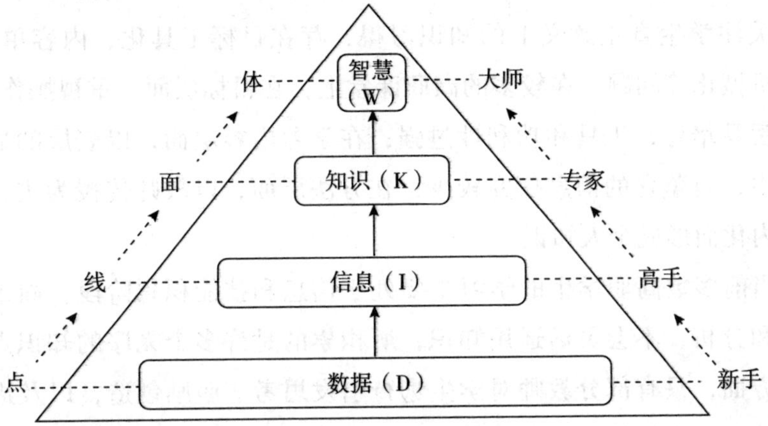

图 8–1　DIKW 模型

由上可以看出，学生智慧生成可以分为获取信息、内化信息、重构心智、生成智慧等四个阶段，其中有知识习得、思维训练和人格养成等三个基本要素。基于此，我们可以认为，智慧教育就是要引导学生善于获取、运用和拓展知识，善于思维和“从善”。人文是“智慧”的核心，也是“智慧教育”的核心，引领智慧生成的教育应当重视人文素养。

二、知识习得是智慧生成的基础

知识是智慧生成的土壤，如何指导学生的知识习得过程，促进个人知识的生成，使学生善于吸收知识、善于运用和扩展知识，是引导学生智慧生成的基础。课程教学能带给学生什么知识，应该让学生习得哪些知识，以及教与学的理念、方法、目标等，是课程设计中容易模糊的部分，而要让知识灵动，让智慧的土壤肥沃且充满生机，对这些内容的明确是非常必要的。

（一）高职教学知识习得的现状

知识习得是学习之后对知识的获得。学术界认为，当前的高职教学没有关注学生真正意义上的知识习得，存在目标工具化、内容单一化、方法机械化等问题。在较多的高职课堂上，在目标层面，重视操作技能，忽视智慧培育，工具和功利性过强；在学习内容层面，以表层的显性知识为主，对蕴含的信息探究较少；在方法层面，以教师传授为主，较少进行内化而形成个人知识。

当前多数高职学生的学习主要处于信息和技能积累阶段，尚未进行处理和分析，不会灵活运用知识，所积累的是许多个无序的知识点。在教的方面，只有部分教师对学生进行引发思考、激励创造，以及进行文化素养和意识的培育。在一项调查中显示，85% 的教师认为通过教学提高了学生的知识和能力，60% 的教师认为培养了学生的综合能力，40% 的教师认为激发了学生的学习兴趣、提升了学生的思维能力、自主学习能力与合作学习能力，不到 10% 的教师认为提高了学生的综合文化素养、意识和能力。数据说明了当前高职教学目标的单一、人文的缺乏和观念的固守。同时，教师上述自我研判，并没有建立在对学生发展的整体关注上。

（二）习得内容的设计

人们除了学会理解各种类型的知识并使用它们，还应使之有所增长，这是知识经济时代对人的学习提出的要求。仅仅掌握知识已经无法适应日益快速发展的社会的需要，学习不只是“摄取”的过程，更应该是“产出”的过程。知识创造学习是一种在掌握知识的基础上，创造新知识和开发新方法的方式。

关于学习内容的设计，不仅仅要让学生了解概念或理论，还要让学生掌握技能、明确态度或价值。所以，在设计学习内容的时候，要思考学习者怎样理解。学习内容有两种属性，即专项属性和一般属性。专项属性是指学生习得的知识，这是一种直接目标，体现在显性知识方面；一般属性是指学生通过学习掌握和发展某种特定的能力，明确某种态度、价值观等，这是一种间接目标，体现在隐性知识方面。

（三）习得活动的设计

转识成智的关键点是个人所具有的显性的、隐性的知识，包括直接获取的知识和间接经验获取的知识，简单来说就是“个人知识”。“个人知识”既可以是一种静态的“知识”，代表知识的存在形态；也可以是一种动态的“认知”，代表知识的形成过程。“个人知识”有助于受教育者实现自身的生成性、体验性、意义感和整体性，是一种对人生经验和阅历的反思性建构。

知识是教育实践中最基本的交往媒介，虽然教育开始于普遍性的、显性的、清晰的知识，但其主要目标是引导学生结合个体状况与实际境遇条件对知识进行个人化，也就是将静态的普遍性的知识个性化、内化于心。将教育仅仅理解成让学生掌握知识，是对教育的曲解。从整体上来说，教育是使受教育者时刻准备好去迎接生活中的各种经历与挑战，对于生活中出现的情况，能用相关的思想和恰当的行动去应对和处理。

学习过程包括认知（Recognition）、建立系统（System Building）和探索（Exploration）三个环节。教育应该如何围绕这三个环节设计教学活动，达成学生智慧生成的目的，关键在“指导”而不是“灌输”，在鼓励学生自主积极地体验、反思、探索。这就需要教师明确有效习得环节，提升学生的意识，真正理解并创设“学生中心”，促进学生个人知识的不断生成和丰富，将教育从狭隘的知识教学引向意义更广泛、更深远、更丰富的智慧教育领域。教师在教学设计和教育理念上要注重学生体验，加强互动。例如，教师预先布置与课程有关的学习活动，要求学生在课前完成，课堂上主要进行讨论或实践，重点是解决学生存在的问题和探寻新的发现。在这样的课堂上，学生们能够积极体验，展开多维互动，其注意力不是结论，而是视角、过程或方法。在讨论或实践中，同一个问题往往会呈现出多个解答方法，能够极大地打开学生的思路，加深学生的体验。

三、思维训练是智慧生成的关键

我国教育家张楚廷曾提出包括信息（Information）、兴趣（Interest）、质疑（Inquiry）、智慧（Intelligence）、直觉（Intuition）的5I课程方案。其中，兴趣是主动行为的“引子”，是智慧得以生成的重要源泉。对学生进行思维训练，首先要考虑的是如何激发学生的兴趣，从而让学生对各类信息自觉思考，产生内化或质疑。因此，教学改革要从唤起学生的兴趣入手，并确保兴趣的激发和保持贯穿始终。质疑是创造性思维的方法和手段，质疑导致智慧的生成。在长期学习的专业领域中，直觉判断也是一种本能，它在无意识中积累专业知识和经验，在需要时以感觉的形式输出帮助我们判断。所以，对学生兴趣的激发、质疑的鼓励、直觉的发展等，需贯穿教学全过程。这种思维训练是智慧生成的关键。

（一）思维及思维训练

思维有广义和狭义之分。广义的思维是人脑对客观现实的概括的和间接的反映，它反映的是事物的本质和事物间规律性地联系，包括逻辑思维和形象思维。广义思维包括很多种类，如创新思维、直觉思维、发散思维、隐喻思维、系统化思维等。而狭义的思维专指逻辑思维。

美国耶鲁大学教授斯腾伯格提出，智慧思维不是教师可以提纲挈领出能让学生原原本本照抄的原则或决定，而是学生自己需主动接受、内化和掌握的。

学生的思维训练是智慧教育的基本要素之一 。教师在课堂教学中，采取创设思考性的课堂学习环境，使学生的隐性思维过程外显化，有助于学生思维能力的进一步提升和发展。通过将思维训练和知识习得整合起来，能够改善学生的思维质量和学习成效。加强学生的思维训练，其根本目的是使学生提升思维能力，学会思维，善于思维，发展智慧。

发展学生的思维，是智慧生成的关键。而当前的高职教学现状容易导致学生陷入一个“低级”的学习状态，隐没其思维的活跃，阻碍其智慧的生成。许多学生失去了学习的兴趣，处于“被学习”状态，无疑影响着学生的学习质量和学习幸福感。注重学生思维发展的教学，是一个良性的循环，其各要素是相互促进的，再加上对学生人格养成的引导，会让学生的智慧自然生成，而这会让学生更会学习、更善于思考。

（二）思维训练设计

从当前高职教学的现状以及学生的具体实际看，高职教学需关注对学生兴趣的激发、质疑的鼓励、直觉的引导。

1. 激发兴趣

兴趣对动机有决定性影响，在创造中拥有特殊的地位。教师忽视学生的兴趣，也就忽视了创造教育。教师要成为学生兴趣的引导者，首先需要清楚哪些是学生的兴趣源。张楚廷提出的5I课程方案中归纳了兴趣的三要点：一是自身相关性。兴趣是课程的组成部分，教师需要将课程本身的兴趣和学生自身的兴趣，以及兴趣的生成性和发展性联系起来。二是美学相关性。美学在任何课程及课程教学中都可作为一种独特存在，教师有义务去开发课程中的美学价值，这是兴趣乃至人生意义的基本源头之一。三是创造相关性。没有兴趣，就无所谓创造，而创造性又能激发兴趣。

如上所述，教师可以基于这几点引发学生的兴趣——呈现趣、发现美、创造新。

呈现趣，是指呈现内容之趣，呈现形式之趣。在当前教学中，人文性不足，其工具取向忽略了“人”，代之以丧失了生命力的枯燥的学习，扼杀了学生的兴趣。另外，学生感到信息乏味的原因，一般是信息对于其太易或太难，或与之不相关。

发现美，是因为“爱美之心人皆有之”“人是按美的规律构建的”。美是引导兴趣的最基本的牵引力。教师如能自觉发现美、创造美，并引导学生去发现和创造，学生一定是感兴趣的。

创造新，是通过新的视角、方法、内容等激发学生兴趣，引发学生积极的思维和创造感。教师需要开发新的信息，或以新的方式呈现信息。而了解学生、给学生充分的自由是前提，因为思维在最自由的状态下才富于创造性，才能领悟到创造性信息带来的新意和创造感。

2.鼓励质疑

“为什么”三个字开启了生活中的很多智慧。一旦心中开始了思索与质疑，也就意味着开启了求智之道。质疑是一种思维方式，是一种品质，是创造性思维的方法与手段，更是人类创新的前提和探索的起点，可以说，人类智慧的生成、人类社会的进步，都离不开质疑。质疑能力是优秀创造型人才不可缺少的能力，需要质疑者敢于质疑权威（包括书本知识和教师）、乐于且有能力发现问题和提出问题。

张楚廷在5I课程方案中提到了质疑，认为质疑应该贯穿于教学实施的整个过程，应具有开放性、本体性、相伴性等特点。我们知道，学生提问是教学的非常重要的、不可或缺的组成部分，引导和培养学生养成提问、质疑的习惯是优秀教师区别于一般教师的重要能力。当然，教师所提出的问题不应该总是指向标准答案的收敛性问题，而更多应该是开放的发散性问题，能够启发学生深度思考、辨证分析。一言以蔽之，使学习者学会质疑与思考，是教育的真谛。

塞克斯图斯认为，人类有三种认知方面的缺陷：一是人一旦建立起某种关于事物原因的理论假设，往往就会固执地坚持这种假设的真理性和可靠性，甚至还会认定这个假设能解释一切现象；二是很多问题，尽管存在大量合乎逻辑的解释或者假说，但人们通常习惯于只用一种原因来解释，并且认为它就是唯一的解释；三是人们总喜欢用无序的原因去解释原本是有序发生的事情。因此，教师需要帮助学生建构知识体系，在帮助学生生成个人知识的同时，引导学生养成质疑的思维习惯，从而启发学生的智慧。这就需要教师在实际教学过程中，通过问题的设置、提问的技巧、教学氛围的调节等，引导学生质疑和提问。

3. 提升直觉

直觉是不经过逻辑、不经过有意识的推理而识别或了解事物的能力。直觉包含认知、情感和行为等成分。直觉是一种普遍的生命存在，它不仅是走进生命深处的工具和方法，而且是生命本身的重要内容。直觉意味着理解的多样性，能把握思维无法把握的东西，可以使人的天分得到充分发挥。直觉是智慧的一部分，而且是非常重要的一部分。课程教学应注重发展学生的直觉，如通过培养直觉而促进直觉多方位的发展。直觉能力的提升，能引发学生学习的兴趣，提高学习的信心，减轻学习的压力，增强学习的成就感。学生的直觉是在学习过程中逐渐培养的。

在教学中发展学生的直觉，需要创造条件鼓励学生实践，而非总是机械记忆和练题。教师可引导学生多途径、多资源、多方法学习，并使其成为习惯和能力，让学生以不同的方式、在不同的地方与课程相关内容邂逅，对学习感兴趣起来，轻松起来。例如，教师可适当进行有关文献导读，鼓励学生选读文献。

虽然教育的根本目的不是直觉，但是在培养学生整体直觉思维的过程中，可以以发展学生的直觉作为突破口，引导学生全面发展个人的直觉，因为顿悟性、直感、快速的思维完全可以借助直觉而进行。因此，直觉的价值值得每一位教师重新审视，需要教师深度理解直觉体验、感悟生命的力量。在实际教育教学过程中，教师应激活、尊重学生的好奇心，捕捉学生的兴趣点，拓展学生的视野，发展学生的探究精神，引导学生愉快的直觉体验，使学生敢于创造、乐于创造、善于创造，提高创新能力，使学生通过心灵的体验来把握生命、理解生命、发展生命，使生命的活力充分展现出来，获得美好的生命过程。

四、人格养成是智慧生成的根本

2019年4月30日，习近平总书记在纪念五四运动100周年大会上的讲话指出："新时代中国青年应自觉树立和践行社会主义核心价值观，善于从中华民族传统美德中汲取道德滋养，从英雄人物和时代楷模的身上感受道德风范，从自身内省中提升道德修为，明大德、守公德、严私德，自觉抵制拜金主义、享乐主义、极端个人主义、历史虚无主义等错误思想，追求更有高度、更有境界、更有品位的人生，让清风正气、蓬勃朝气遍布全社会。"

人格是智慧的灵魂。缺乏品质修养的人，不管其拥有多么渊博的知识，也不管其具备多么强大的思维能力，都不能以智慧称之。人格的养成，是一个人智慧生成的根本。对学生人格养成引导的重点是人格关注，所有课程都有责任对学生进行情感、信念、价值观等的引导。学生的人格养成离不开教师的"智慧"引导，需要教师开发多元信息、创设人文环境，更需要教师自身智慧的发展。

（一）高职生主要人格问题

当前，高职生人格发展总体状况良好，大部分高职生关心国家发展和社会进步，努力进取，学习积极性较高。但是，受外界环境复杂性以及自身发展差异性的影响，一些高职生在人格发展过程中表现出心理发展滞后、道德信念弱化、自我中心价值倾向、社会适应能力不足等不协调的特征。

1. 心理发展滞后

很多学生上高职之前，生活范围很窄，过分注重校内学习，心理素质训练不足，缺少接触社会或处理人际关系的经历。其实大部分学生的内心是渴望独立的，渴望摆脱管束，自力更生。但是他们的社会阅历浅薄，心理承受能力差，缺乏独立思考和判断能力，需要教师、家长的正确引导。同时，社会环境带来的影响有正向的也有负向的，海量信息资源的获取是学生自我选择的过程——他是怎样认知的就会怎样选择，做出怎样的行为。而学生的人格正处于塑造期，心理发展尚未成熟，自我意识并不完善，因此更容易受到感染和刺激，在遇到困难时出现各种问题。

2. 道德信念弱化

在实现中华民族伟大复兴的道路上，新时代的中国青年应有强烈的道德信念，才能响应时代的呼唤，应对各种挑战。但是，部分青年学生的道德信念正在弱化，他们的道德责任感衰落，在遇到复杂情境或道德冲突时，是非不明、善恶不分，甚至难以克服内心的矛盾，最终做出不符合道德规范的行为，且全然不顾他人的感受，自身也无不安或愧疚感。

3. 自我中心价值倾向

当前随着全面深化改革的步伐不断推进，社会物质基础不断积累，人民生活得到极大改善，可以说，当代大学生生活在一个物质基础殷实的幸福年代。但是经济社会快速发展的同时也带来了一系列问题，如一些学生价值取向歪曲，以自我为中心，处处把对金钱的追求放在首位，物质欲望膨胀，急功近利，追求安逸，贪图享乐，甚至见利忘义，唯利是图，做出一些有悖于道德发展的事情。

4. 社会适应能力不足

部分学生对社会适应能力不足，主要表现为抗压抗挫能力较差。抗压能力是指在面对强大压力的情形下，个体的反应能力和承受能力以及应对能力。抗挫能力是指当个体遭遇挫折时，能摆脱困扰而免于心理与行为失常的能力，也就是个体经得起打击的能力。

（二）人格教育教学改革

在教育生态系统中，万事万物皆有其特定的承受力和耐受度，人格教育亦是如此。高校应积极遵循耐度定律，以人格主体的耐受度为标准，以大学生为主体，把握最适度原则，大力推动人格教育教学改革。一方面，积极转变教学思维，将大学生人格教育思维转向主体间性；另一方面，坚持以师为范的教学原则，全面提升教师的人格素质，用教师的人格魅力感召学生。

1.积极转变教学思维

传统的人格教育思维是单向的、线性传递模式，教师与学生之间地位不平等，形成了“主客二分”的状态。教师在教育过程中永远以居高临下的姿态苦口婆心地说教，成为人格教育过程的主体，而学生即便有所怨言也大多是敢怒不敢言，成为人格教育过程中的客体。所以，传统人格教育思维下的大学生人格教育多半偏于形式化，无法发挥应有的作用，也极容易被其他教育所取代。

人格教育思维转向主体间性是立足于教育立德树人的根本任务的要求，体现了以学生为主体、关爱学生、服务学生的教育理念。主体间性是教育中的一种“共生性存在”，主体间性的人格教育是一种追求全面、真实、平等、双向互动的教育，由传统的单极性主体走向交互性主体。

2.坚持以师为范

孔子说过：“其身正，不令而行；其身不正，虽令不从。”对于教育领域来说也是同样的道理，教育者自身的人格感召力对受教育者影响巨大。正如俄国教育家乌申斯基所说：“教师的人格对于年轻的心灵来说，是任何东西都不能代替的有益于发展的阳光。教育者的人格是教育事业的一切，只有人格才能影响人格的发展和形成。”所谓教师人格，是指教师作为教育职业活动的主体，在其职业劳动过程中形成的优良的情感意志、合理的智能结构、稳定的道德意识和个体内在的行为倾向性。对于大学生来说，教师的人格示范是其最直接的榜样。如果教师自身人格失度，品行不端，不仅不会得到学生的认可，在学生中失去威信，难以立足，久而久之还会影响学生健全人格的发展，起到消极作用。因此，全面提升高校教师的人格素质是大学生人格教育的关键一环，只有不断提升教师的人格素质，才能充分展现教师的人格魅力，发扬教师人格示范的育人功能。

第四节　深化重构学习生态

5G时代的到来，云计算、大数据、人工智能等现代信息技术的发展，给人类的生活、生产、学习、工作带来了很大改变，同时，也给人类的思维方式、文化观念等带来了深远影响。教育教学也不例外，深受信息技术的影响。尤其是随着移动互联网的发展、移动智能终端的日益普及、云计算和大数据技术的发展、新媒体技术的出现，教育资源、工具与环境等有了新的教育形态，教育的组织、实施与评价等有了新的教育模式，学习的理念与目标、内容的选取与结构、资源的形态与应用、活动的创新与组织、教学的策略与方法、师生与生生间的交互与相互影响等有了翻天覆地的变化，整个学习生态受到了深远的影响。

一、学习生态的内涵

从生态上讲，技术尤其是信息技术在学习领域的扩散，会影响甚至改变课程及其学习生态。因此，明确学习生态的内涵，对分析学习生态的构成要素，厘清学习生态的各种关系，确定其结构和功能，建构或优化学习生态有着积极的实践价值和现实意义。研究学习生态，有必要厘清生态、学习生态等概念的内涵与外延，厘清它们与环境、学习环境等概念的联系与区别，进而明确信息时代学习生态的内在本质。

（一）生态与环境

“生态”源于希腊语，作为科学概念于1866年由德国博物学家恩斯特·海克尔提出。海克尔认为，生态是有机体与周围环境之间的关系，旨在描述有机体与其周围环境之间的整体性关系，以及呈现出的平衡状态。后来随着研究的深入，人们逐渐认识到“生态”除了意指关系，更意味着关系的和谐，即生物与环境及其他共同生活于环境中的各生物个体、种群等的平等相处、和谐共生的状态。

“环境”有“包围、环绕、围绕物”等含义，是相对某个中心事物而言的，意味着中心事物在其特定活动展开的过程中赖以持续的情况和条件。“环境”是围绕该事物的各种外在实体和条件，“生态”是指事物及其与其他事物间的关系总和。

（二）学习生态与学习环境

“学习生态”衍生自“生态”，是生态思想、理念、思维方式与原理在课程及其学习领域运用的结果。纵观国内外的相关研究，对“学习生态”内涵的理解主要可分为三类。

一是将学习生态等同于环境或系统，强调学习生态是一个包含多种因素，相互作用与影响的动态系统，认为它与自然生态系统类似，是维持和支撑学习共同体运行的环境或可以自我维持的复杂系统，认为不是某个或某几个因素影响了学习者的学习，而是各种因素共同作用的结果。

二是将学习生态等同于学习共同体，认为学习生态是由共同兴趣、同一愿景而聚集起来的知识、经验、经历各异的学习者、教师、专家等组成的学习共同体，强调主体间的交互之于学习及其意义建构的重要作用，使学习由“个体获得与建构”转向“社会参与与创造”，教师亦由“知识的传递者”转向“共同的建构者”。

三是将前两者观点进行综合，既认识到物质的实体环境之于学习的作用，又认识到有机生命间的交互、社群与文化等之于学习的意义，认为学习生态是学习群体及其所处的环境之间形成的动态系统，学习是多主体、多元素间相互作用的结果。

随着信息时代的到来，物质环境已不能仅仅局限于物理环境，还包括虚拟环境。因此，有学者指出，学习生态系统是指由学习共同体及其现实的和虚拟的学习环境构成的功能整体。

总的来说，环境或系统不是学习生态，学习共同体也不是学习生态，学习生态是指学习者、其他参与者、学习环境等相互影响、彼此交织、共同构造的自在、和谐状态。其中的学习是指理想的学习状态——能够在遵循学生自然发展规律的基础上，尊重学生的天性与自然特性，能够同时兼顾课堂学习和课前课后学习。其中的学习环境是指支持学习活动开展并取得理想效果的物理条件，主要包括工具、资源、情境、教师、学习者、辅导者等。其中的学习生态是指生态理念在学习领域的具体应用，具有关系性、整体性、过程性等特征，能够从整体、动态、关联的角度认识和理解各要素之间的关系，能够为学习提供充足的给养，能够营造一种自在、和谐的氛围与状态。

（三）信息时代学习生态的内在本质

在信息时代，学习生态依托于信息化手段、信息技术工具，建立起学生、其他参与者、环境、课程以及其他相关因素之间的动态平衡，从而使体现理念和价值的生态化学习得以实现。

“化”的过程是学习生态的第一表现，也就是充分依托于信息化手段、当代信息技术工具，灵活运用生态思想、方法与观念，从课程层面搭建良好的学习环境，营造和谐、自在的学习氛围，使学习生态不断动态生成，持续优化，从而使整个学习生态始终朝着融洽、自在、和谐的状态不断自我迭代，实现“生态化”过程。

“化”的结果是指自在、和谐、融洽的学习状态，也就是让学习相关的各种要素之间的和谐共生、动态平衡的状态得以实现，当然，现代信息技术、信息化手段等环境的支持是前提。在这样一种学习状态下，学习者既可以了解学习内容的整体性与关联性，还可以在学习过程中实现个性化与差异化；学习者既可以感受到整个学习过程的和谐融洽，也可以感知到学习过程的动态平衡；学习者既可以获得知识，还可以参与、创造新的内容。一言以蔽之，学习生态是一个让学习者得以改变的地方，是一个灵魂唤醒灵魂的地方，是一个创造能力和创新精神得到培养、生命得到自由发展的地方，这一切都离不开信息时代学习生态中丰富而又真实的学习情境、渊博而又高质量的学习内容、持续的动态更新与迭代、敢于变化的开放机制、灵活多样的学习方式等。

因此，借助信息化手段和现代信息技术工具的支撑，学习生态这样一个整体关联、彼此关系、动态平衡的有机体，始终处于动态优化、迭代更新、持续发展的动态过程之中，始终是一个追求融洽、自在、和谐的理想主义者，于是整个学习生态系统日臻成熟、完善，距离“生态”理想状态越来越近——这一切都在成就着“生态化学习”这一人最理想的学习状态。

二、学习生态的构成

构成客观事物的基本单位是要素，现代信息技术环境支持下的学习生态主要包括人、学习环境、课程，同时还包括各要素之间的相互影响与作用。

（一）学习环境的构成要素

从广义上来讲，学习环境可以指课堂、教室、学校或是社区，也可以指整个社会、文化和自然。从狭义上来讲，学习环境一般指以下几个方面：一是桌椅、黑板、多媒体、实训设备、教材等物质因素；二是教师、学习同伴等人的因素；三是人与人之间、人与物之间交互过程中形成的语言、肢体动作、思想的碰撞等。当然，人类对学习环境的认识不是一成不变的，不同的视角和立场就会有不同的理解和认识，因为人类学习的过程、情境本来就是复杂的。

近些年来，随着现代信息技术、移动互联网、云计算、大数据、人工智能技术等的不断发展，学习环境有了全新的变化：一是各种多媒体工具、交互式体验、信息化手段等可以帮助学习者更好地学习；二是可以智能化地记录学习者的学习过程，对学习成果进行智能评测，同时，还可以根据学习者的个性化学习需求，提供个性化的学习资源、学习工具、学习路径。情境性、交互性、参与性是学习环境所表现出来的主要特征，随着大数据技术和学习分析技术的发展，个性化、智能化、自适应将是学习环境下一步迭代的方向。总的说来，影响学习环境的因素很多，其中技术是一个关键的因素，不同时代的技术水平造就不同的学习环境，当然，除了技术的影响，情境、社会交互、教学法等因素也是至关重要的。

（二）学习生态的构成要素

学习生态的产生源于生态理念及其思想在学习中的运用、演变和实践。也就是说，学习者与学习环境、其他学习参与者、各种其他因素彼此关联，相互影响，共同构造融洽、自在、和谐的状态。分析学习生态的构成要素，首先需要通过思考和回答“为什么学习、学习什么、如何学习”这三个问题，从而可以更好地理解学习的本质。一是为什么学习，这是在思考和回答学习的意义与价值，属于学习价值观层面的问题；二是学习什么，这关系到学习的具体内容，而离开了学习内容，学习就会是无源之水、无本之木，没有任何意义；三是如何学习，这是追问与回答学习的具体方式方法和途径。

因此，可以用“建构”“获得”“创造”“参与”等关键词去理解学习的过程本质，当然需要基于生态视角去理解。总的来说，可以从以下三个层面去理解学习的过程本质：一是学习者个体获得、建构和自我感知的过程；二是一个社会交往互动、参与的过程，具体来说，包括历史背景、社会文化、现实生活等；三是一种创造和生产知识的活动，主要依据人类创造和定义的概念、符号和工具等。

基于以上分析可知，学习生态要想达到一种理想的状态，也就是学习者与其他学习者、环境、其他因素彼此影响，相互作用，达到融洽、自在、和谐的状态，离不开环境的优化、学习过程中各相关因素的优化。学习生态的优化和建构需要的因素主要包括：学习价值（理念）、学习资源、学习内容、学习策略、学习活动、社会交互、学习情境、新型媒体、专业实训设备、现代信息技术工具、教师、学习者等。其中，学习环境可以从教学法、学习情境、现代信息技术、社会交互等维度考量，当然离不开现代信息技术的支持；学习生态的构建、设计与优化可以从学习内容、学习情境、教学法、学习价值（理念）、现代信息技术、教师、学习者、其他学习参与者等维度综合考量。

三、学习生态理论模型

在信息时代，课程与学习在生态思想观念的统领下有了新的内涵和价值意蕴，即在信息技术支持下达成融洽、自主、和谐的理想状态。从现实状态走向理想状态是所有事物的发展规律，而要实现这一目标，就必须有合适的方法、路径、理论框架、逻辑和策略等作为引领和指导，也就是要有适宜的战略、用心的战术。因此，优化学习生态的思考框架是前提，也就是战略优化；进一步厘清学习生态中各构成要素之间彼此关联和相互作用关系是重点，也就是战术确定。只有这样，才能为相关的具体实践提供思路和路径。

（一）学习生态构成要素及其相互关系

深入分析学习生态的各个要素，厘清各要素的内涵和外延，是重构学习生态模型的前提，同时，厘清时还要知晓各要素与其他要素、整体之间的彼此关联、相互作用。具体来说，需要建构现代信息技术支持的学习生态优化课程。一是厘清学习生态中学习理念、学习内容、社会交互、现代信息技术、教学法、教师、学习者、其他利益相关者等要素，其中教师、学习者、其他利益相关者等是生物因素，学习理念、学习内容、社会交互、现代信息技术、教学法等是非生物因素；二是厘清学习生态中各因素之间的关系、与整体之间的关系等，这样才能更好地建构学习生态理论模型。

1. 生物因素与学习生态之间的关系

学习者、教师、其他利益相关者等作为学习生态的生物因素，他们与学习生态直接的关系是影响与被影响、作用与被作用的关系。也就是说，这些生物因素既是学习生态系统的受惠者、受制约者，又直接地改变与影响着学习生态系统；既是学习生态系统的消耗者，不断吮吸生态系统中的知识、信息与资源，又是学习生态系统的建设者、生产者，通过交流互动、思考碰撞，不断生成新资源、新内容、新知识。因此，学习者、教师、其他利益相关者这些学习生态系统的有机组成部分，始终与生态系统整体及其他非生物因素彼此动态关联、相互影响、相互作用、互为依赖，始终处于一种动态平衡之中。

通常来说，学习者在学习生态系统中所承担的角色是“消费者”，他们使用以现代信息技术为依托的学习工具，消耗资源，吮吸知识、经验和信息，在持续的实践、参与互动中，使知识得到增长，使技能得到提升，使所思所感得到升华，使智慧得到生成。但是，从另一个角度来看，任何一个学习生态系统中的学习者，他们中的每个人都是独立、有思想、有情感、有态度、有价值、有知识、有经验、有技能的生命个体，他们原本就是生态系统的一部分。因此，在学习生态系统中，学习者本身就是学习生态系统中一种独特的可用资源，他们远不止是资源、知识、信息的消耗者，也是新知识、新经验、新体验的创造者，即学习生态系统的反哺者。

通常来说，教师在学习生态系统中的角色是“调适、优化和构建者”。也就是说，教师基于自身对理想的学习生态的理解与诠释，结合具体实际情况，构建、设计实际的学习生态。理想与现实不可能完全吻合，总会存在一定差距，因此教师需要有及时调控、优化的能力，根据具体实际情况和特殊要求，对理想的学习生态做出理解、判断与设计，也就是根据现实情况及时调整战略与战术，在理想状态与现实实际中取得一个平衡点，既适应现实的实际需求，又符合理想状态的学习诉求。

2.非生物因素与学习生态之间的关系

学习理念、学习内容、教学法、社会交互和学习情境、现代信息技术等因素属于学习生态的非生物因素，它们彼此关联作用、相互影响，为学习方法、学习优化路径等提供了支持与保障。非生物因素体现了学习生态系统最基本的特质、最基本的构成，全方位地影响着整个学习生态系统，为学习者的学习提供了重要支撑作用。学习生态系统离开了非生物因素就如同空中楼阁，失去了意义。

①学习理念。理念是意识和精神层面上的概念，人们对现象或事物的理性认识、理想追求、认识和追求过程中所形成的观念体系都属于理念的范畴。学习理念统领着后续所有学习过程的开展，具体来说，可以从以下两个层面去认识学习理念：一是人们对学习生态中理想学习状态、过程的一种思考与揣度；二是人们对学习的设计、组织、实施等环节的理性认识与展望。学习理念会影响人们如何去认识学习、认识学习生态，会影响人们如何去构建学习、构建学习生态，会影响人们如何去组织学习内容、创设学习情境、应用现代信息技术、设计交互活动等，会影响人们如何去实现学习生态的融洽、自在与和谐。当然，学习生态与学习理念之间是相互作用、相互影响的，学习生态的构建与运作也会推动和影响学习理念的发展。

②学习内容。对于内容的理解，首先应该明确，内容从某种意义上来说，很好回答了“教什么”“学什么”这两个问题。学习生态是以课程

为基础的，因此在探讨和研究学习和学习生态时，课程是学习生态构建的基点。由此推之，课程也必定是内容的中心，课程内容逻辑必定是学习的主线。具体来说，课程包含了概念、规则、事实、原理、方法、策略、价值、态度等内容，这些内容既覆盖了理性、客观、普遍的科学知识世界，也覆盖了感性、个性、主观的人类生活经验世界。

③教学法。对于教学法的理解，首先应该明确，教学法从某种意义上来说，很好回答了“如何教与学”“为什么这样教与学”这两个问题。具体来说，可以从以下几个层面去理解教学法：一是教学法深度思考与探讨了教与学的基本功用与价值追求，其中包含了对教与学思想理念问题的探讨；二是教学法深度思考与探讨了学习生态“理念”因素对于学习内容的选择与组织实施的影响；三是教学法能够引领整个学习生态领域。因此，教学法在学习生态中，主要是指学习者、教师、其他利益相关者用其所秉持的教与学的理念、思想进行具体的实践，其中实践主要包括方式、方法、手段、策略等。

④社会交互。交互对于学习、学习生态而言有着十分重要的作用与意义。因为真正的学习不仅仅局限于学习者个体的感知、获得与建构，还与学习个体与学习环境、学习内容、其他学习者的交流互动有关，此外还包括学习者个体与自我的深度交互。当然，这些社会交互与深度互动离不开历史背景、社会文化与现实生活的支撑。总的来说，交互因素可以促使学习、学习生态走向融洽、自然、和谐的应有之态。

⑤学习情境。美国教育家杜威曾说过，思想起源于直接经验的情境。具体来说，情境可以从以下几个层面来理解：一是学习者的认知、意义建构和理解需要情境提供真实的背景；二是活动的开展、问题的解决需要情境提供实践场所；三是在学习过程中，意义关联的建立、迁移，情感体验的增强，兴趣的激发都需要情境提供背景；四是学习过程持续保持深度与韧性需要情境提供环境。同时，情境可以彻底激活学习者的学习兴趣，使学习者能够自发地、主动地开始投入学习，能够进入理想的

学习状态，能够实现高效率、高迁移、高投入的智力提升与情感发展，因此，对学习生态的作用和意义是无可替代的。情境与学习生态之间彼此作用、相互影响，恰当的情境可以很好地推动学习、学习生态的发展，同样，学习生态实际运作与实践过程中产生的突出情境问题又可以很好地促进情境的完善和优化。

⑥现代信息技术。随着信息技术在课程及学习中的不断扩散和渗透，课程及学习受到了一系列的影响与变革：一是人们对于课程的理解发生了改变；二是课程形态被新的课程目标、表征与组织、课程内容呈现等形塑着；三是课程运作被新的教学范式、师生关系、学习环境等重构着；四是学习方式和人们对学习的理解都被改变着。然而，信息技术除了带来一系列积极的变化，也带来了一些新的困境，例如，学习目标过于偏重片面知识学习，学习过程不够灵活、过于程序化操作，学习主体不够突出等。究其原因，是过于强调信息技术，而没有真正有机融合技术、课程及学习。因此，信息技术与学习生态的关系如果不从整体、和谐、包容的生态视角来认识和理解，就会导致信息技术无法真正融入课程及学习生态，成为一个孤立实体，甚至会干扰生态。

（二）学习生态优化理论模型

学习生态是一个由生物因素、非生物因素彼此影响、相互作用的复杂生态整体，其中，生物因素包括学习者、教师及其他参与者，非生物因素包括学习理念、学习内容、学习情境、现代信息技术、教学法、社会交互等。各种因素之间的关系如下：学习理念是目标，缺少学习理念的引导，学习生态就如漂泊的浮萍，将失去方向；学习内容是前提，缺少内容的凝聚，学习生态就如空中楼阁，将失去基点；现代信息技术是支持，缺乏现代信息技术的支持，学习生态重构就如纸上谈兵，将成为空谈；教学法、学习情境、社会交互是方法、策略与路径，缺少教学法、学习情境与社会交互，学习生态就如驶错方向的列车，背道而驰，将失去意义；缺少师生的积极参与，学习生态就如同槁木死灰，将失去生机。因此，构成学习生态的各个因素是相互关联、相互影响、相互制约的，不能孤立地优化或改进任何单一因素，而应该以整体的、过程的、关联的视角去认识和理解这些因素，建立学习生态理论模型。

学习生态理论模型是指在现代信息技术环境支持下，对学习生态进行设计、优化、重构的思考框架，而并非一个对学习生态建构和优化的过程模型。不能基于学习生态理论模型去推断“学习生态的构造是有特定顺序的”，而应该将学习生态理论模型视为“一个思考维度框架”，用来持续优化学习生态。学习生态中的生物因素和非生物因素之间的彼此关联、相互影响的关系在学习生态理论模型中得到了很好的呈现——教师可以更直观地审视和反思在优化学习生态的实践过程中所涉及的各类因素，同时更精准地定位学习生态系统中可能进一步优化的因素。也就是说，在一定信息技术环境的支持下，可以实现定位具体维度、具体层面、具体关系，持续优化学习生态。由此可见，学习生态理论模型可以更好地指导教师设计、描绘和优化学习生态，从而可以更好地适应不同学习者的学习需要。一言以蔽之，基于信息技术环境支持的学习生态优化理论模型，需要研究者从多个维度去调控与优化学习生态，具体包括学习理念、学习内容、学习情境、教学法、社会交互、学习者与教师等维度，从而可以更好地综合认识和全面思考学习生态设计，重构与优化理论框架。

（三）学习生态理论模型应用原则

学习生态是一个复杂的系统，既涉及了学习者、教师、其他参与者等生物因素，也涉及了学习内容、学习理念、现代信息技术、学习情境等非生物因素。因此，学习生态的重构与优化过程既包含了物的改进，也涉及了人的变化；不仅需要重组学习结构，还需要再造学习流程。其中，物的改进包括学习内容、学习资源和学习环境等，人的变化包括学习理念、学习方式与行为、意识等。因此，不可能按照线性的、规律性的视角去优化学习生态，而应该按照非线性、偶然性、随机性、不可预测性的视角去优化学习生态。准确把握和预知学习生态的全貌不能从单一层面或维度去认识学习生态，而应该将多种关系、多种要素整合，形成合力，共同优化学习生态。一言以蔽之，为了促进学习生态的和谐发展，在实践中，应该始终坚持整体性、关联性、过程性、非均衡性等原则，应用理论模型优化学习生态。

1. 坚持整体性原则

学习生态是一个复杂的、整体的系统，由于其受多种因素彼此关联、相互作用、相互影响，因此，完善和优化学习生态需要协调多种因素相互协作、共同进化、共同提升。而基于改进一个或多个因素的视角去优化学习生态通常难以达到良好的效果。

2. 坚持有机联系性原则

学习生态是一个内在有机关联的整体，其所有要素均彼此关联、相互影响。也就是说，某一个或几个因素的改善或优化通常难以优化学习生态。例如，虽然学习资源、信息获取方式受到了信息技术在学习中渗透和扩散的影响，但是信息技术不一定能够带去学习效果质的飞跃。

3. 坚持动态过程性原则

学习生态是一种过程，不是一种已完成的状态，而是处于一种未完成的状态，处于不断优化与完善的过程中。当前状态受到前一状态的影响，是优化、改善前一状态自然生成的结果；同时，当前状态的优化、改善，又会影响下一状态，成为下一状态的前身。也就是说，学习生态的优化一直处于现在进行时状态。

4. 坚持因素权重非均衡性原则

学习生态的优化路径及其关键因素受到具体的信息技术环境、学习课程、学习者、教师等多方面的影响，呈现动态性。也就是说，学习理念、学习内容、现代信息技术、社会交互、学习情境、教学法、学习者、教师等因素对学习生态优化的影响程度，需要根据具体的课程、学习生态的具体客观实际来决定，从而可以确定哪些是关键因素，哪些需要重点优化与突破，哪些是次为重要的因素等。

四、学习生态重构策略

学习生态虽然是一种融洽、和谐、优化抵达最佳状态的过程，但始终需要以具体的课程、学习实践为遵循。也就是说，通过选择、控制和协调学习所相关的各种生态因素，使课程及学习生态得到改变，并逐渐趋于最佳的理想状态。当然，实现这一目标离不开有意识、有计划、有目的地运用各种现代信息技术工具与手段。学习生态是一种在现代信息技术环境下课程与学习领域的生态系统，其优化的过程需要依托生态学领域的生态规划理论，也需要考虑具体课程与学习的特殊性与具体设计理论。下面的学习生态重构框架就是在考虑以上内容的基础上推出的，具体包括确立生态目标、聚焦敏感因素、优化生态结构、促进生态化学习和完善评价与反馈等环节。

（一）确立生态目标

学习生态目标是要实现的预期。确立学习生态目标是调控、优化和建构学习生态的实践起点，决定着其他各个环节的方向和品质。对目标的分析可以从学习理念、内容着手。

1.分析学习内容，确立学习理念

确立学习生态目标的首要任务在于分析主要知识和技能在内容体系中的地位、前后联系与发展历程。其次是将与该内容相适应的学习理想构思并描绘出来，探寻理想的学习理念。

学习理念是一种决定着学习目标是否能够实现的客观规律与原则，

是一种在整个学习实践全过程中需要践行和坚守的基本信念。学习理念蕴含了学习实践的价值追求、学习本质的规定。由于不同课程或同一门课程不同学习内容的知识类型存在差异性、多样化等特点，因此，不能简单地用“获得”“参与”“创造”“建构”等其中的某一种去描述学习理念，而应该综合其中的几种去描述学习理念。需要注意的是，特殊情况下也能用一种学习理念来描述另一种学习理念，例如，不同的学习时段或学习内容，一般倾向于用一种学习理念去描述。总的来说，有所倾向、有所侧重是学习生态的构建、优化和调控需要遵循的基本原则。

2.探析学习诉求，确定生态目标

学习生态目标的形成，需要有以下条件：学习内容能体现学习理念，学习状态应体现的核心价值能清晰厘定，学习原则和规律能遵守，基本信念能践行与坚守。

学习生态目标的形成过程是一个复杂的过程，具体包含了学习内容分析、学习理想展望、学习理念确立、生态诉求探析、优化目标形成等过程。学习生态目标的形成需要以学习诉求为前提，能够在学习生态构建的实践中发挥指导和服务作用，能够促进具有融洽、和谐、自在氛围的学习生态有机体的形成，能够为促进个人和谐持续性发展和深度学习的学习状态的达成提供价值引领和目标。

（二）聚焦敏感因素

学习生态是否能够从现实状态逐渐走向理想状态，取决于学习生态的各种要素、结构与关系是否能够得到改良、改善和改变。因此，一旦确定了学习生态实践的理想与目标，当然，前提是有现代信息技术环境的支撑，就需要将影响学习生态发展的敏感性因素充分聚焦，并且逐步改良、改善和改变各敏感性因素，从而优化甚至重构各要素之间的关系、功能、运作及生态结构。

1.厘清障碍，确定敏感性因素

学习生态的敏感性因素是指能够较大限度影响生态关系、功能、运作形态与生态结构的关键性因素，这些因素单个的或多个的改变与改善，通常可以优化整个学习生态的实践与运作形态，甚至可以重建整个学习生态的实践与运作形态。确定影响学习生态优化的敏感性因素，具体来说分为以下几个方面：一是需要清晰地理解与认识某一具体取向下的理想学习生态形态与目标，前提是在现代信息技术环境支持下，确定整体学习生态目标与实践取向；二是需要深入分析并罗列有利于突破障碍与超越的因素，前提是充分结合学习生态优化理论模型和生态现状；三是需要确定各敏感性因素的权重比例与大小，前提是充分分析各因素与障碍之间的亲疏关系、作用力大小等。

2.厘定核心，确定优化路径

敏感性因素得到确立以后，以敏感性因素为基础的实践路径才能得以形成，前提是需要紧密结合学习实践诉求与学习生态优化。学习生态要素优化路径和组合方式，与敏感性因素、生态取向和生态实际紧密相关。具体来说，学习生态要素优化路径有以下几种方式：一是如果学习生态优化以“获得”为取向，那么围绕着课程内容的“传递—获取”展开便是学习生态的优化路径；二是如果学习生态优化以“建构”为取向，那么围绕着建构个体自我及其环境展开，也就是通过对学习内容、教学法、学习情境、社会交互、现代信息技术等敏感性因素的优化，促成知识意义生成与知识建构的生态发展便是学习生态的优化路径，当然，适宜的建构资源、现代信息技术支持、其他各种环境条件的支撑是关键；三是如果学习生态优化以“参与”为取向，那么其优化路径需要紧紧围绕着参与支持环境的建构和社会活动的组织两个方面展开，也就是通过优化技术、情感等敏感性因素，将沟通渠道和社会参与情境提供给学习者。

（三）优化生态结构

理想学习状态的形成，需要学习生态提供知识、信息、工具及资源等支撑条件。学习生态优化实践的本质诉求与核心任务是促使学习生态从现实状态走向理想状态，也就意味着，学习生态的关系、要素、结构需要得到持续改进。因此，在学习生态目标与理想的确定、敏感性因素的聚焦、学习生态要素优化路径的确立之后，紧随其后的任务是学习生态关系、因素和结构策略的探寻，包括学习生态过程的设计、适宜的给养生态与环境的支撑、学习组织方式和流程的设计等。这里需要强调的是，“学的逻辑”始终是设计和优化学习生态的前提和准则，也就是遵循人们关于人类学习的基本规律、行为规则等的认识和理解及人类对学习实践的内在规定。唯有上述条件得到满足，生态化学习要素的内涵、和谐、自在的理想境界才可能依托于学习生态得以真正实现。

1. 以“学的逻辑”优化敏感因素

优化敏感因素是指基于学习生态的优化取向、目标与障碍，在聚焦了敏感因素后，借助学习生态理论模型深度分析并确定敏感因素的优化内容，探索优化的过程与步骤。在此过程中，主要解决优化什么、怎样优化、能带来什么作用和影响等问题。因此，敏感因素优化主要包括优化任务与内容、步骤和方法、目标评价方式等。

2. 以“学的逻辑”设计学习过程

开展生态化学习的前提条件是需要能够优化学习生态因素、结构与关系，以提供适宜的环境支撑。在前提条件得到满足以后，也就是学习生态因素等得到优化以后，下一步的重点就是设计学习任务与活动流程等学习过程，从而可以使学习生态运作得以优化，使理想的生态化学习状态得以实现。值得注意的是，需要以学习生态优化的核心理念及其内隐的“学的逻辑”为根本遵循，对学习内容分析、学习准备明确、学习任务设计、学习组织实施策略设计等学习过程进行设计，在学习展开的实践过程中探寻适宜的支撑环境、恰当的生态化运作路径，以使学习的理想状态得以真正达成。

（四）促进生态化学习

学习生态优化的目标是使学习能够真正成为润泽生命、养育人性、开发智慧的过程，而要达成这一目标，需要满足以下条件：一是适宜性学习环境的创设，前提是需要依托于课程内容的选取、学习资源的优化、适宜现代信息工具的提供等条件；二是创新性实践活动的开展，前提是促进生态化学习的学习流程和学习过程的创新；三是有助于知识理解与迁移、高阶思维发展的学习状态的达成，前提是思维发展融于知识学习、体验生发融于经验获得、意义创生融于符号习得。因此，在学习生态敏感性因素得以确定和优化、学习过程得以设计以后，生态思想与理念的指导则成为实施的关键，需要以“整体关联、和谐共生、动态生成”为根本遵循，使学习支撑环境得以持续优化，使学习过程与文化得以持续动态更新与创新，使生态化学习得以持续，从而使学习生态运作的理想状态得以达成。

1.建构学习环境

学习环境对于学习而言无疑是至关重要的，只有当学习者充分浸润在适宜的环境中，才能更好地实现其在环境中有目的的感知、参与、交流、反思、构建、生成和创造，从而使个体的学习意愿更为强烈、学习行为更为主动、学习过程更为有效。因此，需要尽可能地构建一个适宜的支撑环境，促使有效学习行为的自主开展，当然，前提是充分利用现代信息工具、相关学习资源及方法手段。

2.创造学习过程

在学习中，学习者往往有着不同的知识、经验和学习意图。具有不同知识、经验和意图的学习者往往有着不同的理解、有着不同的感知、有着不同的认识，其诱发的学习行为、学习活动均存在很大的差异性、独特性，这就很好地解释了学习是一个充满不确定性、偶发性的复杂过程，也是一个动态的、开放的、多样的、持续生成与迭代更新的过程。因此，人们无法在复杂、动态变化的学习过程中“预见”各种学习事件的发生，需要在具体实践中，将“非线性、偶发、独特、不可逆”等视为前提，在整个学习的过程中，将有序性结合无序性、理性结合非理性，这样才能科学、动态地把握学习过程中的多种可能，摒弃单纯预设的想法。

3. 创生学习文化

文化以原则、规范和符号为外显表现形式，以意义、观念和价值为内隐蕴涵，是人类经历漫长历史过程所凝结而成的共同的意义体系、相对稳定的生存方式。文化是解释学习活动的一个维度，为学习的发生创造了背景。因此，不仅需要改变学习流程、学习支撑环境等外显形态，而且需要改变蕴含着思维体系与内隐理念的学习文化，才能逐步实现学习的生态化转变，达成理想的生态化学习状态。也就是说，只有真正以生态思想、生态课程观及其学习意蕴为根本遵循，建设学习文化，才能真正使学习得到改变，从而真正引导学习为人的全面发展服务，达到理想的应然状态，当然，前提是必须破除当前存在的学习过程程序化、知识学习片面化、学习意义被消解、学习主体性被遮蔽等困境。

（五）完善评价与反馈

一般而言，评价是按照一定的标准来判断事物是否达到理想目标，是一个价值判断的过程，其主要目的是促进行动，其中，标准是通过系统地收集、分析、整理相关数据而来的，绝非随意生成。以此推之，学习生态评价是用预期理想目标作为标准，对经过生态优化实践后的学习生态状态做出判断，从而可以为后续学习生态优化提供依据。学习生态评价一般基于生态样态和生态运作两个维度，其中，评价学习生态核心要素、样态优化状况属于生态样态评价，评价学习生态的实施状况，尤其是生态化学习的具体达成状况属于生态运作评价。

1.明确反馈调节要点

学习生态优化的最终目的是使理想的学习状态得以达成，具体来说，理想学习状态是指知识符号联结逻辑形式、价值联结意义，从而实现符号习得与思维逻辑的发展、意义与价值共生，当然，前提是生态因素得以改进、生态结构得以优化、生态运作得以重构、学习的支撑给养环境与生态得以构建。总的来说，学习生态评价需要对学习生态的起点状态、当前状态和最终的理想目标状态进行对比、分析，找到之间的差异，从而可以基于此对当前学习生态的优化程度进行判断，对未来抵达理想学习状态的策略和路径有一个相对准确而又清晰的把握和了解。

2.实施评价并反馈

学习生态优化程度的判定、考察与分析需要借助学习生态评价框架，从学习理念、学习内容、学习情境、社会交互、现代信息技术、教学法等方面进行。通过找到学习生态发展实际状态与理想状态之间的差距，可以为进一步优化学习生态样态提供优化策略与反馈信息。学习生态运作评价是对具体的学习实施过程进行的评价，具体来说，主要从学习内容、学习活动设计、学习策略安排、学习过程组织、学习资源与环境支撑等方面，对学习生态的现实状态和理想状态进行判别。

总之，实践框架在现代信息技术环境下的学习生态优化过程中发挥着重要作用，具体来说，包含以下几个方面。一是确立了生态优化目标。目标能够在学习生态优化过程中发挥引领作用，是后期开展学习生态优化实施的基点。二是聚焦了敏感性因素。着力于敏感性因素优化改善，可以实现学习生态优化实践过程中关键问题、重点问题的突破，可以大幅推动学习生态优化实践的持续有效运作。三是优化了学习生态结构。为生态运作提供可行的路径和操作方案，其核心是“聚焦敏感因素、设计学习过程、优化生态结构”。四是促进了生态化学习。学习生态优化的核心是生态化学习，在学习全面变革的过程中发挥了关键作用。五是完善了评价与反馈。评价与反馈可以促进学习生态的进一步发展和优化，前提是根据理想的学习生态目标对当前生态发展程度进行有效评判。值得强调和引起注意的是，学习生态优化的各实践环节相互之间是彼此关联、相互影响、互动交融与动态变化的，如生态系统中存在大量动态流动着的，生长在各要素、结构、系统之间的能量、信息与知识等，因此，生态系统中不能用简单的线性思维去处理现代信息技术环境下学习生态的生长与发展，需要始终以非线性、动态、开放、整体、变化的思维为根本遵循。

参考文献

[1] 李华 . 高职电子商务人才培养的研究与实践 [M]. 北京：中央编译出版社， 2021.

[2] 薛晓霞 . 电子商务人才培养模式研究与实践 [M]. 北京：北京交通大学出版社， 2017.

[3] 王帮元 . 现代电子商务人才培养模式改革与管理 [M]. 合肥：中国科学技术大学出版社， 2015.

[4] 刘锦峰 . 创新与突破：高职电子商务专业群人才培养体系构建与实践 [M]. 北京：北京理工大学出版社，2021.

[5] 刘静 . 跨境电子商务英语人才的培养研究 [M]. 北京：中国纺织出版社，2021.

[6] 袁江军 . 高职电子商务专业人才培养系统工程 [M]. 杭州：浙江工商大学出版社， 2013.

[7] 陈佳乐，陈明 . 电子商务案例分析 [M]. 北京：北京理工大学出版社，2020.

[8] 张利，张江亚 . 电子商务法律与法规 [M]. 成都：电子科技大学出版社，2017.

[9] 全国电子商务职业教育教学指导委员会，跨境电子商务人才培养指南项目开发组 . 跨境电子商务人才培养指南 [M]. 北京：高等教育出版社，

2018.
[10] 劳赐铭 . 农村电子商务人才培养与培训指南 [M]. 北京：国家开放大学出版社，2021.
[11] 叶小濛，陈瑜，陈晓龙 . 电子商务人才培养与教学体系建设研究 [M]. 北京：中国商业出版社，2021.
[12] 杨辉军，潘园园 . 电子商务概论 [M]. 北京：电子工业出版社，2022.
[13] 丁莎 . 电子商务网站建设 [M]. 北京：电子工业出版社，2019.
[14] 应旭萍，卢倩 . 网店视觉营销 [M]. 北京：电子工业出版社，2022.
[15] 冯子川 . 网店开设与管理实训 [M]. 北京：电子工业出版社，2021.
[16] 董志良，都沁军 . 创业型电子商务人才培养的理论与实践 [M]. 北京：经济科学出版社，2013.
[17] 章剑林，张佐，吴泠 . 创新创业型电子商务人才培养的探索与实践 [M]. 北京：清华大学出版社，2013.
[18] 叶万军，隋东旭，邹益民 . 跨境电子商务概论 [M]. 北京：清华大学出版社，2021.
[19] 王华新，赵雨 . 电子商务基础与应用 [M]. 北京：人民邮电出版社，2021.
[20] 张克夫，郭宝丹 . 跨境电子商务法律法规 [M]. 北京：清华大学出版社，2021.
[21] 邹益民，隋东旭，朱新英 . 跨境电子商务支付与结算 [M]. 北京：清华大学出版社，2021.
[22] 叶万军，隋东旭，邹益民 . 跨境电子商务物流 [M]. 北京：清华大学出版社，2021.
[23] 陆端 . 跨境电子商务物流：慕课版 [M]. 2 版 . 北京：人民邮电出版社，2022.
[24] 张健 . 电子商务应用与高校人才培养研究 [M]. 武汉：湖北科学技术出版社，2018.

[25] 魏勇军，刘娜，段建．商品摄影：全彩微课版 [M].3 版．北京：人民邮电出版社，2022.
[26] 陈道志．新媒体营销策划与实施：慕课版 [M]. 北京：人民邮电出版社，2022.
[27] 颜志博．基于经济新常态下的电子商务经济研究 [J]. 商展经济，2023（03）：59-61.
[28] 陈思佳．“1+X 证书”制度下高职电子商务专业转型与人才培养研究 [J]. 中国储运，2023（02）：93-94.
[29] 张猛．乡村振兴背景下职业院校电子商务专业人才精准培养模式探究 [J]. 现代农机，2023（01）：33-35.
[30] 仲瑜．新零售业态下高职电子商务人才培养模式探讨 [J]. 时代经贸，2023（01）：155-157.
[31] 高新．数字贸易时代本科院校“跨境电子商务”课程设计研究 [J]. 黑龙江教育（理论与实践），2023（01）：67-69.
[32] 苗娜．数字经济时代高职电子商务专业“三教”改革研究 [J]. 科技风，2023（02）：75-77.
[33] 罗文婷．基于 1+X 证书制度的高职跨境电商人才培养供给侧改革路径 [J]. 黄河水利职业技术学院学报，2023（01）：65-70.
[34] 陈小丽．乡村振兴背景下农村电商人才培养策略探究 [J]. 人才资源开发，2023（01）：69-71.
[35] 赵传钰，刘成玉．“电子商务”模式下小型投资公司的现状研究 [J]. 中国市场，2023（01）：184-186.
[36] 王成刚，刘天森．跨境电子商务贸易“π”型人才培养路径研究 [J]. 黑龙江教育（高教研究与评估），2023（01）：58-60.
[37] 姜艺，陆雪春．基于跨文化交际的高职英语“三课堂”人才培养模式探索：以电子商务专业为例 [J]. 英语广场，2023（01）：83-86.
[38] 蒋晶晶．“1+X”证书制度下跨境电商人才产教融合培养研究 [J]. 广东

轻工职业技术学院学报，2022（06）：64-68.
[39] 王影，梁祺，吴白云 . 数字经济背景下跨境电商人才培养体系研究 [J]. 科技创业月刊，2022（12）：81-84.
[40] 张利 . 乡村振兴战略下甘肃农村电商人才培养问题与措施 [J]. 黑龙江粮食，2022（12）：101-103.
[41] 冯会奇 . 乡村振兴背景下西藏中职电商人才培养模式研究 [J]. 互联网周刊，2022（24）：53-55.
[42] 刘丽婉 . 大数据积分制人才培养管理平台建设探索：以广州市工贸技师学院电子商务专业为例 [J]. 职业，2022（23）：50-52.
[43] 周火梅，王志华，宁文宇 . 乡村振兴战略下农村跨境电子商务人才培养研究 [J]. 广东蚕业，2022（12）：147-149.
[44] 高传龙 . 新型国际贸易背景下高职院校参与中非跨境电商人才培养思考 [J]. 广州城市职业学院学报，2022（04）：97-100.
[45] 张艳 . 跨境电商视角下商务英语与农村电商发展研究 [J]. 湖北开放职业学院学报，2022（23）：183-184+187.
[46] 周珊，杨香春 . 大数据背景下电子商务应用型人才培养研究 [J]. 江苏科技信息，2022（34）：10-13.
[47] 李嘉倩 . 数字经济背景下苏州跨境电商高职人才培养体系构建研究 [J]. 中国新通信，2022（23）：119-121.
[48] 王晨 . 高职院校农村电子商务创新创业人才培养路径研究 [J]. 农村经济与科技，2022（22）：273-275+288.
[49] 尤影 . 乡村振兴背景下农村电商人才培养体系构建 [J]. 人才资源开发，2022（23）：73-76.
[50] 杨轲，梁赟亮，傅昱，等 . 创新学科竞赛组织体系以促进区域创新人才培养：以全国大学生电子商务“创新、创意及创业”挑战赛甘肃赛区为例 [J]. 赤峰学院学报（自然科学版），2022（11）：57-60.
[51] 何军，梁坤，吴澎 . 新时代下电子商务专业学生实践能力培养研究 [J].

创新创业理论研究与实践，2022（22）：140-142.
[52] 何明慧，王东波．应用型本科高校电子商务专业“三型”人才培养模式探究 [J]. 海峡科技与产业，2022（11）：53-55.
[53] 陈洁．岗位需求为导向的跨境电子商务人才培养模式研究 [J]. 中外企业文化，2022（11）：226-228.
[54] 赵晓庆，厉丹，姚琛．基于赛教融合的电子商务专业人才培养模式探析：评《ITMC 电子商务综合实训与竞赛系统指导手册》[J]. 商业经济研究，2022（22）：193.
[55] 郭旭．基于电子商务人才关键作用的电子商务发展研究 [J]. 中国市场，2022（33）：175-177.
[56] 王杰，陈晨，王海松，等．河北高校“双创型”电商人才培养策略研究 [J]. 福建轻纺，2022（11）：38-40+66.
[57] 刘娟．“互联网 +”环境下跨境电商商务英语人才培养分析研究 [J]. 互联网周刊，2022（22）：61-63.
[58] 曹婷，王钰奇．“双主体，三融合”的现代学徒制人才培养模式研究：基于精准教学模式并以电子商务专业为例 [J]. 现代商贸工业，2022（24）：95-97.
[59] 宋方方．乡村振兴背景下高职院校农村电子商务人才培养现状分析 [J]. 智慧农业导刊，2022（22）：114-116.
[60] 魏江．电子商务专业教学资源的多元开发与应用研究 [J]. 科技经济市场，2022（11）：122-124.
[61] 成笑力．电子商务背景下农产品流通效率提升措施探讨 [J]. 山西农经，2022（21）：77-79.
[62] 洪恩华．基于创新能力培养的高职电子商务学徒制人才培养模式研究 [J]. 科教导刊，2022（32）：84-86.
[63] 杨慧东，刘璨，陶佳，等．乡村振兴背景下电商助农策略探索：以常德市丹洲乡为例 [J]. 现代化农业，2022（11）：61-64.

[64] 赵红，郑倩华 . 双师引领、三化融通、四方联动、多元考核：中职电子商务人才校企命运共同体培养深圳模式 [J]. 南方论刊，2022（11）：97-99.
[65] 饶君华，杨晨鸣 . 山东省电子商务发展对策研究 [J]. 中国市场，2022（31）：190-192+198.
[66] 张秀珍，马英杰，康海燕 . 新时期电子商务专业教师教学创新团队建设的探索与实践 [J]. 中国管理信息化，2022（21）：236-239.
[67] 饶秀丽 . 乡村振兴背景下电子商务职业教育提质增效策略研究 [J]. 农村经济与科技，2022（20）：270-273.
[68] 谢荣军，梁婷 . 乡村振兴战略视阈下农村电子商务本土人才培养体系研究 [J]. 科技创业月刊，2022（10）：117-120.
[69] 沈娜利 . 创新创业教育融入电子商务课程教学的模式研究 [J]. 西部素质教育，2022（20）：84-87.
[70] 李立威，盛晓娟，裴一蕾 . 数字经济背景下基于产学创研融合的应用型大学电子商务人才培养模式研究 [J]. 北京联合大学学报，2022（04）：1-6.
[71] 蔡灵洁，赵芳，赵骏 . 电子商务课程的教学设计 [J]. 电子技术，2022（10）：176-177.
[72] 吕茜文 . 高职院校人才培养质量评价体系研究：以电子商务专业为例 [J]. 辽宁高职学报，2022（10）：16-19.
[73] 李琰，李祥林 . “双创”背景下电子商务专业人才培养研究与实践 [J]. 教育教学论坛，2022（42）：173-176.
[74] 李傲霜 . 数智化 + 专业集群下电子商务人才培养模式重构 [J]. 黑龙江教育（高教研究与评估），2022（10）：61-64.
[75] 赵鲲鹏，寇飞燕，何建武，等 . 电子商务企业人才需求现状调查 [J]. 合作经济与科技，2022（21）：92-95.
[76] 张晓芳，曹文娟 . 新商科理念下福建省跨境电商人才培养模式探索 [J].

科技经济市场，2022（10）：122-124.
[77] 王怡丹．“互联网 + 双创”背景下的跨境电商类人才培养模式 [J]. 商场现代化，2022（19）：28-30.
[78] 蔡小华．应用型本科院校跨境电子商务人才培养模式与实践研究 [J]. 湖南工业职业技术学院学报，2022（05）：115-118+131.
[79] 谢阳越．乡村振兴背景下高职农村电子商务人才培养与需求协调路径研究 [J]. 农村经济与科技，2022（19）：260-262.
[80] 唐晓丽．大数据背景下电子商务教学模式探讨 [J]. 老字号品牌营销，2022（19）：179-181.
[81] 李湲．基于校企全面对接的“六步进阶”跨境电子商务人才培养路径研究：以汕头职业技术学院为例 [J]. 教育观察，2022（29）：56-58+62.
[82] 李纳珂．浅谈对欠发达地区电子商务发展路径的思考 [J]. 活力，2022（18）：91-93.
[83] 李倩雯．高职院校电子商务专业教学与创新创业教育融合探析 [J]. 陕西教育（高教），2022（10）：87-88.
[84] 孟雯雯，仇利克．基于“岗课赛证创”五元融合提升跨境电子商务人才培养质量的路径研究 [J]. 太原城市职业技术学院学报，2022（09）：70-72.
[85] 陈志钦，张秋潮，廖志豪，等．协同治理视域下农村电商人才培养质量研究：基于探索性和验证性因子分析 [J]. 现代商业，2022（27）：58-61.
[86] 雍媛媛．电子商务专业领域创新创业研究 [J]. 营销界，2022（18）：155-157.
[87] 彭湘鄂．乡村振兴背景下农产品电子商务发展途径研究 [J]. 财富时代，2022（09）：120-122.
[88] 薛帅．新商科背景下高校跨境电商产教融合人才培养模式研究 [J]. 创

新创业理论研究与实践，2022（18）：142-144.
[89] 代晓静．高职院校电商专业服务乡村振兴策略探讨 [J]. 南方农业，2022（18）：136-138.
[90] 李素娟 .1+X 电子商务数据分析“课证共生共长”教学模式研究 [J]. 职业教育（中旬刊），2022（09）：57-59.
[91] 韩子璇，姚萍．乡村振兴战略背景下电子商务发展分析 [J]. 全国流通经济，2022（26）：4-6.
[92] 吴显亮．新商科背景下高职电子商务人才培养模式研究 [J]. 北方经贸，2022（09）：134-136.
[93] 黎贺桃．基于创新创业理念下的电子商务教改研究 [J]. 秦智，2022(09):100-102.
[94] 苏婧．涉农应用型本科院校农村电子商务人才培养路径探究 [J]. 信阳农林学院学报，2022（03）：157-160.
[95] 黄中群．农村电子商务发展现状与对策探究 [J]. 广东蚕业，2022（09）：109-111.
[96] 李玉龙．电商人才培养助力乡村振兴的可行性路径研究 [J]. 农业经济，2022（09）：111-112.
[97] 孔丹冰，林丽．跨境电商背景下粤港澳大湾区高职英语人才的培养 [J]. 科教导刊，2022（26）：61-63.
[98] 徐海侠．新商科背景下电子商务专业深化产教融合对策研究 [J]. 商场现代化，2022（16）：48-50.
[99] 李建霞．农村电子商务人才队伍建设探究 [J]. 农业开发与装备，2022（08）：63-64.
[100] 李月琴．农村电商助力乡村振兴路径探析 [J]. 全国流通经济，2022（24）：4-6.
[101] 李婧．高职院校农村电商人才培养研究 [J]. 对外经贸，2022（08）：116-118.

[102] 费良杰，陈海钰，李乐 . 产教融合视角下高职院校跨境电子商务创新创业人才培养模式研究 [J]. 对外经贸，2022（08）：132-135.

[103] 张云云 . 乡村振兴战略背景下农村电子商务发展存在的问题及对策 [J]. 农家参谋，2022（16）：105-107.

[104] 袁鑫 . 高职院校农村电子商务人才培养现状及问题研究：以湖南商务职业技术学院为例 [J]. 海峡科技与产业，2022（08）：44-47+55.

[105] 曹翔 . 高职院校参与农村电子商务人才培养路径研究 [J]. 河南农业，2022（24）：40-41.

[106] 徐海侠 . 电子商务人才培养与产业发展融合度分析 [J]. 营销界，2022（16）：11-13.

